集体林地流转的市场机制
——公共品的交易费用

谭 荣/著

教育部人文社会科学规划项目（林地承包权流转的市场运行机制研究——基于浙江、江西、福建三省的经验，09YJC630195）资助

科学出版社
北 京

内 容 简 介

建立并完善集体林地流转的市场机制是当前林权改革的重要内容之一。在集体林地流转过程中涉及多方面的公共物品供给问题，如林地的定价、规模化经营的融资、流转风险的防控、生态环境的保护等。解决这些公共物品的供给问题是建立和完善集体林地流转市场机制的基础。本书采用制度比较分析的方法，以浙江、江西和福建等地的集体林地流转实践为例，对集体林地流转中各类公共物品供给的治理问题进行了研究，并提出了建立和完善集体林地流转市场机制的政策建议。

本书适合农林经济与管理领域的研究者，大专院校农林经济管理、公共管理、土地资源管理专业教师和研究生以及政府相关行政管理部门人员阅读与参考。

图书在版编目（CIP）数据

集体林地流转的市场机制：公共品的交易费用/谭荣著. --北京：科学出版社，2014

ISBN 978-7-03-040347-6

Ⅰ. ①集… Ⅱ. ①谭… Ⅲ. ①集体林－所有权－流转机制－研究－中国 Ⅳ. ①D922.634

中国版本图书馆 CIP 数据核字（2014）第 065597 号

责任编辑：马 跃 李 楠 / 责任校对：周 扬
责任印制：阎 磊 / 封面设计：无极书装

科学出版社 出版

北京东黄城根北街 16 号
邮政编码：100717
http://www.sciencep.com

双青印刷厂 印刷

科学出版社发行 各地新华书店经销

*

2014 年 6 月第 一 版 开本：720×1000 B5
2014 年 6 月第一次印刷 印张：14
字数：279 000

定价：58.00 元

（如有印装质量问题，我社负责调换）

目　录

第一章

绪　　论

林地和林业资源不仅具有经济价值，还具有明显的生态价值。由于林业主体自身的能动性和积极性不高，当前中国森林覆盖率的增加、林业的稳定发展等依赖政府为主导的推进模式。尤其对于承包集体林地的林农来说，他们面临很多林地经营上的困境，而且解决这些困境仅仅依靠林农自己比较困难。这些都预示着当前中国的林地流转及经营过程中，需要很多公共物品的提供，如林地的定价、规模化经营的融资、防控风险的途径、生态环境保护、城乡统筹发展等。这些公共物品之间并不是割裂的，而是相互之间有着紧密的联系，因此在制定相关政策和设计管理机制时需要通盘考虑。

一、集体林地流转的现实诉求

面对近半个世纪以来因森林资源在数量和质量上的降低而造成的生态环境的严重破坏，中国进行了一系列的森林系统修复和林业政策改革。六大林业重点工程的启动，有效地保护了森林资源，逐渐改善了生态环境系统。但是生态环境的矛盾得到缓解之后，社会经济的矛盾逐渐显现出来。如何进一步满足经济社会发展对林木消费的需要，解决宜林地区农村发展和林农增收问题，同时进一步巩固林业的生态环境保护效益，是中国林业第二轮改革的重点。

在福建、江西、浙江等地试点的第二轮林权改革，逐渐在辽宁、河北、山东、安徽、广东乃至全国全面铺开。这次林权改革的主要目的是进一步明确林地承包权，打破林业国有化和政府经营的单一局面，引入市场机制来配置林地资源和促进林业生产。随着党的十七届三中全会和十八届三中全会的召开，农村土地承包权流转问题引起了社会的广泛关注。全覆盖式的农村土地定级估价与土地流转工作的推进，业已成为当前农村土地管理重要的基础性工作之一。林地资源是农村土地资源的一种，对其如何发挥市场配置的决定性作用，已经成为一项十分重要且迫切的艰巨任务。

(一)林地流转的意义

林地是土地的重要组成部分，是一种重要的生产要素。但是随着改革的不断深入，许多新的矛盾在林地发展过程中产生了。例如，部分农民生产方式的变化(如进城打工等)与社会劳动力富余(如林业企业职工下岗、退休等)导致的林地分散现状和林业规模化生产之间的矛盾；大面积林地亟须开发改造与缺乏林业投资的矛盾；大量可利用的社会资金希望投资林业与林业投资渠道单一的矛盾；提升林地生产力和林业经济占国民经济比重与落后的林业科技水平、经营方式的矛盾等。这些矛盾是林地经营机制不适应林业生产力发展的结果，需要通过调整生产关系，转换林地使用权经营机制来解决。因而林地的流转就成为必然选择。

林地流转是指在不改变林地所有权和林地用途的前提下，按照一定程序，通过招标、拍卖、协议等方式，有偿或无偿地由一方转让给另一方的行为(国家林业局森林资源管理司，2005)。林地流转的本质是将林地的使用权通过市场配置给有能力的经营者。这种流转可以发挥林地的优势，更好地挖掘林地的潜力，从而促进林地的可持续利用，达到林业生态效益、经济效益、社会效益三者的统一。在市场经济条件下，林地承包经营权只有进入市场流通才能增加其价值，只有坚持有偿流转，才能提高流转主体的积极性，推动林地承包经营权的合法、有序流转，促进林地资源的优化配置，发挥其最大功能。

林地流转有利于促进林地产权制度改革。长期以来林地产权作为一种特殊的产权形态，未得到充分的重视，产权关系模糊严重影响了营林效益、资产管理与保护以及社会参与造林的积极性，制约了林业发展与改革的深入。与此同时，社会主义市场经济体制需要有效率的林地产权制度，要求林地所有权与经营权分离，从而使林地的使用权完整地回到经营者手中，林地使用的排他性不断增强，所以要对目前的林地产权制度进行改革(徐江龙和韩久同，2005)。而林地的流转适应了林业经营思想转变的要求，通过市场的配置，林地资源的所有权和使用权相分离，改变了长期以来形成的责权利不统一的情况。建立起与新的林业发展思想和分类经营思想相一致的流转制度，是林地产权制度改革的有效途径。

林地流转有利于加强生态建设。目前我国国有林区经过几十年的经营已经出现了经济、资源“双危困”的情况，为了摆脱我国森林蓄积量少，森林覆盖率低的现状，国家提出全民动手搞绿化的措施，国有林地的流转正是衔接林业和全民搞绿化的一座桥梁。通过国有林地的流转，经营者有偿获得林地使用权之后，势必竭尽全力造林、营林，这将大大增加全国造林的数量，提高造林的质量，从而优化森林资源，促进我国林业的可持续发展。

林地流转有利于促进林区经济的可持续发展。对于国有林区而言，国有林地流转制度的有效运行，可以实现林业经济与林区经济的融合与互动，通过林地的流转实现投资主体的多元化，实现真正的跨越部门、跨越区域的开放式经营，从而提高国有林区的资源配置效率和生产力水平。而对于集体林区而言，林地使用权流转是提高林业技术推广、林地产出率以及林地规模经营的潜在要求。在家庭联产承包责任制下，人均林地面积只有几亩(1 亩≈666.67 平方米)左右，且呈团块状分割，土地规模过小的状况使农户应用林业科技达不到规模效益，一些先进的林用机械(如集材机、收割机、播种机)和先进的种植技术(如扦插、嫁接等)在零碎分散的土地上无法应用，严重阻碍了林业技术的推广和应用。此外，在目前的经营状况下，农户抵御和承担新技术风险的能力相当脆弱，缺乏相应的保障机制和风险分担机制，这将进一步制约林业技术的推广(翟建松，2002)。因此，在维持农村家庭联产承包责任制大框架不变的前提下，为了适应市场经济竞争，就要提高土地资源的配置效率和林地生产力，从而必然要求林地使用权的流转。只有把林地转让给有能力、懂技术的现代经营者，采用现代技术耕作，才能大大提高林产品的产量和质量，增强市场竞争力，增加林地收益，才能解决林区土地分散承包经营现状与市场经济竞争要求不相适应的矛盾。

集体林地的流转也能有效解决林地细碎化的问题，提高林地经营规模。我国人均林地占有量属世界上最少的国家之列，人地矛盾一直是制约林业经济持续稳定发展的重要因素之一。例如，一项对福建省林权制度改革的调查显示，福建省人均林地面积为 38 亩，毛竹人均不足 2 亩。而且在家庭承包制下，林地按照平均原则在农户间进行分配，远近搭配、肥瘦搭配的均分林地制度，造成了林地分配的高度破碎化，降低了林地资源的配置效率和利用效率(聂影，2009)。因此，林地的流转十分必要。林地资源在土地经营者之间合理流动，可以加快林地经营规模化和集约化的进程，使林地相对集中于林业企业或经营大户手中，从而便于统一规划，为林业产业化经营提供广阔的发展空间。如果规划和管理适宜，山区林地流转就可以突破传统林业的局限，利用市场机制优化林业资源配置，极大地释放出其创新能量，凸现林地的商业运用与市场价值，全面推动林区市场经济的可持续发展。

林地流转还有利于降低林地使用过程中的各项交易费用。由于现行林地的产权制度不完备，林地经营存在着较高的交易费用。林地流转作为林地产权制度的一种全新安排，可以规范人们对林地的经营行为，帮助林地经营者对自己的劳动形成合理的预期，同时还节约了林地使用过程中的各项交易费用。林地经营者通过市场有偿获得林地的使用权后，对林地经营的积极性必然增加，从而提高林地经营的劳动生产率，节约从造林、营林到木材销售的各种人工管理、人工激励及获取外界信息等的费用，也就是说国有林地流转从整体上降低了林地使用过程中的各项交易费用，是林地制度的一种全新安排(徐江龙和韩久同，2005)。

林地的流转有利于促进林区的城镇化水平。伴随着乡镇企业的崛起和城市经济建设的发展，大批林区青壮年劳动力陆续向城镇劳动部门转移，许多地方青壮年外出打工、经商后，将承包地留给家里的妇女、老人打理，实际上营林成了副业，很少精耕细作，更不对林地做长期投资。这种粗放经营不仅使我国原本紧缺的林地资源的自然生产力大量长期放空，而且也使林地肥力下降，丰度衰退，林业生产条件逐渐恶化，造成林区经济发展的后劲严重不足。从经济学上来讲，这些林地产权主体也存在将林地转让以获得适当收益的内在愿望，林地流转市场机制的建立与完善则可以使这一问题得到解决(聂影，2009)。

(二)林地流转的现实困境

林地流转的过程中面临着一些实际问题，其中有两个最为突出，即林地承包权的确权问题和承包权的流转机制。前者是后者的依据，同时也是政府应该提供的保障机制内容之一。后者是实现林地资源优化配置，提高林业经济效益的出路。这两个问题是否能够妥善解决，一定程度上决定了林权第二次改革和林业可持续发展的成败。从全国范围来看，福建、江西、浙江等省份的林权改革一直走在前列。但是通过在福建、江西、浙江等地进行的调查发现，实际中还存在很多具体问题，制约着林权改革的实施。

第一，政府为规范林地承包权的流转已经建立了相应的市场机制，然而林农实际上却不愿意通过正式的、公开的市场交易来实现林地的流转，更多的是采用私人协议或口头交易等非公开的形式进行林地承包使用权的让渡，林农或许是为了节省交易费用，但这种不规范的交易造成了未来潜在的风险和冲突。

第二，林权改革的实施虽然提高了广大林农生产积极性，但林业规模化和产业化发展资金不足的问题愈发突出。更严重的是，由于林农缺乏有效的抵押物，贷款难成了制约林业经济发展的瓶颈。同时，林业生产经营面临的巨大自然灾害风险，也是林农和林业生产经营者难于获取贷款等融资支持的一个重要原因。如何合理规避银行或其他信贷机构的林业贷款金融风险，同时满足林农贷款的需求，是一个现实的问题。

第三，林地价值评估规范体系的匮乏，制约了市场配置手段的发挥。对于市场建立阶段来说，最初的价格机制的形成是市场体系建立的基础。而如何解决价格从无到有的过程，可能是这个阶段最困难的事情。所以，如何建立类似城市土地或农村农地的定级估价体系和方法，是另一个亟须解决的问题。

第四，与上述市场运行机制对应的问题是政府配套的保障机制的完善问题。例如，如何清晰系统地勘测林地的界址，如何有效地登记和管理林权权属，如何建立适宜政府宏观调控的森林资源收储制度，如何建立政府管控林业生产(砍伐)的配额制度，以及如何建立和完善林地承包权的流转市场等。这些制度不仅是保障市场良性运转的基础，也是弥补可能存在的所谓的市场失灵(如市场的外部性等)的必要手段。

第五，林权改革如何适应和满足当前城乡统筹发展和新型城镇化的需要。即使现阶段农村得到了巨大的发展，城乡之间的差距依然明显。中国的国内生产总值以前所未有的速度增长，但整体财富的积累却没有带来城乡之间的合理分配，城乡收入分配差距还处于较高的水平。更严峻的问题是，在所谓的“工业反哺农业、城市带动农村”战略下，直接的政府财政支付转移，理论上是一种可行的解决方式，但实际上的效果不是非常理想，这从自 2003 年起国家先后提出统筹城乡发展、取消农业税、扩大农业补贴等措施之后，城乡差距依然呈扩大的趋势可以看出(周其仁，2010)。这种困境促使我们反思农村的后发优势究竟何在？对于宜林地区的集体经济发展来说，林权改革是否存在有针对性的适宜做法？

上述都是林地承包权流转的市场运行机制和政府保障机制在现实中面临的各类问题。不仅需要运用产权理论和经济管理理论来分析这些问题存在的本质，还需要能够充分考虑中国农村地区长期以来形成的林地流转的经验和惯例，同时借鉴国际上已有的林业市场配置体系，进而建立和完善适宜中国经济社会背景的林地承包权流转的市场运行机制和与之配套的政府保障措施。解决了这些问题，实现了相应的目标，不仅对于中国的林业经济增长、林农增收等尤为重要，也对实现森林资源在生态环境和经济建设两方面的可持续发展有着重要的意义。

二、管理重要，如何管理更重要

林权改革、林地承包权流转的市场机制等，这些都是政府为了应对林地管理的需要而出台的一系列政策和手段，彰显了作为社会管理主体的政府对实际问题的积极应对态度。可是这只反映了我们对森林资源和林业经济在管理上的必要性和重要性的认识，还有一个更为困难的问题没有解决，即如何管理的问题。这用理论性的言语阐述就是：给定目标，如何进行制度设计和治理模式安排？

制度设计和治理模式都属于制度，但内涵不同。Williamson 著名的四层次分析框架可以对此做很好的阐释(Williamson，1998，2000)。四个层次从上到下依次为社会基础(embeddedness)、制度环境(institutional environment)、治理结构(governance structure)和资源配置(resource allocation)[①]。

社会基础，包括文化、习惯、道德、传统以及宗教等非正式制度。非正式制度被认为是自发形成的——“经过有目的计算后的选择是几乎不存在的”(Wil-

① Ostrom(2005)在分析不同级别制度的时候，把制度也分为四个层次，依次为超宪法层次(meta-constitutional situation)、宪法层次(constitutional situation)、集体行动层次(collective situation)、执行行动层次(operational situation)。由此可以看出，E. Ostrom 的划分与 O. E. Williamson 的划分，虽然名称上不同，但是在内涵上是基本一致的。

liamson，1998)，所以，该层次对人类主动追求效率影响不大。

制度环境，包括宪法、法律、产权等正式规则，这个层次的制度虽然可以和非正式制度一样，“通过进化(evolutionary processes)形成”，但更多的是“被人为设计的”(Williamson，2000)。这样，正式制度设计就为人类提供了第一次主动追求效率的机会。

治理结构，可以看做行为人在正式制度下自发选择的各种竞争规则。治理结构的目的就是在正式制度的限制下，为特定的交易实现治理过程的效率，即为人类提供了第二次主动追求效率的机会。

资源配置，把治理结构和正式制度视为给定，通过不断调整价格和数量来实现边际最优原则，为人类提供了第三次主动追求效率的机会。

从 Williamson 的四个层次分析框架中我们可以发现，如果将“管理”看做目的(目标)，那么它是属于资源配置层次上的内涵，而“如何管理”则属于治理结构和制度环境层次上的内涵。“如何管理”决定着“管理”的结果，因此，从一定意义上来说，管理重要，如何管理更重要。

传统的资源管理理论认为，管理的目的就是为了实现资源利用效益(收益)的最大化。给定完全竞争的条件，市场就可以自动地实现资源最佳的配置。因此，传统的管理理论认为管理是一件很简单的事情，只是一个数学微分问题——任何两个或多个决策(资源利用、生产投入、商品销售等)在边际价值上的等值替代(Hayek，1945)，就是管理的标准。

颇具讽刺的是，现实中大量的诸如“森林砍伐”“渔业捕捞”“草场放牧”等公共资源利用行为，并没有哪个是通过计算理论上那个“最优量”来设定配额、税费或补贴从而实现效率的。大多数情况下采用的是“间歇期”“轮作”“限制捕捞时间、地点、工具”等方式。这说明很多管理决策的制定并不那么“简单”。原因在于，此时还需要从治理结构和制度环境层次的效率标准出发来进行决策。即，市场此时不是最优的治理结构，需要寻找合适的治理结构和制度安排来尽可能降低交易费用。如果把边际社会成本和边际私人成本的分离看做交易费用的一种，“间歇期”“轮作”“限制捕捞时间、地点、工具”正是所需要的治理结构。这就是所谓的“如何管理”。

实际上，我们不应该再认为管理是为了解决资源稀缺引致的效率诉求问题——这种单纯的结果效率只是试图证明管理是重要的，是能够找到观察和“计算”那些满足既定需要而配置既定资源的条件。相反，现代管理理论(包括经济学)都表明，搜寻和检验有用知识是现代经济社会增长的关键动力(柯武刚和史漫飞，2003)。我们的认识不应再局限于经济学是一门关于稀缺和实现配置效率结果的学问，而更应该视它为有助于我们找到节约知识(信息)搜寻成本的社会性手段的学问。管理重要，如何管理更重要，这是过程效率的本质。过程效率的实现，取决于被管理对象的特征。

三、集体林地流转管理的理论问题

林地流转的管理，直观地看就是对林地资源在不同主体之间的流动的管理。这种活动的管理有着一些特殊之处，体现在公共性、自然系统、交易成本和治理结构四个方面。

(一)公共性问题

林地流转是一种产权的转移，但因为中国的林地产权很特殊，即由国家所有和农民集体所有，那么产权的转移则不仅仅是个人的行为，而是一种与公共利益相关的行为，即公共领域管理。一旦成为公共领域的管理问题，其复杂性就体现出来了。因为它是一种理论上可以辨析，但是实践中难以把握的管理难题。

从理论上看，公共管理与私营管理最大的区别是，其决策需要考虑更多的经济的和非经济的成本和收益。私人领域的决策往往考虑金钱上的成本和收益，大多数情况下不会对他人产生影响，无论决策正确与否对社会没有影响。相反，公共领域的决策往往直接或间接地影响着其他人，如果决策者不考虑这种自己之外的利益影响，就可能造成社会整体利益的下降。这就是所谓的外部性的含义，其本质上就是边际私人成本(marginal personal cost，MPC)与边际社会成本(marginal social cost，MSC)不吻合，而私人在决策时仅考虑私人成本，没有承担其他本该承担的成本。换句话说，公共领域管理不仅包括要保证边际私人成本与边际私人收益相等的问题，还要解决社会成本和私人成本分异的问题(即 MSC≠MPC)。

如果这两种成本不吻合，在现实中经常会出现一些问题。例如，公共资源管理中常见的“搭便车”问题，即在一些集体行动中的成本本该分摊给所有的受益者，但是因为私人成本和社会成本不必然吻合，造成有的人可以不付成本而坐享他人之利。“搭便车”的现象多了后，危害很明显，大多数的人是不愿意为他人承担成本的，这样导致诸如公共资源利用的维护成本投入的规模偏小，造成了所谓的公共物品供给不足或者公共资源的过度利用，“公地悲剧”即产生了。虽然每个人都知道“公地悲剧”的危害，但是当大家都觉得别人可能会“搭便车”，就没有人会主动应对“公地悲剧”，这实际上就是所谓的“囚徒困境”。也就是虽然结果皆大欢喜，但个人最佳的选择却不是这个皆大欢喜的结果且“无法自拔”。这反映出了如果没有合适的管理规则，自发的集体行动常常陷入困境。

为了解决这种困境，传统的管理理论都是直接对如何实现 MSC＝MPC 进行研究，如庇古的理论，但是其效果不好①。为了更好地解决公共领域活动的管理

① 庇古的理论曾遭受到了很多新制度经济学家的批评，最著名的就是科斯与庇古的观点之争，引起了很多学者的关注(Demsetz，1996)。

难题，一般认为可以分两步走(谭荣和曲福田，2014)。第一步就是通过治理结构和制度环境层次的效率标准选择合适的治理结构和制度环境来解决 MSC＝MPC，第二步是在第一步的基础上让行为人自己去解决 MPC＝MPR(此处，MPR 为边际私人收益，即 marginal personal revenue)。换句话说，对于公共领域的经济活动，重要的是建立合适的治理结构和制度环境，以解决 MSC＝MPC 的问题，剩下的 MPC＝MPR 的问题，就可以以类似私有领域的经济活动那样，交给资源配置层次上的利益主体去自发解决。

对于现阶段中国的林地流转来说，有很多涉及公共行动的方面需要特别考虑。例如，在国有和农村集体所有的产权下，如果进行直接的承包权分配，怎么样才是一种既有效率又符合公平的分配方式？任何没有体现公共性的分配方式，必然造成社会成本和收益的不公平分配。处理不好，容易造成林地配置效率降低，影响林业经济收益和森林资源的可持续利用。或者，对于区域森林资源保护，如果没有合适的监督和惩罚机制，必然造成一部分人的违法违规，这是一种履行规则的社会成本与私人成本之间的不匹配，处理不好也容易使森林资源保护法规成为一种“空制度”。

(二)系统性问题

林地流转还是一种自然资源的管理问题。与公共管理理论中诸如社会管理、行政管理等纯社会事务不同，林地流转又因为森林资源的自然属性而具有自然系统的特征。例如，森林是一种可再生资源，但是这种可再生会受到人类行为的影响，如果过度砍伐，就可能造成森林资源的耗竭，或者如果单一种植，则可能造成森林物种的单一化进而对森林生态系统产生影响。而森林生态系统的变化，将影响森林提供防风固沙、涵养水源、净化空气、美化环境、保护生物多样性等多种生态效益的功效，也影响森林对于减少经济发展中的环境成本、改善环境污染状况具有的明显功效。

确切地讲，这种自然系统的特征体现在森林资源自然状态上的改变，经常会导致常说的外部性，不仅是因为个人决策忽视了对其他人造成的影响，也因为自然系统会在受到人为影响后出现自我变化，而这种自我变化的影响在当时可能不会显现，但日积月累后可能出现。

也就是说，林地流转管理还要面对这种伴随着森林利用变化而产生的对自然环境影响的复杂性，使得其具备了理论上所谓的“低模块性(low-modularity)”①

① 模块性，可以理解为一项人类活动的外部轮廓或界线的特征。低模块性意味着某项人类活动(交互)的外部轮廓不清晰，不容易辨析其界线范围。

和“难分解性(low-decomposability)”[①]。模块性和分解性是在讨论自然资源管理时非常值得考虑的，或者说正是这两种属性体现了自然事务管理与社会事务管理明显的区别。例如，直观上决策者(或个人)进行林地流转来进行木材林的产业化生产和加工，这个工厂有可能会对林木种类的多样性产生影响，林木种类多样性的变化会对森林的生物链产生影响，使得一些“有害”的物种的天敌数量变少了，如猫头鹰数量降低而田鼠数量升高。而田鼠数量的升高很可能“默默地”影响周边农田的农作物资源，进而影响周边以种植为生的农民的收入。这就是所谓的低模块性——我们无法界定林地流转建设木材林产业化生产这个决策的影响范围，因为它竟然可能影响周边农民的收入，而这是很少会在林地流转决策时考虑到的影响。所以，林地流转的决策行为，不是一个孤立的事件，它还包含很多相联系的事件。很多情况下，这种相联系的事件不易觉察，如周边农民可能很长时间不知道自己种植收益的变化与山上的林地流转有关。还有很多其他的影响甚至不为当前人类认知所觉察，如修建高铁、大坝等对自然资源及其相应的生态系统究竟有什么负面影响，我们仍然无法确切地判断。

林地流转的自然系统属性所体现的这种低模块性和难分解性是管理需要考虑的又一个的核心特征，因为它导致的一些潜在效应可能被当期的私人或者公共决策者忽略，进而造成两个层次的损失。第一个层次的损失是，如果因低模块性和难分解性造成的额外的影响没有被决策者考虑，那么林地流转就会出现没有达到“社会最优”的状态——总是有人的利益受到损害。这样就存在潜在的改善的可能——林地流转的净收益具有潜在增加的可能。第二层次的损失是，如果额外影响在当期没有被考虑，那么未来可能被发现，进而产生冲突。这种冲突造成的社会成本应该计入当期林地流转引致的社会损失。

(三)交易费用问题

公共性和系统性造成的私人成本和社会成本分歧的原因，本质上是因为我们这个世界并不是传统管理理论(如新古典经济学理论)认为的那样，是一种立刻实现均衡的世界，相反，现实世界从来都未能实现新古典经济学所追求的效率(林毅夫，2002)[②]。这个长期困扰新古典经济学问题的原因，随着新制度经济学(主要限于交易费用经济学)、研究信息问题的非传统经济学等的发展而逐渐被发现：现实世界是充满“摩擦”的，不确定性、信息不对称、不完整契约、机会主义等因

① 分解性，可以理解为一项人类活动的内部结构特征。难分解性意味着某项人类活动(交互)的内部结构复杂，不容易理顺内部要素之间的联系。

② 现实中的经济活动很少按照新古典经济学所定义的效率来进行决策。例如，企业并不总是按照边际成本等于边际收益的原则来确定价格和产量。“森林砍伐”“渔业捕捞”“草场放牧”等公共资源利用，也并不是按照理论上的那个“最优量”来进行决策。

素是造成摩擦的原因，而这些因素并没有被新古典经济学在考察市场均衡时所考虑。“摩擦”本质上就是因为现实世界中交易费用的不可准确衡量和决策者的有限理性。不可衡量的交易费用导致边际成本和收益的计算存在不可避免的误差(甚至错误)，而有限理性否定了决策者始终按照边际最优进行决策的假定。

交易费用来源于交易造成的人与人之间的依赖而额外产生的“摩擦”成本和“连接”成本。“摩擦”产生损耗，是一种收益的净损失，因此我们希望尽可能地降低它；但是另一方面我们又离不开摩擦，离开摩擦我们将“寸步难行”——不仅类似于物理世界没有摩擦就没有移动，人类社会没有摩擦就失去了运转的意义——我们人类社会存在的学习、生活和管理等都是因为“摩擦”的存在才有意义。所以，交易费用在林地流转管理中的影响也十分显著。它不仅决定了管理存在的原因，也决定着管理模式的选择。

林地流转管理中有哪些交易费用呢？这还需要从交易说起。Williamson(1985)把交易定义为：“一个物品或者服务在技术上可分辨的界线上被转移了，即一个行为阶段被终止，而另一个行为阶段被开始。”例如，A 将 1 000 元现金付给 B，这是一个交易的过程，钱从 A 占有的阶段转移到 B 占有的阶段。Commons(1932)把交易定义为：“不同的个体之间对物理事物未来所有权的让渡和获取。”这个定义的积极意义是对交易客体的认识，交易的客体其实是物品的权利，而不是物品的本身[①]。例如，A 将 1 000 元从银行卡转给了 B，这也是一个交易的过程，虽然钱的实物并没有转移给 B，但 B 同样拥有了这 1 000 元的占有权。因此，林地流转中的交易，必然就是林地流转过程中林地的权利(或者其某项权利)或者过程中的某项服务在技术上可分辨的界线上被转移了。随着交易理论的研究深入，经济上和政治上的各种人与人之间的交互活动，无论是信息交互，还是为了维护制度的行为，都被认为是交易的过程，所以，交易的外延很大。

而这种交易是需要成本投入的，也就是所谓的交易费用。现阶段被广泛认可的交易费用包括用于发起、协商、保障、监督、强制和调整各种交易的费用[②]。而由于不准确的安排，低效率的保障、监督、强制和调整所产生的“效用”的降低，也被认为是交易费用的范畴。

---

① 当然，这个定义有其局限性，如它只注重了物理物品，而在现在的社会中，可以让渡和获取的不仅限于物理物品。

② 对交易费用基本内涵、分类、如何衡量的研究已经有很多成熟的文献，详见 Furubotn 和 Richter (2005)、McCann 等(2005)。

交易费用，无论是在宏观角度①还是在微观角度②都已经被证明了它的存在以及它对经济增长和效率提高的重要性，这是新古典经济学在研究效率问题时所忽略的。由于人类本身的认知能力导致的不完全理性(Simon，1957，1985)，人类倾向性的机会主义所表现出来的逆向选择、道德风险、卸责、追求私人利益最大化等策略行为，以及人类因为本身具有一定的远见意识而进行事前的风险规避和从经验中吸取教训而调整事后的行为策略等，这一切都既可以看做交易费用存在的原因，也可以看做交易费用存在的后果。

可见，林地流转过程中的交易费用包括确权的成本，寻找交易双方的成本，交易双方谈判的成本，交易实现的成本，保障和监督的成本，相关法律制度建立、执行、监督和惩罚的成本等，这些成本无法穷尽，只能根据划分标准、类别和研究目的进行具体阐述。

交易费用的大小还被认为与交易本身的三个属性有关(Williamson，1985，1996)，分别是资产专用性(asset specificity)、交易频率(frequency)、交易的不确定性(uncertainty)③。

资产专用性，是指资产(当前投资)的机会成本与当前投资资产价值的比值。简单说就是，资产当前的价值对其当前周边环境因素的依赖程度，周边环境包括人力、地点、时间等。依赖小，该资产专用性就小，离开当前的环境造成的价值减少量就小，可能产生的交易费用就小。例如，投资黄金就不容易受外界因素的影响而造成其依赖于特定的人、地点和时间。依赖大，该资产专用性就大，离开当前的环境造成的价值减少量就大，需要额外投资进行资产保护和风险规避(交易费用的一种)，交易费用就大。例如，投资专利技术的机器设备，当技术落后、技术封锁等可能的因素发生后，机器设备的价值就会大幅度下降，因为其不会有其他的利用价值。资产专用性根据其依赖的因素，可以具体划分为物理资产专用性、人力资源专用性、地点专用性、时间专用性、无形资产专用性等。一般来说，与林地流转相关的投资，资产在很长时间内不能变现，只有等苗木成熟后才能砍伐，这体现着时间专用性和资产专用性。

交易频率，是指相同的交易在特定的时间内发生的次数。一般来说，频率越

---

① 宏观领域对交易费用的实证主要是 Wallis 和 North (1988)对美国 1870～1970 年的经济增长过程交易费用的估算，Dollery 和 Leong (1998)对澳大利亚 1911～1991 年的经济增长过程交易费用的估算，以及 Sulejewicz 和 Graca (2005)对波兰 1996～2002 年的经济增长过程中交易费用的估算。

② 微观领域交易费用的实证非常多，请参见几篇经典的文献综述：Masten 和 Saussier(2000)、Macher 和 Richman(2006)、Shelanski 和 Klein(1995)、Yvrande-Billon 和 Saussier (2004)等。

③ 近年来还有学者提出交易应该有更多的属性，如可测量性(measurability)、可分割性(divisibility)、可排他性(excludability)等，这些属性有其在特定领域的应用价值，但就广泛的意义说，三个基本的属性足以解释这些新增加的属性。

高，受信任的程度越高，固定的交易双方防止机会主义行为的成本就可以减少。当然，如果交易双方不固定，频率的影响会减弱。另外，频率越高，交易的总体成本将会增加。这类似于边际成本和平均成本的关系。一般来说，林地流转的频率不会太高，这与林木生长周期有关。这类似于"一锤子"买卖，投资双方会比较谨慎，例如，银行判断是否贷款给某一特定的林农，就是一种频率较低的交易。

交易的不确定性，是指对交易的结果的不确定。其不确定性包括以下三类：一是对交易自然结果的不确定性；二是因交流信息的限制对交易对方的行为的不确定性；三是对交易对方策略性的行为的不确定性。不确定性越大，机会主义行为越有可能，交易双方为了保护自己的投资安全的额外投入就越多。一般来说，林地流转的不确定性很大，这与林木生长周期以及林木市场供需有关。在投资之初，谁也不好估计几十年后林木生长如何，林木市场供需如何。

上述三个属性都与交易主体的投资安全有关，为此，交易主体会根据具体的交易属性来确定为了资产安全进行的额外投资，这些额外的投资都可以看做交易费用。实际上，这些额外的投资才是新制度经济学(主要限于交易费用经济学)研究的重点。常规的、确定的或者可以事前把握的成本，新古典经济学已经有了很好的研究，而这些额外的投资具有不确定性和可变性，是一种事前不可把握的交易费用，这是新古典经济学框架内无法研究的。尽量减少这些事前无法把握的交易费用，可以为减少资源利用的总成本做出贡献。更重要的是，这些额外的投入从资源利用角度看，是不产生收益的，是一种完全的价值消耗。

(四)治理结构问题

对于减少这些事前无法掌握的交易费用，新制度经济学主要是通过治理结构设计和正式制度安排来实现的。治理结构是"用来决定如何实现整个交易的制度矩阵"(Williamson，1996)或者是"用来避免潜在冲突威胁和避免影响双赢或多赢的机会主义行为的制度框架"(Commons，1932)。正式制度则是指诸如产权、政治体制等一个国家或地区长期稳定的基础性的制度。Williamson(2000)在其社会学研究分类的四个层次中，把治理结构放在第三层，而把正式制度(制度环境)放在第二层，即正式制度决定着治理结构，而治理结构决定着具体的人类的行为。因此更形象地说，正式制度是"游戏的规则"(rule of the game)，而治理结构是"游戏的运行过程"(play of the game)。这两个层次的内容，都属于人类活动的规则或约束。

换句话说，治理结构与正式制度的关系可以理解为，在现有的产权、政治、司法等正式制度安排下，具有特定目的的人在相互依赖、相互影响的行为过程中形成的规范，是一种针对具体行为的具体制度安排。而其本质目的就是为了实现人类行为的确定性，进而减少人类交互过程中的无谓损耗。

对于现阶段中国的林地流转来说，治理结构就是在林地的产权制度、宏观管理体制(如林地利用开发和保护制度等)等基础性制度下的林地使用权(或者承包权)在不同主体之间转移的具体规则，如国有或集体所有的林地的定价、交易和交易主体资格等的具体规则安排。

传统的治理结构有市场(market)治理结构和层级(hierarchy)治理结构，也可以通俗地理解为市场和计划两种方式。后来由于市场和层级结构的有机结合越来越普遍，这种混合的结构被归纳为一种名为“混合制”(hybrid)的治理结构。由于“混合”过程中的利益主体之间的竞争与合作的关系不同，治理结构也因而出现不同的形式。所以，新制度经济学，尤其是交易费用经济学把治理结构归纳为一条光谱，光谱的左端是完全的市场治理(私有化)，光谱的右端是完全的政府治理(公有化)，中间的是程度不同、方式不同的各种混合型的治理结构①。

通过二十多年的不断研究和发展②，O. E. Williamson 用一幅图总结出了不同治理结构的作用(图 1-1)。这幅博弈树的图，非常精炼地展示了三种基本的治理结构，以及其在私人活动领域和公共活动领域的地位和作用。从 O 点开始，无论是私人的投资还是公共投资，如果这个投资没有专用性，那么理想的市场是这个投资活动的最佳治理结构(位于 A 点)，这也是新古典经济学假想的状态③。当投资具有专用性，交易双方有两个选择，即是否为资产可能的风险进行安全保障投资。不投资，即无保障，这时存在交易双方的机会主义行为的风险(位于 B 点)。投资，有保障，但又分为两种。一种以市场交易为主，辅以各种不同的层级形式(位于 C 点)④；当市场为主的治理结构不能满足资本安全保障时，可以通过非市场方式。这又进一步分为两种，一种是在微观经济领域内，即组建公司来完成资产投资安全保障(位于 D 点)，一种是在公共治理领域，这时政府又要决定，是制定一定的规则后让政府以外的单位执行(位于 E 点)，还是完全由政府自己进行治理(位于 F 点)。

对应到林地的流转，可以是由政府进行分配。例如，林权改革过程中“分山到户”的过程，这是政府根据村民的集体成员权将林地资源通过家庭承包方式落实到本集体经济组织的农户，确立农民作为林地承包经营权人的主体地位。很明显，此时林地的初始使用权从集体所有权中分离出来，并流转给了本集体村民。

---

① 对于微观经济领域，左端是市场，右端是公司，中间是契约安排的各种形式。对于公共行政领域，左端是完全私有化，右端是完全公有化，中间是在一定的政府规则下(与政府签订合约等)的私有化。

② 在 Williamson(1985，1996，1999)三部重要的著作中，Williamson 把这幅博弈树的图从最初的 2 个节点发展到 5 个节点。这个过程也展示了交易费用经济学从微观经济领域扩展到公共治理领域。

③ 现实中任何投资都是有专用性的，只是有程度大小之分。

④ 这在微观经济领域比较常见，如公司内部的契约(inter-firm contract)、层级的代理经销商(franchising)、转包(subcontracting)、公司关系网(networks of firms)、共同商标(collective trademarks)、合作(partnership)、协作(cooperatives)、商业同盟(alliances)、联合(joint venture)等。这些形式的特点就是在一定的契约保障下发挥最大限度的市场自由度。

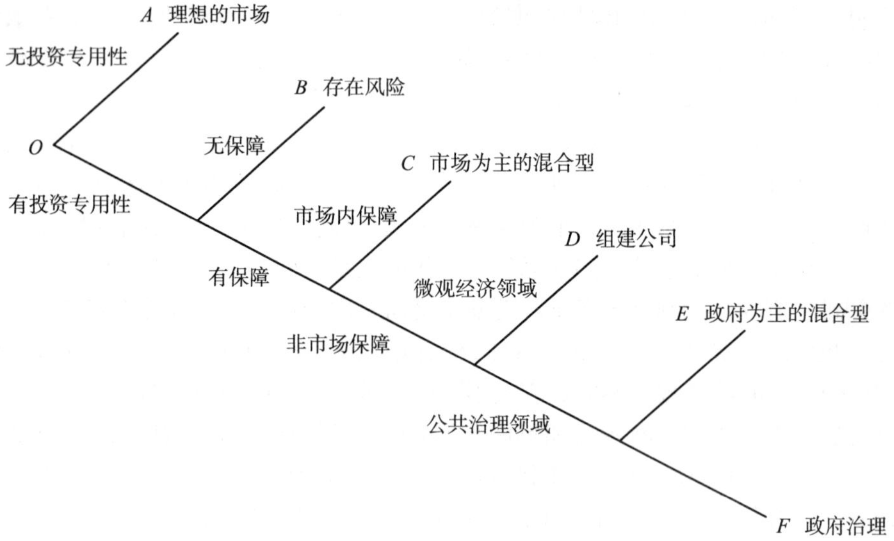

图 1-1 治理结构的光谱及其作用

资料来源：Williamson（1999）

这是一种层级制的林地流转治理结构。

林地的流转也可以由市场进行配置。例如，在明确的林地承包权基础上，允许农民之间通过自由协商将承包权在不同农户或集体以外的企业之间进行流转。这是一种基于市场机制的林地流转治理结构。

现实中，为了提高林地资源的规模化效益，在保护和开发之间寻找到最佳的切合点，地方政府更多的会在明确相应规则的基础上，扶持发展林业专业合作组织，培育一批辐射面广、带动力强的龙头企业，促进林业规模化、标准化、集约化经营；发展林业专业协会，充分发挥其政策咨询、信息服务、科技推广、行业自律等作用；引导和规范森林资源资产评估、森林经营方案编制等中介服务健康发展等。在这个过程中，存在不同的利益主体，如林农、企业、协会、地方政府、中央政府等不同程度的合作和竞争，在林地流转的过程中实现了相应的成本共担和收益共享。这是一种混合制的林地流转治理结构。

不同的林地流转治理结构都有存在的价值和必要性，取决于所处的经济社会外部条件和具体的利益相关者的特征。其选择的逻辑也可以按照图 1-1 的治理结构的“光谱”来进行分析和确定。

四、本书的分析框架和研究问题的细化

制度分析实际上不是什么新颖的方法，从新制度经济学的兴起至今已经发展

出了很多学派和研究范式，对基于新古典经济学的传统的可持续发展理论有着很大的推动和改进。实际上，对制度的分析存在着两种阶段性的变化。而这两种变化奠定了本书的可持续能力的制度(institutions of sustainability，IoS)分析框架。

(一)制度分析的一些顾虑

第一个阶段是在对新古典经济学批评的基础上逐渐形成的新制度经济学。例如，新制度经济学家经常用自然科学的例子来证明新古典经济学的短视——“尽管越来越多的学者在努力把握经济生活中复杂性的后果，但在许多国家里，这样的认识仍然没有深入公众的观念，因此也没有在许多大学课程中产生重要影响。……现在，许多国家的公众都理解，生态系统是复杂的和不断演化的——它在许多方面超出了人类的理解能力——因而对生态系统的干预可能产生难以预料的、危险的副作用。但是，当涉及对同样复杂和开放的经济系统实施政策干预时，却无人提出类似的警告”(柯武刚和史漫飞，2003)。

这实际上揭示了新制度经济学比新古典经济学的“进步”之处，即制度不是给定的。在社会系统中，制度的“创新”也可能产生很多难以预计的副作用，因此需要专门予以研究和考量。在这个阶段产生了很多有影响力的制度学派，如以哈耶克(F. A. Hayek)为代表的奥地利学派、以科斯(R. H. Coase)为代表的交易费用(和产权)学派、以威廉姆森(O. E. Williamson)为代表的交易费用(和组织结构)学派、以诺斯(D. C. North)为代表的制度史(和宏观制度变迁)学派、以布坎南(J. M. Buchanan)为代表的公共选择学派等。

第二个阶段是近年来在非传统经济学领域出现的基于制度分析的交叉领域，如政治、资源与环境利用等。这些新兴的制度研究领域对新制度经济学进行了进一步的批评和拓展，尤其是它们多还用同样的例子来“抨击”新制度经济学的不足——新制度经济学多关注的是“社会系统”(social system)的复杂性，很明显“传统”的新制度经济学在对社会系统进行制度研究和“创新”时，忽略了“生态系统”(ecological system)的复杂性，同时忽略了其与社会系统的相互影响和生态系统的自我演化。

自然系统本身受到人的利用影响后会自己产生变化，一种不是由人为行为造成的变化，进而会在“不察觉”的情况下对其他人产生影响。这样，对于管理来讲，就需要考虑更多的因素，而不能如传统的新制度经济学分析方法那样，仅对直观的行动或决策进行考察(Ostrom，2007)。而这种特征源于自然资源管理对象的两个特征——低模块性和难分解性(Hagedorn，2008)。而因为人类的活动和社会的增长多与自然资源利用有关，因此这种对生态系统的忽略，使得传统的新制度经济学的分析方法仍有很大缺陷。

林地流转的管理问题，实际上就是对一种“社会—生态系统”的管理。因为林地流转的本身就随资源禀赋、经济发展、政治约束和文化背景等条件的不同而不同。换句话说，林地流转的管理，是一种复杂的人类利用资源的行为和自然资源系统本身的互动的过程。这个互动性不仅指人对资源的影响，还包括资源系统变化后对人类活动产生的新的影响，而人又会产生新的决策来应对，应对又产生新一轮的资源系统的变化——这是一种无法事前预计且无法界定边界的活动。

因此，对于中国林地流转面临的实际问题，如果依然寄希望于完美的市场和万能的政府，林地流转的管理目标(如可持续地利用林地且满足收益最大化等)可能永远无法实现。只有跳出传统的分析思路，综合审视林地流转过程中所有起作用的因素，如制度、规则、行为人、交易、交易费用、自然基础等，才能找到解决问题的适宜办法。

但很显然，涉及社会和生态两个系统的相互依赖性是一个非常复杂的问题。如果我们尝试寻找林地流转适宜的管理方式，或者想辨析为什么有的流转模式并不能起有效的作用，我们需要一种能同时考虑两种系统变化特征的连贯的方法——因为制度变化和绩效同时受到两个系统的影响。

幸运的是，IoS 分析框架为研究自然和社会体系的交互提供了有效的逻辑思路(Hagedorn et al.，2002；Hagedorn，2008)。这个分析框架已经应用于很多实证研究，并被认为是用来分析自然资源管理中人类与自然之间的交互问题的一种非常有效的工具(Gatzweiler and Hagedorn，2003；Penov et al.，2003；Schleyer，2004；Sikor，2004；Theesfeld，2005；Prager，2010；Prager et al.，2011)。

所以，本书的总体目标是借助 IoS 分析框架，分析研究中国林地流转过程中人类活动与林地资源系统之间的交互是如何影响管理制度的制定的，关于这个问题的探讨将集中在林地流转的市场机制上。

(二)林地流转的 IoS 分析框架

根据 Hagedorn 等(2002)，IoS 分析框架主要由四个要素构成，分别是交易属性、行为人属性、正式制度和治理结构。这四个属性通过“行动场合”联系在一起，如图 1-2 所示。我们不能割裂地看待框架中的四个要素，它们不仅本身具有特定的内容，更是它们相互之间的影响和联系，才使人类社会的具体活动产生了特定的结果。任何一个要素上细微的变化，都可能导致活动结果的显著变化。

1. 林地流转管理机制的影响因素

林地流转的管理机制主要包括两层含义，即林地的产权规则和配套的治理结构。这种管理机制一般可以理解为是人类自身为了应对自然条件、技术、经济、社会和政治等因素而形成的自我约束规则。图 1-2 中的四个角上的因素是决定管理机制具体内容的主要因素，它们之间的相互关系可以表述为以下几点。

首先，管理机制的内容设计或选择，取决于林地流转过程中“交易”的特征。这种特征不仅是交易(人类交互)本身的，还包括交易对象(即林地及与其相关的

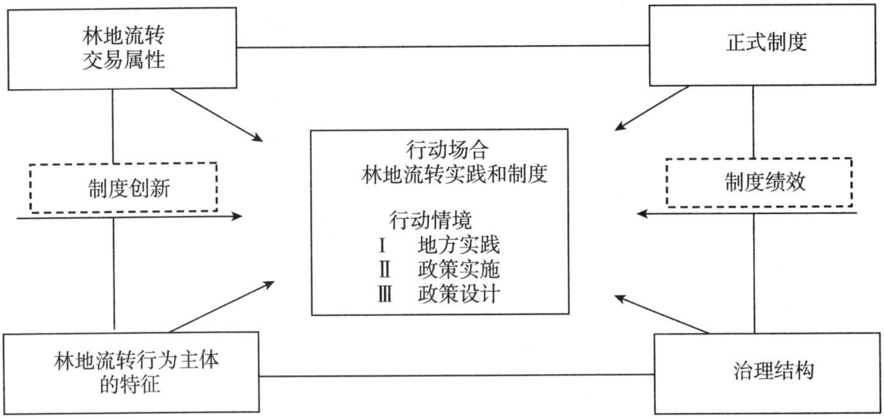

图 1-2　林地流转的 IoS 分析框架

资料来源：改自 Hagedorn 等(2002)、Hagedorn (2008)

生态系统)的特征。因此，林地流转的交易特征受到自然和社会双重变化的影响，既包括林地流转过程中的自然特征和物理形态的变化，也包括林地使用过程中涉及的社会特征和人与人之间交互的变化。前者是指林地本身的自然属性的转变，如林木树种的变化、林木的自我更新等，以及在这些过程中产生的各类生态环境的变化；后者是指因人而起的特征，如林地的规模(影响到人对稀缺度和可资利用的难易度的判断)、林地资源的排他性(影响人对资源利用的决策)、林地管理过程中的不确定性和信息不对称(影响人对规则制定的决策)等。两者都可能对流转的结果和过程产生影响。

其次，制度的设计和选择取决于交易主体的特征和目的。例如，短期偏好会让林农过度砍伐林木，专业技术知识会更好地对林业资源进行统筹管理等。这种个体特征或目的的影响，不仅指个体决策者的价值观、利益和掌握的资源不同而对交易的过程和结果产生不同的预期和行为选择，从而影响到制度的设计；也指更多的个体所组成的群体，如社区或村庄等，经常会根据长期形成的观念或习惯来形成具体的集体的行为规范。

再次，在考虑上述两个因素后，制度的具体设计就致力于诸如林地的产权内容和相应的权利的分配，或者准确地讲，是对林地的自然资本和生态服务价值等背后的成本和收益流的界定与配置的影响。例如，林地的产权设置和休伐期的设定，实际上就是对林地资源在经济上的、生态上的和社会上的成本收益的界定和分配进行的权衡。更重要的是，具体的制度设计(如产权的内容)也逐渐复杂起来。产权不再是对具体的物理物品(如土地)的“拥有权”，而是拓展到与土地利用在生态环境保护、可持续农业等方面的更多的维度和更为详细的细节等方面的“权利和义务”的界定——产权的内容更为复杂和细化了。

最后，制度具体设计上的变化一般都需要特定的治理结构的支撑。因为一方面，产权只有得到足够的监管和保障才能够成为实际有效的约束而不只是书面上的“文件”；另一方面，行为人只有在所谓的“交易”得到了具体的组织和协调后才会真正地行使自己的权利和承担自己的义务。例如，林农只有在一个有效的监管体系下才会真正履行政府对林木砍伐的各种限制措施，这个监管体系包括对日常林业生产和运输的监督、对林农的补贴和惩罚措施(及相应条件的界定)、政府林业管理部门的正常运转和责权公开等。

与上面描述产权规则一样，治理结构本身同样复杂。林地流转的治理结构既包括林农、农民集体等的自我组织和协调(如林农的合作社、协会等)，也包括政府的直接管制(如林业局或国有林场等)。同时，这些治理结构不仅包括相应林业管理措施的实施，也包括不同层次上的管理政策或手段的制定和决策(如集体、社区、乡镇、县、市、省、区域、全国等)。当需要考虑决策的过程时，决策本身的治理结构(如林业的行政管理体系、政策制定的官方过程等)也需要加以考虑。

图 1-2 实际上为我们理解上述的四个影响因素及其之间的关系提供了一种“可视化”的手段。第二章我们将对林地流转过程中的这四个因素进行详细的讨论。值得提及的是，对这四个因素的理解和分析，现有的新制度经济学和对自然资源的制度分析上的理论是理论基础。例如，很多研究为理解图 1-2 奠定了理论基础，包括 Furobotn 和 Richter(2005)、North(1990)、Williamson(1996)、Ostrom(1990，2005，2007，2009)、Bromley(1989，1991)、Loehmann 和 Kilgour(1998)。

2. 林地流转管理机制的分析框架

在上述 IoS 分析框架的基础上，本书的林地流转管理机制的分析思路可以阐述如下：林地流转实际上是行为人选择的结果，特别是在三个相互管理的行动情境中的选择的结果。我们将行动情境的总体行动场合定义为“林地流转的实践和制度”(行动场合)。在这个总体行动场合下，三个行动情境包括：①微观层面。例如，林农决定将自己的林地承包权流转给其他林农，或者地方政府决定对林农的土地进行征收以满足其他的目的等。②政策实施层面。例如，林地和林业管理部门对林地流转进行管理以满足林业生产、环境保护等方面政策的要求。③政策制定层面。例如，政策制定者在国家、区域或者地方层面对林地流转的规则进行制定。

无论在哪个层面上，我们在分析时都要考虑 IoS 分析框架中的四组因素：具体背景条件下交易的各种属性；行动情境下行动者的特征；行动情境下的正式制度约束(如产权的相应规则)；正式制度约束下的具体治理结构。

这四组因素彼此之间是联系的，同时也相互(动态)影响。林地流转中的交易决定着特定的制度会被设计和选择。制度设计则决定着具体的治理结构的选择以满足其实效性。行为主体一方面决定着交易、制度和治理结构，另一方面也受到现有制度和治理结构的约束。而且，在考察这些因素的相互影响时，需要在不同的层面上的行动情境中进行考虑。

1)行动情境Ⅰ：微观层面

对于该情境，正式制度和治理结构一般都是给定的。因此，该情境的主要变量是不同地区的交易的差异，如受到地方自然、经济特征的影响，资源禀赋充裕的、经济较发达的地区，林地流转的速度和规模会大一些；不同区域的行动主体特征的差异，如有的地方政府有强烈的发展农村经济的目标和相应的主观激励机制等。在给定的制度环境和治理结构下，不同的交易属性和不同的行为主体属性，会造成不同的制度结果，如林地流转的经济收益及相应的社会和环境效应的多样性。

2)行动情境Ⅱ：政策实施层面

对于该情境，正式制度一般是给定的，治理结构是主要的变量。在正式制度的限制下，不同地区会根据林地流转的地区属性(即交易属性，如专用性、时间因素、不确定性等)，并按照某种具体的决策标准(如控制交易费用、满足经济收益最大化、满足生态保护目标等)来选择最合适的治理结构。例如，政府直接主导林地流转的过程或某个阶段，或者允许林农自我交易或者组织协会进行合作经营等。

3)行动情境Ⅲ：政策制定层面

该情境主要包含两方面的内容，一是评价现有的政策绩效，二是进行政策设计，或更准确地说是改进。在这个情境中，所有的四个外部变量是不确定的，但因为目的是给出一个正式的制度(rules in form)，所以微观层面的行为主体和交易属性等只能在一般意义上进行考虑而不去深究其具体化的多样性可能。正式制度和治理结构有时候不能被非常清晰地分离开，也就是进行政策设计的时候，很可能对治理结构和正式制度是同时考察和考虑的。

上述对林地流转管理机制的分析框架，可以作为一种适宜的且有效的分析思路，用来对当前林地流转以及相应治理过程中的人和自然之间的相关影响进行分析。尽管这个框架目前还只是一种“元语言”(metatheoretical language)，也就是没有明确地对林地流转及其中人的行动所面临的各种情境进行理论化和分类，但它实际上为系统分析和理解林地流转过程中各种问题和各种关系提供了一个有效的框架。在后面的章节中，我们将展示如何通过这个框架来整合整个研究。

(三)本书的具体研究问题

在描述整个研究的具体结构前，需要对研究的问题进行详细的界定。考虑到研究的总体目标是理解清楚中国林地流转过程中行为人与林地资源系统之间的交互过程，在此基础上评价现有林地流转机制的绩效，并给出可能的合适的政策建议，因此，下列问题是本书将详细展开分析的。

(1)当前中国林地流转的制度环境和治理结构是什么？在现有制度环境和治理结构下，具有不同属性的参与者的行为是什么？林地流转现状下资源配置、社会福利转移，以及可能的生态环境变化是什么？这些问题的考察是对政策改进的分析基础——我们需要知道一种“初始状态”。

(2)在初始状态的基础上，在既定的林地流转管理目标下，作为推进林地流转的具体组织过程，有哪些困难需要解决？如何解决？这些问题的考察是“政策实施层面”的内容。

(3)在政策实施层面结论的基础上，作为林地流转的制度环境有哪些方面需要考虑？政策该如何改进以适应政策实施过程的要求？这些问题的考察是“政策设计层面”的内容。

(4)在三个层面(微观层面、政策实施和政策制度)上辨析了 IoS 分析框架四个因素和相应流转过程后，是否能够给出对中国林地流转政策绩效的总体评价？相关适宜的政策建议是什么？这不仅是从制度评价反馈出制度创新，也是本书对中国林地流转管理机制研究的结论。

五、全书的安排

为了回答上述问题，本书的安排如下：除了绪论和结论，全书可以分为理论建构、林地流转治理初始状态、林地流转治理实施层面、林地流转政策设计层面四个部分，具体安排如表 1-1 所示。

表 1-1 全书的结构和章节安排

章节	主要内容
第一章	绪论，包括问题的背景、研究综述、研究目标等
第二章	集体林地流转机制的理论问题
第三章	集体林地流转的治理现状
第四章	林地资源的治理机制：宏观经验
第五章	集体林地流转的定价机制
第六章	集体林地流转经营的融资机制
第七章	集体林业风险防控市场机制：以自然灾害风险交易市场为例
第八章	集体林地流转模式选择：交易费用的比较
第九章	林地流转经营的生态补偿市场机制
第十章	集体林地流转的间接机制和效应
第十一章	全书结论和政策建议

第一部分包括第一章和第二章。我们将用两章的篇幅来讨论林地流转本身所具有的公共物品属性、人与自然系统属性、交易费用特征和治理结构匹配逻辑，构建了基于 IoS 分析框架的林地流转市场机制分析框架。这些理论层面的讨论，使本书具有与其他相同主题研究所不同的内容。本书的特殊之处在于对林地流转制度本身的考察更明显，而不再是对林地流转这件“事情”的考察。

第二部分包括第三章和第四章。首先对林地流转的制度环境、治理结构、林地及流转本身、林农和其他利益相关者等的现状特征进行了辨析。这是进行制度分析和政策改进的“起点”。特别的是，第四章从宏观层面把中国和德国的林地治理的体系进行了系统的对比，这为进一步理解分析“起点”奠定了基础。

第三部分包括第五至第八章。这四章一方面是林地流转政策实施层面的内容，另一方面也从微观层面对林地流转最为关键的四个方面进行了探讨。分别讨论了集体林地流转过程中林地的定价、林农的融资、林业的风险防控，以及从组织者角度看的林地流转的适宜模式。这四个方面的讨论，为进一步理解当前林地流转面临的困境和出路提供了有价值的参考，同时也为后面的政策创新设计奠定了基础。

第四部分包括第九章和第十章。这两章实际上是对 IoS 分析框架中强调的系统观和全局观的展现。集体林地流转不仅要考虑规模效益和经济价值，还需要考虑相关的利益和效应。生态环境保护和城乡统筹发展，作为现阶段重要的在生态和社会层面上的内容，也得到了详细的讨论。这是设计适宜的集体林地流转市场机制不可或缺的环节。

实际上，全书的内容安排是按照 IoS 分析框架来组织的。我们会在第十一章结论部分对本书内容的逻辑主线进行回顾，这里不再详细展开。

第二章

集体林地流转机制的理论问题

中国的集体林地最初并没有随着农村土地的家庭联产承包责任制而同样进行承包经营，大部分地区集体山林实际上是处于集体范围内全体成员的共有状态。直到2003年的第二轮林权改革，林地使用权的家庭承包经营才逐渐铺开。然而，在集体林权承包过程中采取的平均化的分配原则及过于简化的手续(如林地地籍信息欠缺等)都造成了后续林业经营效率降低，尤其是导致了集体林业规模化经营上的困境。

1985年中国就放开了林木市场，至今已经过了二十几年的发展。虽然中国的林木出口已经与国际接轨，但国内林地流转市场体系仍比较欠缺。集体林地无法有效地通过市场进行流通，造成林地的细碎化和规模效率的降低。虽然第二轮集体林权改革的目标之一就是建立集体林地的流转市场，但目前为止林地还缺少一个完善的定价体系和供需信息平台。另外，因为林地承包权在产权上受限，如抵押困难，造成单个农民流转和投资林业的资金困难，这也是现阶段林地市场发展缓慢的原因之一。

这些实际问题隐含着林地流转管理机制的一个本质问题：推进集体林地流转，是一个公共物品的提供过程，也是一个形成、推进和约束集体行动的过程。公共物品和集体行动都是公共资源管理的核心问题(Ostrom，1990；Ostrom et al.，1993)。

一、集体林权共有特征造成的困境

《中华人民共和国森林法》(简称《森林法》)规定，森林资源属于国家所有，由法律规定属于集体所有的除外。国有林主要分布在我国东北(黑龙江、吉林、内蒙古)、西南(四川、云南、西藏、云南)、西北(甘肃、陕西、新疆、青海)等地。

集体林广泛分布在农村地区，以中国的南部和东南部（福建、江西、浙江等）山区为主。根据第八次全国森林资源清查结果显示，我国国有林地 1.24 亿公顷（1 公顷=10 000 平方米），占比 40%；集体林地 1.86 亿公顷，占比 60%。森林面积中，国有占比 39%，集体所有占比 19%，个体所有占比 42%。森林蓄积中，国有占比 63%，集体所有占比 15%，个体所有占比 22%。国有森林由国家建立的行政和企事业部门代表全民直接行使国家所有的所有权进行经营。集体林地类似于农地的权属（Tan et al.，2009），所有权与使用权相分离，由相应的集体组织、个人或者企事业单位进行承包经营。

表面看，林地产权有着清晰的界定，但是实际上无论是林地的利用还是林地的流转，都面临着共有产权导致的困境。集体林权会引致"公地悲剧"这一说法，可能会遭到很多人的反驳：集体林权在法律上已经得到清晰界定了，要么属于国家所有，要么属于农民集体所有，特别是林地承包权从所有权中分离出来后进一步强化了产权的作用，这种产权设置怎么会引起"公地悲剧"？实际上，集体林权确实存在一些"公地悲剧"类型的困境。

（一）林地承包中的"公地悲剧"

林农对所承包林地的使用在现实中有两种极端。

第一种极端就是对林木的单一树种的种植和过度砍伐。当林农无法预期自己的林地承包权是否能够留给自己的后代，甚至不确定自己是否能在未来一直拥有林地的全部收益，林农的短期行为则是必然。再者，林业生产收入相对于其他产业收入偏低，林农会为了增加或保持一定的收入而只种植速生林，甚至使用一些所谓的"林木生长剂"，这些行为既不利于生物多样性的稳定，也不利于林地的可持续利用。这是明显的"公地悲剧"——因对共有产权的不稳定预期造成了个体对林地资源长期经济收益和生态效益的忽视。正如 Gordon（1954）所说的那样，属于所有人的财产就是不属于任何人的财产。

另一种极端就是林农情愿撂荒也不愿意放弃自己的林地承包权给其他愿意承包种林的农民。现阶段农村劳动力进城打工比例逐年增加，外出务工的林农对林地承包权不再投入劳动力，造成大规模的林地本质上处于撂荒状态。虽然林木自己还在生长，但从经营效率上来说，劳动力投入下降，造成森林经济收益的降低。为什么林农情愿撂荒也不愿意放弃承包权？因为对于林农来说，一方面保留承包权就保留了集体分红的权利；另一方面，如果保留承包权，有一天在城市失业后回到农村，还有承包地可以作为最后的生存保障，所以这些林农不愿意放弃自己的林地承包权。林农不愿意出租林地给其他农民，是因为他们担心这种共有产权日后可能出现纠纷。正是因为集体土地产权的共有性质，撂荒的林农一定意义上才会"有恃无恐"。他们仍是集体的一分子，没人能够强迫他们放弃相应的承包权。即使大家都知道林地的撂荒是对林地资源利用效率的忽视，同时也违反了国家对林地资源的使用政策，但政府或集体也只能默认这些现实中的撂荒行为，就是因为集体土地产权上的“公地悲剧”。

(二)林地经营的“反公地悲剧”

实践中的林地个体经营面临“反公地悲剧”的困境。林地作为一种资源，所有权者具有对其进行生产经营而获利的权力。但是因为能够对这种产权有诉求的主体很多，在实际经营过程中出现了“反公地悲剧”，即因为存在着很多权利所有者，为了达到某种目的，每个当事人都有权阻止其他人使用该资源或相互设置使用障碍，却没有人拥有有效的使用权，导致资源的闲置或使用不足。这就是“反公地悲剧”。

对于个体经营者来说，林业生产经营的项目可以自主决定，但在林木种植、砍伐、运输、经营等方面必须要得到林业部门的监管和审批。这说明集体林权本身是一种受限的所有权。承包户只能根据承包合同通过既定的林业生产获利。林农没有完整的处置权，如不能改变合同规定的经营范围，不能改变土地自然形态等。林农也没有完全的排他的权利，如果村集体因集体利益需要收回土地，或者政府因公共利益需要进行林地征收，林农没有反对的权利。林农也不具备完整的土地流转权利，未经集体允许不能随意转让或租赁。

这种状况导致大多数村集体和林农会抱着“多一事不如少一事”的心理，放任林地撂荒或者忽略其他林农流转的诉求。放任或忽略，本身都是对林地资源的一种低效利用。

集体经济组织虽然是林权的所有者但也面临着类似的困境。例如，当林地因规模化经营而需要对个体林农承包权进行调整时，也可能受到土地制度的限制。最初林地的承包经营权是由村集体根据家庭人口、劳动力等因素进行分配。一方面，随着经济发展、人口迁移和其他相关因素的变化，林地面临着细碎化带来的规模低效，阻碍了林业经营生产效益的提高。另一方面，因为农户家庭的劳动力和人口是在不断变化的，最初与人口和劳动力相适应的分配状态现在可能不再适应了。这样，从提升效率和改进公平的角度，林农或者村集体都可能出现调整林地的意愿。然而，现实中村集体重新调整林地承包权并不是那么容易。

因为《中华人民共和国物权法》(简称《物权法》)规定，承包期内发包人不得调整承包地，一般承包期内发包人也不得收回承包地。虽然农地调整的初衷是为了提高农业生产效率或者体现资源分配的公平，但是在现实中却受到了法律的制约。《物权法》不允许调整承包地的目的是为了承包权的稳定性，让林农对未来有稳定的预期，同时激励林农可持续地利用林地。

另外，林农也反对林地调整。尤其是因为林农在没有纳入城市相同的医疗、社会和养老保险之前，土地是他们生存的最后防线，林农一般是风险规避者，当他们看不清楚一个项目未来收益的情况下，无论是集体还是个体林农的流转需求，他们不会愿意把自己的生存的权利随意让渡。在某些省份，集体经济是分红的，分红的依据就是土地的承包权，所以有些林农情愿撂荒也不愿意失去分红的权利。所以，即使大家都知道林地调整有利于效率提高，有利于社会公平的改进，但就是无法形成合力，致使产权变成土地利用效率的束缚。

二、集体林地规模化流转的难点

集体林地产权上的限制及其造成的规模低效，使现实中对林地流转的诉求逐渐迫切起来。但是，即使是这样一种潜在的林地利用效率提高和收益增加的行动，在现实中仍然面临着一种“公共物品”供给的困境。即成本承担上面临行为人的卸责，而收益分享上又无法排除“搭便车”的人。

(一)公共物品的问题

虽然集体林权的流转以满足规模化的需求是一种林地价值和经营效率提升过程，但这种价值和效率是无法简单地由政府的“一纸令下”就实现的。也就是，即使政府颁布了相关的法规和政策，解除了对集体林地流转的束缚，林地流转也不会自动实现。

原因很简单，现实中的土地都是有具体的所有者或者使用者的。允许集体林地流转，不会像经济学理论中商品供应那样瞬间实现市场的供需平衡，现实中还涉及土地所有者或使用者权益变化和补偿等问题。如何补偿、激励土地权益主体进行产权变更进而实现市场价值，这背后不仅蕴涵单个利益主体的决策问题，还是一个公共物品供给的问题。

第一，林地的流转及其价值受到林农流转意愿的影响。在一定的潜在的林地规模化经营区域，如果有部分原土地权益者拒绝流转自己的林地，就有可能影响整体的林地规范化经营项目的最终价值，进而影响投资人的决策。换句话说，政府通过政策允许集体林地流转而实现价值，是基于当前“分散的”各个利益主体的共同行动来实现的。如果有人变成“钉子户”，就会影响愿意流转的其他林农的潜在收益。另外，即使项目“绕开”了这个钉子户，但该区域的规模化经营带来的林地价值的增值，也无法避免无偿由这个“钉子户”所享有(即后期该钉子户的林地市场价值也会无形被抬高，因为周边林地规模化后的效益可能带动对林地的更多的需求)。这样这个“钉子户”又变成了“搭便车”的人，而如果其他的利益主体意识到这个问题，就可能会有更多的人不愿意参与林地流转而选择“搭便车”，因为放弃林地承包权代价更高。这样，最悲观的结局是，即使大家都知道林地流转能够带来潜在收益，但因为有潜在存在的“钉子户”，大家可能最后都不采取任何行动，导致林地流转潜在的价值提升就只是理论上的价值提升。

第二，林地流转即使有正式制度的允许，但实际中还需要相应的治理结构和配套服务，如流转的价格评估体系、流转的交易平台、规模化流转和林业开发项目的融资渠道等，没有这些配套治理结构和社会服务，林地流转无从谈起。即使存在自发流转，但其可能造成后续交易的纠纷，或者降低流转的规模。诸如价格评估体系(包括评估方法、评估资质、评估认定等)、流转的交易平台(包括固定的交易场所、产权变更登记、公正等)、林业开发项目的融资，都属于公共服务，单一的个体无法提供或者供给不足。也就是服务的提供具有低排他性的特征，造成成本分担上面临无人供给或供给不足的困境。

因此，集体林地流转的本身及其配套机制的建立，都是公共物品供给的问题，在现实中面临着集体行动的困境。只要存在“搭便车”的可能，就会造成所有的行为主体的“囚徒困境”，使大多数人不愿意积极和主动提供自己本应承担的成本，最终导致林地增值这种公共物品供给不足甚至零供给。

(二)公共物品供给的成本

林地流转是有成本的，这个成本除了包括流转双方的直接成本，如林地买卖的成本等，还包括很多间接成本，本质上就是各利益主体达成一致行动的成本，而这些成本很大程度上决定公共物品在现实中是否能够最终实现供给。我们可以通过一个简单的角度来阐释背后的逻辑。

1. 个体林农提供公共物品的成本

假设一种情况，政府允许某块集体林地进行统一的承包经营开发，且允许相应林木企业进行市场化运作——这是一个明显的林地价值的增值过程。假设这片林地的承包权属于若干林农，其中的一个人想主动承担所有的开发成本(包括支付给其他林农的林地和林木的补偿)，目的是为了得到后面的林地整体的开发收益增值。理论上，只要其他林农都能够得到林地和林木市价的补偿(前后利益不损失)，那么就有可能实现整体的规模化开发。

但这很可能只是一种理想的状况，其他林农很可能知道这个潜在的增值收益，进而不愿意让这一个林农“独享”，因此会拒绝这个林农的出价。可能有人会说，只要那个林农的出价再高一些，其他林农可能就同意交易了。实际上，要价是无止境的，除非这个主动愿意投资的人“让渡”了所有的增值收益，否则其他人还是有动机去要求更多的“补偿”。甚至可能有林农不接受任何“出价”，因为有的林农可能因为一些特殊的原因(如对相应林地的个人感情、对长期形成的生活生产等习惯的依赖等)，变成一个彻底“不合作”的人。这样，由某一个(或一部分)林农来实现规模化经营开发，现实中存在很大的谈判和缔约成本，而这种巨大的成本就有可能阻碍规模化的增值过程。

上述情况同样适用于一个第三方的主动投资。例如，一个外来的公司愿意购买所有的林农的林地及林木的产权，并完成后续的开发和增值收益的获取。第三方在谈判过程中，可能会面临着更为明显的“钉子户”问题和“锁定效应”。“锁定效应”是指，只要这个外来公司购买了其中的一处林地，那么此时第三方对其他待流转的林农来说，就丧失了市场谈判的优势，其他林农可能会要求更高的价格，而第三方不得不考虑应价，否则已经投入购买的成本可能付诸东流而没有任何收益。因此，“钉子户”和“锁定效应”，往往会打消个体林农以主动流转实现规模化经营的意愿或第三方介入的规模化经营意愿。

2. 村集体(或者政府)提供公共物品的成本

既然个体的主动意愿无法实现规模化的流转，那如果村集体介入呢？村集体对本村的林地具有强制的权力，可以通过强制手段来解决“钉子户”的问题，“锁定效应”进而也就不存在了。表面上看，问题似乎解决了。但实际上，村集体面临的困难(或者成本)并不一定比个体林农之间协商来进行规模化经营的少。因为，村集体首先要能够证明这个强制性的权力实施是合理的，如符合公共利益，否则即使集体强制实施了，也可能面临后续的产权纠纷。而界定公共利益，在国内外依旧是一个颇有争议的问题。

另外，村集体的强制征收还存在征收数量(规模)和补偿标准的决策问题。在村集体定价而非市场定价的前提下，集体总是有降低补偿、扩大征收数量的倾向，这是一种资源利用低效率的表现。村集体的低效率，就是整个规模化经营的低效率，这属于村集体强制征收的成本。同时，村集体的定价也可能有失公平。因为只要是人为设定的标准，就面临用一个统一的尺子去度量多样化的补偿对象，而相同的土地对于不同的人来说价值不同。村集体的统一的补偿标准，本身就是一种不公平。低效率和不公平，都会增加被征收者的反感和抵制，这些都是集体强制的成本。

3. 利益相关者的集体行动的成本

既然个体的主动和村集体的强制都面临困境和成本，是否预示着集体林地的规模化经营就无法实现了？理论上还有第三种情况的可能，即这种规模化经营由利益相关者之间的集体行动且不需要产权转移的方式来实现。这样既缓解了“钉子户”的问题，也避免了补偿标准单一、低效和不公的问题。

这就是基于土地产权置换的小规模集体自组织开发经营模式。例如，待规模化经营的区域中所有的利益主体共同组建一个代理机构(或公司)来进行经营。每个林农将自己所拥有的林地无偿地转让给这个代理机构，前提是这个代理机构在开发完后能够按照每个林农最初的“贡献”比例来分配后续的增值收益。一般来说，这种开发模式可以很有效地激励所有的林农参与这个集体行动——因为成本和收益得到了公平的分担和分配(即不存在“搭便车”的人)。

自然，这种模式也不是没有成本，同时也不总是可行的。这种模式的困境就是一般意义上所有的集体行动都可能面临的困境。例如，集体行动涉及的成员的规模，规模越大，众口难调，集体行动的协商成本越高；集体行动涉及的成员的目标是否一致，成员的目标越一致，集体行动越容易实施；集体行动本身是否存在合适的管理机制，如是否有畅通的协商渠道，越规范、越详细的管理机制，越能促进集体行动的实现。不过此时管理机制本身的成本也就会越高。

(三)究竟谁适宜提供公共物品?

集体林地规模化流转作为一种公共物品，并不会自发实现。流转的实现本身需要投入成本，这就给我们提出了一个新的问题，究竟如何找到一个适宜的方式来实现流转，进而最小化流转过程中的成本？是个体协商、集体强制，还是自组织合作？这实际上就是管理方式创新的要求。

自我协商是市场机制的体现，集体征收是产权强制的表现，基于个人林地产权置换的方式实际上可以被视为是一种自组织的合作模式。这三种方式是理论上三种治理结构的原型。选择不同的治理结构，其成本和绩效(如成本分担、资源配置、收益分配等)都不尽相同。

我们先用一般化的语言来表述治理结构的选择的逻辑，即按照一定的标准在备选管理方式中进行选择。常用的标准是效率和公平，这里的效率一般指的是投入产出比的提升，公平指的就是收益分配的公平。给定林地规模化流转的具体项目，采用何种管理方式，就需要比较管理过程中的相应成本大小和管理后的分配效果——是否以最小的成本完成了既定的目的。

影响成本大小的因素主要包括：①林地流转本身的特征，如流转的机会成本、潜在的风险或不确定性、规模和频率等。②林地流转主体的特征。例如，如果是个人主导，其个人能力如何；如果是集体主导，集体的执行力和公平公正程度如何；如果是个体间的合作，那么人数规模、目标一致性、协商机制是否存在等。③林地流转的外部环境，包括自然、经济、社会、人文等所有的外部环境，这些环境要素会影响流转过程中的机会成本、潜在风险等，也会影响流转主体的特征和决策。

而一旦选择某一种管理方式，不仅成本确定了，其后续的收益分配也基本确定了。例如，通过集体主导来实现规模化流转，这实际上也就决定了收益分配的结果——集体可能占有了大部分的规模化增值收益；如果是以个体间的集体行动来实现规模化流转，如浙江、江西和福建等地出现的合作社或林业协会化的案例，相应地，林农可能就享有了更多的规模化增值收益。

不同管理方式的绩效是不同的。一般意义上看，市场机制在对交易的激励上的表现好于其他方式；而对交易(风险)的控制程度来说，集体强制(层级制)的表现最好；自组织等混合模式，可能综合了市场机制和集体强制的优点而缓解了两者的缺点。因此，理解不同管理方式的作用，综合考虑林地规模化流转成本和绩效的各种影响因素，就能够选出合适的管理方式。

三、林地规模化流转的隐含成本

林地流转必然造成其所承载的森林资源的变化，这种变化会进一步产生一系列的隐形成本，如生态成本等。我们一般能理解的是林地本身具有生态服务功能，如提供开放空间、涵养水源、固碳、净化空气等。如果林地被流转用于进行规模化经营，其所承载的森林资源很可能也会产生自然状态上的改变，这些生态服务功能很可能被破坏。因为在没有任何约束的情况下，私人决策很可能不会考虑可能的负面影响，这样就产生了所谓的外部性。

然而，从这种自然系统的特征看森林资源自然状态上的改变，还有一系列的连锁反应。因为自然系统受到人为影响后会出现自我变化，这种自我变化的影响在当时可能不会显化，而是日积月累后才出现的。林地规模化经营涉及自然资源系统的内部变化和对外部的新的反馈，但是这种变化的边界基本上无法考察，也就是我们很难准确判断究竟在什么界限上发生了什么变化。我们往往只能观察到其中的一种或几种，而忽视了很多其他的没有被观察到的变化。这就是第一章中所界定的“社会—生态系统”的问题。

当考虑“社会—生态系统”的特征时，林地流转的生态成本问题就变得更为复杂。传统的制度选择的逻辑，如交易费用经济学所主张的，不同属性的交易应该与不同的治理结构进行差异化的匹配的逻辑就与现实的情况出现了不吻合的地方。因为按照 Williamson 的说法，“交易是指一个物品或者服务在技术上可分辨的界限上被转移了。一个活动阶段的终止，另一个活动阶段的开始”（Williamson，1985），这种定义的潜台词就是人类的经济行为是可以完全分解（decomposability）的（Simon，1983），也就是每个交易是可以进行完全模块化（modularity）的（Hagedorn，2008）。如果一个交易能够完全模块化，在管理这种交易时，就不会出现没有考虑到的影响，即意味着能够有效地根据交易属性来设计管理规则。

然而，林地流转实际上是一种无法完全模块化和完全分解的人类利用行为，也就是没有一种在技术上能够辨析的清晰的边界来定义交易。因为不仅与林地相关的自然系统和社会系统本身都很复杂，两者之间的交互是更为复杂的问题，尤其是自然系统在自我适应和调整后可能会对人类社会系统产生新的反馈，而这是一种事后信息，在当期的林地流转决策时几乎无从得知。因此现实决策时往往只关注一种或几种因果关系，忽略了同时存在的其他因果关系。这是导致对交易的边界无法准确界定的本质原因。如果我们不能清晰地界定交易，如何以交易为基础单元来选择与之匹配的治理结构？

这种边界无法清晰表达的例子在林地流转过程中非常明显。例如，林地的规模化经营不仅会对周边的土地利用产生影响，形成溢出效应，与林业相关的工商业、居住区还会进一步集聚，并且围绕居住区会出现新的连锁反应(Garcia-López，2012)。这实际上会进一步增加森林系统的生态环境成本，如生物多样性减少等(Loo and Chow，2011)。

“社会—生态系统”的影响，包括气候变化、生物多样性和农业生产潜力受损等，最终可能反馈到全球环境变化和人类社会可持续发展的各个方面，其影响在近年来已经逐渐得到关注。但是很多林地规模化流转决策的缺陷就在于：即使考虑到了直接的生态环境的影响，但大多忽视了生态环境系统自身调整后会反作用于人类系统。

林地流转是一个典型的“社会—生态系统”问题(Ostrom，2007，2009)，因为人为的林地规模化开发经营会引起一系列的经济、环境和社会问题，而且得益者和受损者之间的关系并不能清晰地描述；反过来，这些经济、环境和社会问题引发林地及生态系统自身的变化，进而对人产生后续的影响。这从本质上说明林地规模化流转是一种复杂且关联的(complex-interconnected)交易(Hagedorn，2008)，这种复杂且关联的交易的特征是，每一个环节的人的行为和影响都可能是相互的，都无法将其割裂来分析，而且基本上都难以在技术上可分辨的界限上进行分辨。因此，如果我们仍然承认且接受 O. E. Williamson 所发展的微观领域的以交易费用为标准的分析框架(discriminative alignment hypotheses)，或者更准确地说，治理那种简单且独立的(atomistic-isolated)交易的治理结构选择理论还有价值，那么如何将传统的交易费用经济学的理论运用到中国的林地规模化流转(考虑社会—生态系统的问题)和拓展到一般性的自然资源的管理实践中，将是理论研究领域一个非常大的挑战。

四、集体林地流转理论分析框架的细化

中国的林地流转机制该如何建立才能实现经济生态和社会效益的统一？这可能不是林权改革，改变单一目标的林地政策(如建立林地流转市场)就能够解决的。这种实践中的林地流转政策设计，究竟如何才能达到管理的目标，既实现公共物品的提供，满足规模化流转的需求，又能适应林地流转可能造成的一系列的生态成本，是本书关注的目标之一。

这些问题很棘手，本书并不打算致力于这些问题的全面解答。本书的重点是从一种理论框架入手将解决上述问题所需要的研究的前后逻辑厘清，同时在每一个重要环节做一些初步的探索。

因此，本书的研究目标将集中在扩展一个系统的制度分析框架用于分析林地流转的管理机制问题。这个框架的思路来源于第一章中的 IoS 分析框架，后文将

基于 O. E. Williamson 的有区别的匹配假说(discrete alignment hypothesis)和 Hagedorn(2008)对自然资源的制度分析方法对 IoS 分析框架进行进一步的细化。

(一)林地流转的交易(交互)属性

如果需要将林地流转视为一种理论上的人与人之间的"交易(或交互)"，那么这种交互包含两种含义。一种是传统的经济上的交易，即林地的产权从一个主体转移到另一个主体，这是一种基于物理物品的权利的交换。这种理解也是传统的交易费用经济学所理解的交易。另一种是因为这种经济领域的交易而引起的资源与环境的变化，如对资源的消耗或者污染的排放等，这种交易是指对别人产生了影响，进而导致人与人之间的依赖关系出现。很明显，这两种含义都是林地流转造成的人与人之间交互的重要内涵，我们在考察具体的管理机制时必须都加以考虑。尤其是第二种含义，在林地流转管理过程中是很可能被忽视的。对于这两种含义的林地流转交易来说，它们的属性(影响交易费用的因素)主要包括以下几点。

1. 排他性(excludability)

排他性不仅仅是指林地资源本身的排他性，还包括在非物质层面上的社会资源(服务)和生态服务等的排他性。很明显，不仅仅是林地资源本身的产权界定，为了促进林地流转而建立的估价等制度、保护森林，限制采伐而得到保护的生态环境等都是林地流转过程中必需或者必然同时出现的公共物品，而这些在理论上可以隶属于"私人物品""俱乐部物品""公共池塘资源"或者"纯公共物品"等不同的交易范畴来实现排他以提升资源利用效率。可见，排他性是一个明显能够影响交易费用的属性。

如果排他性程度低，那些本来无权使用或享用"物品(goods)"的人没有被排除在外，造成了"搭便车"现象，将可能导致整个林地流转规模的下降，而森林资源也可能面临被耗竭性使用的危险。

2. 竞争性(rivalry)

竞争性也是林地流转的一个重要的属性。它的含义就是某行为主体对资源的利用是否影响其他行为主体对该资源的利用。例如，根据 Ostrom(2005)的分类，给定排他性，当竞争性增加，这种公共物品的提供(或使用)就偏向于一种公共池塘资源，当竞争性降低，就偏向纯公共物品。而对于公共池塘资源或者纯公共物品来说，其管理的对象和困难都不同。

林地流转过程中涉及的公共物品是类似的。如果竞争性程度高，林地流转过程中的公共物品就偏向属于公共池塘资源。对于这类具有公共池塘资源特征的交易的管理，如果不能有效分配具有竞争性的物品，林地流转规模和效率都会受到影响。例如，在专业银行中林业贷款总额有限，过高的竞争性使得林地流转规模受到限制。

3. 专用性(specificity)

传统的专用性导致人与人之间的协调问题。例如，在一个合作过程中行为人的前期投入必然依赖于合作者是否能够履行相应的义务或者及时提供相应的产品，否则前期的投入都将失去价值。这使人们总是寻找合适的管理方式来避免这种协调上可能会出现的人与人之间的机会主义行为，如所谓的“套牢效应”(lock-in effects)和“敲竹杠”(hold-up)问题。对于自然资源利用来说，专用性还可以进一步分解为“区位专用性”(site specificity)、“资本专用性”(capital specificity)和“知识专用性”(knowledge specificity)。

区位专用性是指诸如特定的树种乃至森林生态系统、生物群落等受到明显的区域的限制，林地流转交易投资决策将会造成或受到这种区域的限制。资本专用性是指诸如一个林农对林业规模化经营的前期投资属于一种沉淀成本，而沉淀成本明显具有资本的专用性。知识专用性是指诸如个体林农或者林农的群体为了开发经营林木资源而投入的必要的知识，如对树木生长的认识、对当地生态环境对林木的影响和可能受到的影响的经验的积累等，这些都依赖于人力资本的投资并且造成相应的人力资本的专用性。

4. 可分性(separablility)

对于具有外部性的交易，其可分性都比较低。例如，对于森林提供的生态服务功能，我们一般无法辨析清楚单个林农的生态贡献，只能从总体上把握。这实际上对提供这种具有正外部性的公共物品，提出了更高的要求——只有能够有效协调集体行动的治理结构才能保障这种公共物品的供给。单一的诸如政府直接补贴的方式，往往不能达到有效的激励效果。

5. 频率(frequency)

频率是交易的又一个重要属性。例如，林农根据砍伐周期而进行的林木砍伐和渔夫每天在河流中捕鱼后到市场上去卖鱼，这两种交易的频率明显不同。单位时间内重复程度高的交易，更容易找到合适的管理方式来降低总体的交易费用，同时能够更好地分配交易费用。这使得交易的规模效率能够通过“干中学”(learning by doing)的方式来实现。相反，如果某种交易是一种长期的合约，这预示着较低的决策频率，进而可能导致在最初决策时需要耗费更多的精力和成本来降低潜在的风险。

6. 不确定性(uncertainty)

不确定性也是一个重要属性。因为在大多数涉及生态影响的决策做出时，无论是个体行为人还是管理者都无法准确回答什么样的环境问题会发生，什么时候会发生，环境问题造成的深层影响是什么，对谁会造成何等影响等问题。对于尝试解决这些问题的决策者来说，他们在寻找管理手段时也面临相同的问题。为了降低不确定性，往往需要投入更多的成本，这些也属于交易费用。例如，在林地流转过程中为了掌握对生态环境可能造成的影响，需要投入相应的成本来进行监测。

7. 复杂性(complexity)

生态环境系统变化及其影响的引致关系是复杂的，尤其是在我们人类欠缺相应的科学知识的时候，这种复杂性可能导致个体行为人的“搭便车”行为。在实际的交易过程中，生态环境的影响往往被过于简化地衡量，而这种简化使决策者和公众都难以判断自己对这种公共物品的偏好——不像对诸如汽车、房子这类私人物品那样能够有很明确的偏好，这使设计适宜的应对林地流转造成生态环境变化的治理结构变得异常困难。而且，当需要综合更多人的偏好和更多层面的偏好时，这种复杂性更为明显。

8. 异质性(heterogeneity)

异质性是土地(包括林地)的显著特征。没有肥力、覆被等相同的两块土地，也没有经济、社会等背景相同的两块土地。甚至，对于同一块土地来讲，当进行农业、林业等生产经营时，面临的自然条件也在时刻变化，如台风、洪水等都是随机产生的，这些异质性造成管理方式和制度设计上的困难，即制度设计面临“因地制宜”的要求。

9. 正当性(legitimacy)

正当性是指交易是否能够得到公众或者社会道德层面的广泛接受。例如，对造成生态破坏的林地经营者进行罚款可能比赋予林地经营者一定的污染权或者生态破坏权更容易让公众接受。虽然从理论和实践中都已经证明，在某些情况下，污染权会比直接的惩罚具有更优的生态保护效果和更高的经济效益。

(二)林地流转的行为主体特征

除了交易本身，对管理绩效还有着直接影响的因素是行为人的特征。这些特征包括如下若干方面。

1. 个体价值观和信念

交易双方的价值观和信仰以及他们对生态环境的态度和认知等都对他们在涉及生态环境保护类的交易中的合作或遵守一定的管理规则的意愿产生影响。有时候自利性的个体也能够在经济激励下满足生态环境保护的要求，但是个体的价值观和信念却会对需要集体行动时个体的决策产生影响，这实际上是对不同管理方式实际效果的影响。直接的经济激励可以是第三方的管理，但集体行动却是自组织管理的方式。

对于林地流转来说，森林资源涉及生态环境安全，林农对生态价值的认知和主动承担相应成本，是林地管理部门监管政策有效实施的重要因素。

2. 个体的声誉和信任

与个体价值观和信念等同的因素是别人对自己的看法，即个体的声誉和值得别人信任的程度。这种影响别人决策的条件，同样决定着合作的可能性。很多研究都强调了个人的置信力对相应合作管理方式的出现和可持续性的影响。

对于林地流转，不仅在经济价值上有较好声誉的人能够获得个人融资或者银行贷款上的便利，在非经济价值上较好的合作和信任，也能够推进流转过程中林业管理的绩效提高。

3. 个体可借资源的多寡

无论是对于自组织实施的合作模式，还是行政机构强制主导的管理模式，个体在搜集信息上的时间充裕程度、能力大小、社会关系的多寡，以及个体协商过程中的协商权利的大小等，都对建立和维持与他人的关系和达到个体的利益起着重要的作用。如果某个行为人能够在信息交流过程中占据主动地位，一般来说这个行为人也就在交易中占据了优势。同样，对于一个团体来说，如果有一种较好的沟通机制，则这个团体也容易找到一种更容易实施的共同的行动准则。

这对于林地流转中的自发流转或者合作组织流转尤为重要。

4. 个体影响政策制定和执行的能力

如果某种行为个体或者部分群体能够影响更高层次上的政策的制定和实施，如在一定的发展阶段农民的利益受到了政府的关注，那么在管理模式上就开始出现对农民的政策偏好，如所谓的反哺农村和农业，就可能造成林地流转管理模式选择上的改变。另外，如果个体或者部分群体有着私人关系，也可能会导致地区的管理模式选择的变化。

很明显，政府对农村问题的重视，对林农的个人贷款或者林业合作社的对外经营的扶持等，都会影响林地流转组织模式的转变。

5. 个体的能力

个体在获取、处理、保留和使用知识或信息上的能力的不同，也是一种对管理模式选择有着明显影响的因素。例如，委托代理理论中强调的信息不对称问题，在林地流转中也可能影响管理模式的选择。如果单个林农对特定的地块、覆被等情况非常了解，同时也知道其他人没有掌握的相应的信息，那么该林农更容易倾向机会主义行为选择。而这对于自组织的合作模式或者第三方的管理绩效都造成了很大的影响。

6. 个体行为选择方式

个体在决策时采取的策略也影响了管理模式的选择。例如，完全的“经济动物”、有限理性人、能够积极“亡羊补牢”者(及时纠正错误改进自己决策的人)等，对于相同的决策场景，其行为选择是不同的。如果在林地流转过程中存在一些需要创造力的活动，那么后两种的行为模式可能更为合适。

7. 集体的道德规范和其他非正式制度

另外，除了上述个体的特征外，在一些情况下个体所处的集体特征也对管理方式的选择和管理的绩效产生影响。这些集体的特征包括共同的行为规范是什么、是否有一致的偏好、集体中的人财物等资源分配是否公平、集体的文化是什么等。可以想象，如果一个集体中的个体都具有类似的、公认的价值观并且也按照这种偏好来行动，那么集体行动的规则就很容易制定。在一个相对诚实的、友善的社区，诸如林地流转的交易，就不需要很多的监管措施，这很明显有利于降低交易费用。

(三)林地流转的正式制度的考虑

以市场配置为导向的林地流转的正式制度多涉及产权的内容。产权及其相关的理论经常被误解成简单的物理层面上相关权利的界定和分配。实际上，在对于具有“社会—生态系统”特征的林地流转来说，产权的设置逻辑需要进行一定的修正。

第一，行为者对产权的理解多是与物质层面的物品相联系的，因为基于物质的收益或成本是行为者能够感知进而广泛认可的。但是，还有一些伴随着物理层面变化而变化的非物质收益或成本，如生态和环境服务价值或成本，这是实际的产权界定常常忽略的部分。对应到现实中，林农可能对土地的产权比较在意，但是对林地所提供的生态、景观等功能的权利意识却不明显。换句话说，林农对可能造成自己土地的生态或景观破坏的行为视而不见。这是产权界定时由个人的习惯和主观意识决定的。

第二，对于物质类物品，如土地，多只具有一个笼统的产权称谓，如土地所有权。实际上，即使细分至所谓的土地使用权、处分权和收益权等，也并没有完整地涵盖这类物品权益的方方面面。尤其是对于上文提及的非物质层面的收益和成本，传统的私有产权、集体产权、国有产权等界定中，似乎都没有非常清晰地涵盖这些成本收益的归属(Bromley，1991，1997)。这是管理过程中产权细分上要考虑的问题。例如，对于保护森林的权利是否属于所有者，还是分离出来由政府控制。这些能细分的方面非常多，以至于需要考虑下面一个问题。

第三，即建立和实施产权安排必然产生交易费用。例如，对产权具体内容的界定、建立和登记等，都要耗费一定的事前成本和相应的事后成本。然而，有些成本可能非常高以至于超出了潜在的收益，如对林地流转物质层面收益归属的界定，这样这些与非物质相关的产权安排很可能就不再建立起来。当然，随着人对相关价值认识的变化和测量手段的改善，这些产权安排可能会被重新界定。这背后隐藏着公共域及其变化的问题(Barzel，1989)。

第四，因为公共域的必然性，产权在界定时多是一种尽可能降低成本的结构设计，或者说产权安排是一种理性的结构。即使从理论上看将物质和非物质层面的产权都准确地细分，并赋予不同的主体可能能够实现的规模效率，但从实际的交易费用看，产权在现实中仍然多是伴随着物质层面而赋予单一的主体。这实际上也为现实中的管理机制选择提出了一个很重要的问题：是否需要将组织生态环境保护的集体行动的权利从林地产权中分离出来给第三方实施(即产权安排中的一种控制权)，如林农合作社或者地方林业管理部门等。这里面必然也涉及产权的效率问题。

第五，现实中将林地的所有的产权安排“打包”后赋予林农，即基于物质层面的产权的界定而不细分非物质层面的权利和义务给其他主体，在一定程度上也意味着是权利的一种分权的过程——将权利赋予了林农而不是保留在政府或其他组织。如果将特殊的权利义务从林地产权中分离出来并赋予政府或其他组织，实际上是一种集权的过程——从原土地所有者手中将产权集中了。这种产权界定上的变化，实际上会对社会和政治造成影响。例如，它会影响林农在参与集体行动上的意愿和激励效果，尤其是关系到参与非物质层面的成本分担时。

第六，对产权安排的界定，如林地的所有权、承包权的确权，直观地看，它确实提高了资源的利用效率，因为它至少提高了我们对相应成本和收益的认知。然而，对于隶属于自然资源的林地的产权安排的划分来说，实际上却是不可能完成的任务。因为非物质层面的权利和义务是无法像物质层面的权利和义务那样能够被完全分解且单独地履行，如林地的涵养水土的产权(权利)是无法与林木净化空气的产权(权利)分别界定的。这是自然类型的交易的重要的特征。因此，如果我们从产权设置的角度讨论的话，可能更为合适的说法应该是基于特定的其他产权安排内容的基础上来讨论某一种特定的产权，而不能割裂地分析(即应是一种整体观或系统观)。

上述六个方面是对传统的产权理论的一些讨论和拓展，这为我们讨论基于产权的正式制度设计提供了基础视角。

(四)林地流转治理结构的考虑

在新制度经济学里，经常用三种模式来界定治理结构，即市场、层级和混合(Williamson，1996)。实际上，若我们将治理结构与现实的管理需要进行对应的话，这三种模式是远远不够的。为此，我们需要对治理结构进行一些新的理解。

治理结构本质上是为了展现现实交易中不同主体之间的关系。不同的治理结构预示着行为选择的方式的不同。市场制，实际上是基于双边的自愿原则；层级制是基于上级的强制原则；混合制一般在合同签订(规则认可)前是自愿原则，而在合同签订(规则认可)后则是强制原则。而对于自然资源类的交易来说，如林地流转，其治理结构可能不仅是出于自愿或者强制，还包含很多与行动原则相关的事前和事后的活动，包括收集、处理信息，测量和监测过程，协商和解决冲突，调整和改进等结果。

治理结构在现实中的形式是多样化的，这也是制度多样性的缘由。我们可以借用德国联邦议会对可持续发展战略的解释来进一步解释治理结构的复杂性。我们不去深究可持续发展的定义，但是很明显可持续发展是一个寻找、学习和获取经验的过程，因此什么是可持续发展可能不是非常重要，相反，一个学习型社会在组织过程中的原则是什么、方法是什么可能是更重要的。也就是可持续发展在实际中的各种措施是否充裕和满足学习型社会的需要，才是更关键的。而这种措施就是治理结构的现实化。

例如，德国议会认为如果要实现可持续发展，必须建立四种战略，即提升反思能力的原则、加强自我组织和参与能力的原则、协调利益和解决冲突能力的原则、提升创新能力的原则。这些原则的背后指的是一系列的管理模式的建立和相应制度的建立。也就是为了可持续发展这一个正式的国家发展原则(正式制度的一种)，需要非常复杂的涉及各个方面的配套政策，也就是治理结构来实现。

德国议会进一步指出，社会中的行为人需要改变对自己的看法，行为人此时应该是一个网状关系中的一员，不仅个人的决策要考虑其他人，同时也要担负起自己作为别人决策时的重要因素的角色。社会的可持续发展的实现，需要公众能够切实地认识到人与人之间的相互依赖性，进而认识到每个人都是可持续发展中不可缺少和不可忽视的环节。此时，整个社会就变成了一个所谓的“学习型组织”(learning organization)。而这也就意味着实现社会交流(social discourses)是一种需要决策者设计相应的治理结构来实现的目标。

这样，治理结构的内涵就被拓展了。市场，如林木砍伐限额及其交易；层级，如林业和环境主管部门；混合，如合同管理；平级的非市场协调，如合作社；正式和非正式社会关系，如林农私下交易而不进入有形市场；衡量、监管和评价环境损害和收益的方法和基础条件，如实验室。这些直观的治理方式都是现实中的治理结构所包含的内容。当然，具体的治理结构可能只是其中一项或者几项的组合。

(五)四要素综合下的治理体系的选择

现在的问题是，究竟哪种治理结构是最合适的？实际上，这个问题还是无解的，即没有万能的治理结构。因此，我们这里更适宜的问题是，什么情况下更适宜个体林农自发流转？什么情况下更适宜集体强制？什么情况下适宜林农之间的合作？

交易属性的影响是其中重要的因素。

第一，交易费用(包括行政、监督和惩戒等)是判断特定情况下治理结构选择的首要标准。一般来说，在实际问题确认和政策设计环节上，从上向下的层级管理更为有效，因为它可以节省协调、信息和潜在冲突等成本。然而，这种方式也带有潜在的成本，如导致被管理者对管理过程的不确定性，进而诱发一些短视的、不利于集体行动的决策。相反，从下向上的方式，如市场制等，给予行为人参与的机会，进而提升了个人合作的动机，降低了个人主观感受上的不确定性。

因而，对于可视性和透明性较差的且监管成本较高的交易，如林地流转，更适宜从下向上的管理方式。

第二，与生态环境有关的交易，一般都是动态的、复杂的过程。因此制度的设计需要能够应对这种复杂性和系统的动态性。此时，从下向上式的组织方式，如个体流转或者合作组织的方式，更适应这种要求，因为其有利于对当地特殊信息的掌握。

第三，在权益冲突的解决上，相对于个体流转，集体主导或者个体之间的合作组织等方式更有利于减少“敲竹杠”和“套牢”的现象。

第四，当生态环境相关的经营行为需要大范围的合作才可能有效应对个人的机会主义倾向时，个体流转行为此时不是适宜的方式，政府主导的区域规范或者林农之间的合作组织是一种适宜的方式。

第五，空间异质性也需要因地制宜的管理方式。这为基于个体和基于林农合作的方式的必要性提出了要求。

相似的，行为人的特征也影响管理方式的选择。

第一，行为人的相互信赖和声誉已经被大量的文献关注，是影响自然资源类交易管理方式的重要因素(Ostrom，2005)。而与自然生态管理相关的诸如林地流转的交易，如果要采取集体合作的方式，相应的集体内部的相互信赖机制就尤为重要。

第二，是否能够促进行为人之间的相互学习以纠正有偏的决策，也是行为人特征影响交易结果的重要因素。如果林农能够促进相互之间的经验交流，也愿意这么做，将有利于他们解决实际中纷杂的、琐碎的问题和冲突。

第三，行为人对集体行动和管理方式的认可度，也就是前面所说的是否认可交易及治理结构的正当性，以及是否是一致的选择。这些也对林农在解决具体流转问题和纠纷时起到了重要的作用。

这里只是对四要素的综合考虑进行了一些匹配分析，并没有给出一个系统的对应。鉴于交易属性和人的属性的复杂性，完全的系统分析不容易说清楚，更合适的方式会在后续结合具体的问题时进行详细的解释。

五、理论的启示

本章对集体林地流转机制的相关理论问题进行了探讨。主要是基于两种理论来进行的分析。首先是产权及公共物品理论，主要揭示了林地流转的公共物品特征。这为揭示推进林地流转过程中的交易费用提供了一种视角。其次本章对相应交易费用的影响因素进行了讨论，也就是对 IoS 分析框架进行了细化，详细讨论了林地流转过程中需要考虑的交易属性、流转主体特征的影响，以及相应的正式制度设计(以林权设置为主)和治理结构的选择逻辑。本章的结论可以分两个层面来总结，即林地产权改革方面和林地流转模式设计方面。

对于林地产权改革，有一个重要的理论问题是林农是否应该持有与森林生态保护相关的各项权利，还是应该将这些权利转予集体或政府。这实际上是当前的林权改革中没有考虑到但很重要的问题，因为它决定了后续管理的集权和分权的方式，以及林地流转的效率及可持续性。将其从林农产权中剥离出来，将为建立集体监管或者政府监管提供合法性的基础。相反，对于经济收益等权利，则保留在林农身上，有利于提升林农自身的积极性或者规模经营的营利性。

不过，也有一些研究认为，生态环境的权利(义务)应该保留在林农身上，因为信息不对称可能导致责任不清的问题。类似于供应链管理中应该让最初的生产商来承担产品质量责任那样(即一种产权和责任的界定)，让那些对产品质量起决定性作用的主体不会对后续的经销环节和消费者的利益造成损害，也就是"建构透明的制度安排"(transparency-creating institutional arrangement)(Hagedorn et al.，2002)。让林农清晰地承担相应的环境保护责任就类似于界定了他们对林地资源在生态环境保护上的权利，他们既需要尽力保护这些产权，又可以对别人的危害行为进行反对甚至诉诸法律。

对于林地流转的模式设计，文献中已有很多关于理论和实证的研究，其中最核心的理论是公共池塘资源理论(Ostrom，1990)和集体行动的经济理论(Olson，1965)。前者奠定了公共产权下的资源可持续利用的成本分担和收益分配的效率和公平，后者奠定了制度制约个人在集体活动以实现诸如如何公有产权下的个人经济收益的激励或者私有产权下的规模效应的实现等。

当然，需要强调的是没有绝对最优的管理方式，任何选择都是在一定范围内和不同绩效上的取舍，甚至某种管理方式的本身还可以有很多不同的制度设计。也就是说，现实中的管理方式是千差万别的，上述的理论分析只是给我们提供了一种分析逻辑，而在实践中需要给出具体答案时，还必须具体问题具体分析。这也就是为什么本书后面的章节都尝试用具体的案例比较来说明管理方式创新的选择。

面对促进集体林地规模化流转这种公共物品供给的行为，我们关注什么因素(障碍)决定了这种公共物品供给的效果(如引致的各种交易成本)；那么针对这些因素，我们能够观察到什么样的实施模式有利于消除相应的障碍，也就是不同模式的优劣；这些就能够让我们在管理方式选择上有初步的判断。那么回答这些问题时，我们还需要关心这些初步的判断能否得到实践的验证吗?

最简单的方法就是通过案例研究来回答。因此，本书下文会针对每一种政策改革试验采用案例比较的方法来判断其管理方式上的优劣、总结政策成本和绩效的规律。案例对比分析中比较的标准就是上文提及的效率和公平，比较的因素就是影响成本收益的各种因素。本书将站在不同的层面上观察林地流转管理方式的现实选择并对比其绩效，包括林地流转治理体系的现状和与国外典型案例的比较、林地流转的定价机制、林地流转的融资风险规避机制、林地流转组织模式选择、林地流转分配效果和社会、生态效应比较等。这些案例的分析，为理解和设计当前适宜的集体林地流转机制提供了理论与实践的参考。

第三章

集体林地流转的治理现状

集体林地大多位于山区，山多田少，集体林是林农最基本的生产资料，也是林农的生存之源、发展之本，所以林农是集体林区森林经营的主力军。为了调动林农的生产积极性，我国对集体林权进行了一系列的改革。新中国成立以来，我国进行了多次林权制度改革尝试，但始终难以摆脱“一统就死、一放就乱”的怪圈。新中国成立初期，为了国家工业化和原始积累的需要，集体林的公有化程度不断提高，集体林区的山林由农民所有逐渐演变为集体所有、集体经营。直到农村家庭联产承包责任制的推行，集体林区才开展了以林业“三定”为内容的经营体制改革，在一定程度上实现了所有权与经营权相分离。1985 年国家决定从南方集体林区开始取消木材统购，开放木材市场。但是，在下放山林经营权的过程中，由于管理措施不到位，部分地方立刻出现了大规模的乱砍滥伐，中共中央、国务院于 1987 年发布了《关于加强南方集体林区森林资源管理坚决制止乱砍滥伐的指示》，集体林区的“三定”工作遂告中止。

生态环境的矛盾得到缓解之后，社会经济的矛盾逐渐显现出来。如何进一步满足经济社会发展对林木消费的需要，为了适应市场经济改革的深入，直到 2003 年 6 月，中共中央、国务院发布了《关于加快林业发展的决定》，该决定要求进一步深化林业体制改革，增强林业发展活力。并且指出完善林业产权制度，是调动社会各方面的造林积极性，促进林业更好更快发展的重要基础。要依法严格保护林权所有者的财产权，维护其合法权益。加快推进森林、林木和林地使用权的合理流转——第二次林权改革由此开始。在中央加快林业发展政策的指引下，福建、江西、辽宁等省率先拉开了新一轮集体林权制度改革的序幕，试点取得了初步的成效，呈现出了“资源增加、林农增收、管理增效”的良好发展势头。

一、集体林地流转的法律基础

集体林地的流转总是在一定的法律基础和治理规则下的行为。为了理解集体林地流转的现状，我们需要首先了解林地所有权的法律规定和承包权流转的法律法规。

（一）林地的所有权的法律基础

林地所有权的主体就是指依法享有林地所有权的人。《中华人民共和国宪法》第9条规定："矿藏、水流、森林、山路、草原、荒地、滩涂等自然资源，都属国家所有，即全民所有；由法律规定属于集体所有的森林和山峰、草原、荒地、滩涂除外。"

《森林法》明确了林地所有权的主体是国家和集体，它规定森林资源属于国家所有，由法律规定属于集体所有的除外。国家所有的和集体所有的森林、林木和林地，个人所有的林木和使用的林地，由县级以上地方人民政府登记造册，发放证书，确认所有权或者使用权。国务院可以授权国务院林业主管部门，对国务院确定的国家所有的重点林区的森林、林木和林地登记造册，发放证书，并通知有关地方人民政府。森林、林木、林地的所有者和使用者的合法权益，受法律保护，任何单位和个人不得侵犯。

我国的《物权法》第48条也规定了，森林、山岭、草原、荒地、滩涂等自然资源，属于国家所有，但法律规定属于集体所有的除外。另外，《中华人民共和国土地管理法》（简称《土地管理法》）规定，中华人民共和国实行土地的社会主义公有制，即全民所有制和劳动群众集体所有制。农村和城市郊区的土地，除由法律规定属于国家所有的以外，属于农民集体所有；宅基地和自留地、自留山，属于农民集体所有。全民所有，即国家所有土地的所有权由国务院代表国家行使。任何单位和个人不得侵占、买卖或者以其他形式非法转让土地。土地使用权可以依法转让。

由此可见，依照我国现行法律，我国的林地所有权属于国家和集体，不能进入市场流通领域进行流转。因此，林地的流转是指林地使用权的流转和林地承包经营权的流转。林地使用权是指使用人对国家或者集体所有的林地依法享有的占有、使用、收益和一定情形下处分的权利。而林地的承包经营权指的是自然人、法人或者其他组织，对依法由农民集体使用的林地，依据承包合同的规定享有占有、使用和收益的权利，但没有处分权。

（二）林地使用权（承包权）的法律基础

根据《森林法》的规定，用材林、经济林、薪炭林的林地使用权，用材林、经济林、薪炭林的采伐迹地、火烧迹地的林地使用权以及国务院规定的其他林地使用权依法可以流转。第 15 条规定，用材林、经济林、薪炭林及其林地使用权和国务院规定的其他森林、林木和其他林地使用权可以依法转让，也可以依法作价入股或者作为合资、合作造林、经营林木的出资、合作条件，但不得将林地改为非林地。

2002 年 8 月 29 日通过的《中华人民共和国农村土地承包法》(简称《农村土地承包法》)，相对详细地规定了土地承包的方式、主体、期限、流转以及继承。根据《农村土地承包法》的规定，林地承包方式有两种，即家庭承包和其他形式的承包。其他形式的承包，包括以招标、拍卖、公开协商等方式进行的承包。对农民集体所有和国家所有依法由农民集体使用的林地可以进行家庭承包，从而取得林地承包经营权；对不宜采取家庭承包方式的荒山、荒沟、荒丘、荒滩等农村土地，可以通过招标、拍卖、公开协商等方式承包，从事营造林活动，取得林地承包经营权。

以家庭承包方式取得的林地承包经营权包括以下权利：依法享有承包林地使用、收益和林地承包经营权流转的权利，有权自主组织生产经营和处置产品；承包林地被依法征用、占用的，有权依法获得相应补偿的权利；法律、行政法规规定的其他权利。以其他方式承包取得的林地承包经营权的具体内容由承包方和发包方在签订的承包合同中约定。

林地承包经营法律关系的主体包括发包方与承包方。依据《农村土地承包法》第 12 条的规定，林地承包经营的发包方分别是农村集体经济组织、村民委员会或者村民小组。农民集体所有的土地依法属于村民集体所有的，由村集体经济组织或者村民委员会发包；已经分别属于村内两个以上农村集体经济组织的农民集体所有的，由村内各该农村集体经济组织或者村民小组发包。国家所有依法由农民集体使用的农村土地，由使用该土地的农村集体经济组织、村民委员会或者村民小组发包。依据《农村土地承包法》第 15 条的规定，家庭承包的承包方是本集体经济组织的农户。以其他方式承包林地的承包方是本集体经济组织以外的单位或者个人的，依据《农村土地承包法》第 48 条的规定，应当事先经本集体经济组织成员的村民会议三分之二以上成员或者三分之二以上村民代表的同意，并报乡(镇)人民政府批准。并且，依据《农村土地承包法》第 47 条的规定，在同等条件下，本集体经济组织成员对本集体经济组织所有的林地和国家所有依法由本集体经济组织使用的林地，享有优先承包权。

另外，《农村土地承包法》第 20 条规定，林地的承包期为三十年至七十年。特殊林木的林地承包期，经国务院林业行政主管部门批准，可以延长。

(三)林地承包权流转的法律基础

《农村土地承包法》规定，通过家庭承包取得的土地承包经营权可以依法采取转包、出租、互换、转让或者其他方式流转。通过招标、拍卖、公开协商等方式承包农村土地，经依法登记取得土地承包经营权证或者林权证等证书的，其土地承包经营权可以依法采取转让、出租、入股、抵押或者其他方式流转。林地承包的承包人死亡，其继承人可以在承包期内继续承包，即承包期内的承包经营权可以依照《中华人民共和国继承法》(简称《继承法》)的规定由承包人的继承人继承。

《土地管理法》规定，农村土地使用权可以依法转让。农民集体所有的土地由本集体经济组织的成员承包经营，从事种植业、林业、畜牧业、渔业生产。农民集体所有的土地，可以由本集体经济组织以外的单位或者个人承包经营，从事种植业、林业、畜牧业、渔业生产。《土地管理法》第 63 条规定，农民集体所有的土地的使用权不得出让、转让或者出租用于非农业建设；但是，符合土地利用总体规划并依法取得建设用地的企业，因破产、兼并等情形致使土地使用权依法发生转移的除外。

《物权法》规定，农民集体所有和国家所有由农民集体使用的耕地、林地、草地以及其他用于农业的土地，依法实行土地承包经营制度。林地承包经营权人依法对其承包经营的耕地、林地、草地等享有占有、使用和收益的权利，有权从事种植业、林业、畜牧业等农业生产。林地的承包期为三十年至七十年；特殊林木的林地承包期，经国务院林业行政主管部门批准可以延长。前款规定的承包期届满，由土地承包经营权人按照国家有关规定继续承包。土地承包经营权自土地承包经营权合同生效时设立。通过招标、拍卖、公开协商等方式承包荒地等农村土地，依照《农村土地承包法》等法律和国务院的有关规定，其土地承包经营权可以转让、入股、抵押或者以其他方式流转。

除了上述法律之外，国务院的《退耕还林条例》第 48 条规定，退耕还林土地和荒山荒地造林后的承包经营权可以依法继承、转让。在 2008 年的《中共中央国务院关于全面推进集体林权制度改革的意见》(简称《意见》)中明确提出，集体林权改革分为主体改革和配套改革两个阶段，在主体改革阶段主要是落实林地承包经营权，在配套改革阶段主要是放活林地的经营权，允许林地以各种形式流转。在坚持集体林地所有权不变的前提下，依法将林地承包经营权和林木所有权，通过家庭承包方式落实到本集体经济组织的农户，确立农民作为林地承包经营权人的主体地位。对不宜实行家庭承包经营的林地，依法经本集体经济组织成员同意，可以通过均股、均利等其他方式落实产权。村集体经济组织可保留少量的集体林地，由本集体经济组织依法实行民主经营管理。林地的承包期为 70 年。承包期届满，可以按照国家有关规定继续承包。已经承包到户或流转的集体林地，符合法律规定、承包或流转合同规范的，要予以维护；承包或流转合同不规范的，要予以完善；不符合法律规定的，要依法纠正。对权属有争议的林地、林木，要依法调处，纠纷解决后再落实经营主体。自留山由农户长期无偿使用，不得强行收回，不得随意调整。承包方案必须依法经本集体经济组织成员同意。而中共中央在2008年《关于推进农村改革发展若干重大问题的决定》中也强调，按照依法、自愿、有偿原则，允许农民以转包、出租、互换、转让、股份合作等形式流转土地承包经营权，发展多种形式的适度规模经营。这被视为是中央推动农村土地承包权流转的重要信号。

二、集体林地流转的现状

集体林权改革逐步深入，林地作为生产要素进入市场已是大势所趋。然而长期以来，我国集体林区存在着林地使用分散、经营规模狭小、林地利用格局僵化等问题。虽然近年来随着林权流转相关政策的建立和完善，农民自发进行的林地使用权流转日趋活跃，政府也在大力地推动林权转让的市场化运作，但从总体上看，由于林权流转还处于初始阶段，加之许多经济行为缺乏相应的宏观调控措施，所以推进林地流转、实现规模经营等仍是当前林地管理中亟待解决的问题。

(一)流转的主体与方式

林地市场是以林地为交易对象，各种利益主体共同参与而形成的市场。程云行(2004)认为我国的林地市场基本可分为两种，即林地所有权市场与林地使用权市场，而林地使用权市场又可细分为国家或集体向林地使用者有偿转让林地使用权所形成的林地使用权一级市场，以及一级林地使用者或经营者再转移林地使用权形成的二级市场。

参与林地流转的社会主体是多方面的，包括农户、城镇居民、科技人员、私营企业主、外国投资者、企事业单位和机关团体及其干部职工等，涉及了自然人(包括外国人)、法人(包括外国公司)和其他社会组织。其中出让方一般以村集体和组集体为主，受让方以农民为主，其次是非农个人，如企业法人、城镇居民、个体承包户等。杨萍(2008)将集体林权流转的主体细分为户、联户、村集体经济组织(村民委员会)和村民小组户，以及林业公司、企业。其中户、联户既可成为林权流转的流出方，又可成为流入方；而村集体经济组织(村民委员会)、村民小组仅能作为林权流转的流出方。

林地流转可以依法采取转包、出租、转租、转让或者其他方式流转。转包是指承包经营权人将集体林地承包权在初始承包合同约束下将承包权在一定期限内转予其他自然人(或法人)，并由其他自然人(或法人)向承包经营权人支付费用的行为。出租是指承包经营权人将林地使用权在初始承包合同约束下租赁给其他自然人(或法人)使用并收取租金的行为。转租是指承租人将集体林地使用权转租给新承租人并遵守初始出租合同。转让是指林地承包经营权人将其拥有的部分或全部林地承包经营权以一定的方式和条件转移给他人的行为。在转包、出租、转让等流转过程中，林地承包经营权和林木所有权的受让方可以是本集体经济组织的成员，也可以是本集体经济组织以外的农户。根据《物权法》及《农村土地承包法》的规定，以家庭承包方式取得的林地承包经营权转让应当经发包方同意，转让后，原承包方将丧失对林地的承包经营权，其与发包方在该林地上的承包关系即行终止，并进行林权变更登记。

林地承包经营权的抵押是指在法律许可的范围内，在不转移林地占有的前提下，将林地承包经营权作为债权的担保，当债权人不履行债务时，债权人有权依法处分该林地承包经营权并由处分所得的价款优先受偿。根据《农村土地承包法》和《物权法》的规定，通过招标、拍卖、公开协商等方式承包林地，林地承包经营权才能抵押。

根据《物权法》及《农村土地承包法》等法律的规定，我国林地承包经营权入股的方式主要包括两种：一是通过家庭承包方式取得林地承包经营权的农户将土地承包经营权以入股形式组织在一起，从事农业生产，收益按股分红，是具有合作生产性质的流转形式；二是其他承包方式的承包方将林地承包经营权量化为股权，入股组成股份公司或者合作社等，股东依其所持股份享有权利和承担义务。

(二)价格形成机制

在现阶段林地的流转过程中，交易价格的确定存在着很大的随意性。主要原因是在流转过程中，很多都没有经过正规的评估机构进行科学、合理的评估，因此缺乏科学的依据，而且林地流转价格的确定也的确存在着一定的困难，有关林地的价格评估一直也没有统一的标准方法，从而导致现阶段林地流转的价格偏低，利益的中心也偏向了承包方。很多研究都提出当前林地流转价格普遍偏低(李智，2011；谢屹和温亚利，2009)。

在浙江省国有林地产权流转中，协议定价和行政定价合计占了91.7%，而评估、投标等与市场化接轨的定价方式却很少被采用(伍士林等，2005)。此外，无形市场、信息不充分等因素也会对林地资产价格的形成造成巨大影响，使林地交易价格不能真实反映林地资产的实际价值，进而影响整个林地流转市场的公平性与效率性。

究其原因，黄健生等(2011)认为林地是一种特殊的商品，进而影响其竞争性市场价格的形成，主要体现在六个方面：一是由于林地的供给弹性不足，林地价格竞争主要在于需求方面；二是林地价格不仅受到供给，还受到林地制度、地形地貌、交通、基础设施、林产品的市场价格等多方面因素的影响；三是林地价格标准难以统一；四是林地价格具有正向外部性，但在现实林地流转过程中，林地价格仅仅体现了经济效益，而生态效益和社会效益没有得到必要的体现；五是不同的林地流转方式决定不同的林地价格；六是林地价格因流转的时间不同而不同。

在现实中林权交易已经存在不同的方式。第一种是买卖双方直接协商交易或通过亲戚朋友介绍交易；第二种是通过林权交易中心进行交易，由招投标办统一组织；第三种是通过拍卖公司等中介机构组织交易(魏远竹等，2011)。各种交易方式各有优缺点和适用对象，且无法相互替代，但是林权交易中心如果能够相互补充，将有利于形成有效的林权交易渠道，提升林地经济价值的同时能够保护其生态价值。

(三)流转的规模

21世纪以来，随着林权改革的深入，林区农户间的林地流转活动频繁发生。据聂影(2010)的调查，截至2007年8月，福建省14个市，全部存在林地使用权流转的现象；全省85个县(市、区)，涉及林地使用权流转的县(市、区)共有78个，占91%。截至2008年6月底，仅永安市林业要素市场的林权登记中心就完成林权流转变更登记4 333宗地，核发林权证6 211本，交易面积2.54万公顷；要素市场的木竹交易中心，累计成交流转面积2.20万公顷，成交金额3.2亿元。

王成军等(2010)对浙江省的两个县(市)中的5个村的农户调查，发现在被调查的5个村中每家农户平均林地流转的规模为1.074公顷，占当地农户林地总量的比重为133.58%。在流转的林地中，5个村每家农户平均流出的林地面积为0.027公顷，占流转林地面积的2.51%，平均每家农户流入林地的面积为1.046公顷，占家庭林地流转面积的97.39%。

乔永平(2008)认为有效的森林资源产权制度是林地流转市场运行的前提与基础，当前的林权制度改革虽取得一定成效，但也存在相当棘手的问题，要重点从市场主体、市场客体、中介组织、交易规则等几方面培育森林资源产权市场。姚星期等(2007)认为，林权交易中存在“搜寻信息、讨价还价、签订合约、林权计量、监督违约、寻求赔偿、防止侵权”等交易费用。徐秀英和沈月琴(2002)提出可以通过建立林权流转合同法律制度和构建信息平台来降低林权流转交易成本。

总体而言，我国集体林区的林权流转市场呈现出趋势加快、规模增大、形式多样化、主体多元化的流转特点。但是，由于存在交易对象产权不明确、责权利界定不清晰、交易过程缺乏法律与制度保障、交易信息不流畅等一系列问题，林权市场流转行为表现出很大的盲目性、自发性，这提高了各方的交易成本，严重影响林权流转市场规范运作与健康持续发展。因此，很多研究认为政府应该在规范流转行为上发挥重要作用，建立健全经济组织，明确产权主体，做好配套改革，为完善林权流转机制搭建良好政策平台。

(四)林农转让意愿及原因

虽然林地的流转，有利于将零散、琐碎的林地顺利流转到林业经营大户、特色林业经营者手中，达到林地资源的优化配置，而且林农本身通过闲置林地的转让也可以获得一定的经济收入。但是实际调查发现，大部分林农的流转意愿并不强。

很多学者对于林农的林地承包经营权的流转意向做过调研，例如，一项调研对象中，只有5.2%的农户表示愿意转让责任山，而94.8%的农户表示不愿意转让，因为多数农户认为土地是其最后的生活保障或可作为财产留给子孙后代(徐秀英，2005)。聂影(2009)在样本村的调查也发现，存在流转行为的林农占农户总数的2%不到。而从福建省永安林业要素市场的交易情况来看，2005年农户流转共30起，流转面积3 760亩；2006年70起，流转面积6 796亩；2007年51起，流转面积6 395亩：三年的总流转量占永安林业用地面积不足1%。

李智(2011)随机抽取了浙江省丽水市180个农户样本进行调查。样本农户的林地流转多以林地转出为主，且大多选择与同村农户或其他村农户进行林地流转的私下协议，林地流入案例的转出方只局限于同村农户、其他村农户等，尚未出现与森工企业和商人进行林地流转的交易模式。而在其他地区的林地流转案例中则出现了与营林公司进行的交易，即“农户＋营林公司”的合作模式。不过在133户流转户中，仅有4%的流转户在林权交易市场进行林地流转，只有31.67%的农户知道林权交易市场，而去过林权交易市场的人数则更少，仅占被调查农户的17.22%。

谢屹和温亚利(2009)以江西省遂川县7个样本村、铜鼓县5个样本村为调查区域，在2008年开展了农户流转及其行为影响因素问卷调查。结果表明，农户对现行流转及生产制度安排的认识程度(正相关)、农户非农收入比重(正相关)、农户林业生产时间(负相关)、农户上学子女数目(正相关)均对其转出行为具有显著影响，但不同因素的影响程度存在差异。

现实中没有出现人们预期的林地的大规模流转，林农转让意愿不强。究其原因，一方面从林农自身角度出发，由于林地是稀缺资源，林区农民长期以来“靠山吃山”，形成了依靠林业来维持和改善生活的传统，很多林农把林地当命根子看待，视林地为“避风港”，担心林地流转会使其丧失赖以生存的基本保障。而且经济的波动也会导致其收入的不稳定以及可能的转出后难以收回问题，因而很多林农都不愿意放弃林地的承包权，把它当做今后生活来源的退路。另一方面从政府层面来看，现阶段农村的社会保障体制尚未完善，也在一定程度上制约了林农的流转意愿。虽然在当前，农村已经普遍建立起农村合作医疗以及养老保险制度，但是我国的基本国情决定了当前的社会保障只能是最基础的保障措施，尚不能达到生活无忧的程度，而且，社会保障还处在起步阶段，还存在着诸多不确定因素。因此，对于很多农户来说，即便收入的主要来源已经从林地收益转变为打工所得，他们依然不肯放弃自己的林地承包经营权。

三、集体林地流转面临的问题

南方集体林权制度改革有着示范作用(陈锡文，2006)。南方各省林权制度改革具有共性，解决了长期困扰集体林业发展的产权不清、权责不明问题，调动了林农积极性，推动了林业的可持续经营。为了进一步巩固和发展林权制度改革，应进行一系列的制度建设，包括创新和完善林业产权制度、市场制度、组织制度等。这些实际上也反映了当前集体林地流转面临的问题。

现有对新一轮集体林权制度改革的研究多集中于承包权及其绩效的问题，如揭示了当前对林农的林地承包权保护不够、政府的高税费造成林农生产成本过高等，这些都降低了林地资源的配置效率；相反，对林权市场机制的研究还未体现出足够的重视。综合来看，随着我国经济转型的深入，市场配置林地的要求日益显现。在林地流转市场化的过程中，当前的程序存在一些共同的问题：政策指导力度不够，群众对流转认识不足；基层财政经费保障不足，主管部门定位不清；林地评估缺乏规范、科学的方法体系；流转方式不规范；农户对政策稳定性不信任，把林地作为祖业的保守观念重等。进一步归纳的结果是，当前的集体林地流转面临以下六个方面的困境。

(一)相关法律法规不健全

虽然我国对于林地流转已出台了很多相关规定，但是这些文件的规定并不完全一致，有些规定仅仅停留在政策层面，尚未上升为法律，其稳定性和实际效力受到较大影响。虽然国家从法律角度明确了林地使用权可以依法转让。但截至目前，转让的具体办法尚未出台，在流转形式、条件、原则及流转程序等方面没有进行严格的规范。南方多省在政策上虽然对此做了规定，但其只是一些意见、办法等，尚未上升到法律层面，也就难以获得国家法律保护。而且地方制定出台的规范性文件良莠不齐，有关规定不尽科学、合理。

(二)流转的机制不规范

目前，因为规范的林地流转机制还没有建立起来，所以在实际的流转过程中存在着不少问题。不少农户采用“口头协议”方式，私下进行自发性流转，未签订流转合同来规范双方的权利和义务，因而很容易发生纠纷，有些林农片面认为林地承包权 50 年或者 70 年不变，这些林地就是自己的，可以任意处置，于是私租乱包给他人。部分干部由于认识不足或者谋求“政绩”和个人利益，片面强调集体林地所有权，直接充当林地流转的主体，不尊重农民的意愿，采取行政措施强行推动流转，致使集体的林地所有权被侵犯，损害了农民利益。同时，在林权交易过程中，还存在着有关文件不全面、相关合同文本不规范以及一些责权利不很明确的现象，使交易倾向于形式化，过程偏于简单化。

(三)林权评估存在缺陷

由于我国迄今尚未制定出一部全国性的林权评估管理方面的法律、法规，林权评估管理活动一直处于无法可依的尴尬境地。虽然在一些地方性政策中有关于林权评估的内容，但也只是声明了在流转前要通过评估机构对森林资源资产进行评估，而对林权评估、交易等服务的收费标准没有明确规定，导致各地、各部门的收费标准五花八门，或高或低，出现了乱收费现象。甚至一些地方政府急于招商引资，简化了评估程序，出现了贱卖森林资源的现象，造成森林资源资产流失。

目前部分林权评估活动中没有建立科学的评估体系，对于评估的技术和方法研究不到位，受人为因素干扰较大。一方面林权的经营者缺乏科学的资产评估意识，只要求评估结果能符合自身要求，而不认真配合评估工作；另一方面部分林权评估技术人员缺乏严谨、科学的态度，随意改动技术经济指标，造成了林权评估结果失真。

由于林权评估不仅涉及会计学、资产评估学，同时涉及森林经济学、林业经济学、造林学等专业学科，在实践中，既懂林业又具有评估资格的专业人才严重不足。林业技术人员尽管熟悉林业生产及森林资源资产特征，却没有足够的估价知识；而一些如资产评估事务所、会计师事务所等具有评估资格的社会中介机构和评估人员，却缺乏林业专业知识，不了解森林资源资产的评估特点和方法，出具的评估报告做不到客观和公正，自然也就不能维护各方面的合法权益(徐朝国等，2010)。正是因为存在上述的问题，所以至今也没有成熟的林地流转的价格形成机制，尤其是当前林地流转多为买主市场，使得转让价格普遍偏低。

(四)林地流转融资渠道匮乏

资金投放于林业的发展经营活动中，林业的成长是一个资本积累的过程，林业的建设和发展离不开资金。目前对于大多数发展中国家来讲，林业资金不足是阻碍林业发展的重要因素。同时，资金不足一直是造成我国林业发展滞后，难以实现可持续发展的主要障碍。资金的投入对已有林业的可持续经营以及林业生产规模的扩大起着至关重要的作用，随着社会对林产品及林副产品的需求日益增多以及生态环境保护的要求日益增强，林业资金的不足与大力发展林业的需求之间的矛盾越来越突出。

作为林业生产最大主体的林农，在林业生产过程中一直遭遇着资金瓶颈，由于银行的惜贷、慎贷，林农从事林业生产大部分依靠的还是自有资金，限制了林业的可持续经营和发展。银行之所以不愿对林农发放贷款，一方面是林业以及林农本身的弱质性所致。受市场风险和自然风险的双重影响，加之林业生产基础薄弱，决定了林业生产的弱质性，很多银行不愿意涉足周期长、风险大的林业产业；从事林业生产的林农大多来自经济相对落后的山区，资源禀赋较差，银行本着资金安全、流动的原则不愿对林农发放贷款。另一方面是银行与林户之间存在信息不对称问题。银行不了解林农的收益和经营风险，由于地域性及专业性等问题，银行在贷款给林农时信息成本和监督成本大大增加；在成本高额的情况下，林农贷款总额小，使银行获取单位收益的成本很高。在这种情况下，银行就往往会选择不贷款给林农。

(五)政府对林权流转的监管不力

当前在政府监管方面也存在一些缺陷。林业主管部门未对转让双方进行必要的资格审查。因为其监管不力，所以存在着占地不开发、林地荒废的现象。还有一些林地被转让后，承包者为了利益最大化，擅自改变林地的原本用途，用来搞房地产开发或其他商业性开发，或毁林开垦，造成了森林资源的破坏，导致林地生产力下降。另外，有的政府部门对林农未经集体经济组织审核批准即擅自转包出租林地的行为，不闻不问，不加制止，导致集体利益被严重损害，集体的林地所有权被侵犯。

(六)林区剩余劳动力转移困境

据有关资料显示，我国农村劳动力总数将达到 5.5 亿，其中很大一部分在山区。然而，城市和乡镇企业吸纳林业剩余劳动力的扩张能力十分有限，兼业农民非林产业收入的不稳定性使他们难以彻底离开林地，真正走进城镇，致使很多林地低效利用甚至撂荒。因为兼业农民仍然视林地为“避风港”“保命田”，一旦经济波动，非林收入下降，大量的兼业农民即回流到林业部门，而且我国的社会保障体系建设滞后，加剧了林农的不安全感，从而使林地流转的市场化进程受阻。

虽然 2 亿多农民工已被纳入城镇人口统计，但在中国户籍政策以及与之相关的就业、工资、住房、医疗、教育、保障等方面，农民工与城镇居民仍处于两个不同的体系。农民工的工作是一种暂时性的劳动力租赁关系，无法获得与城市工人同等标准的工资、社会福利待遇等。另外，农民工的超长劳动时间和被拖欠工资也是农村劳动力受到歧视的表征。

兼业农民彻底退出林业、改变农村户口、成为城镇居民的林业转移人口，将面临进一步的制约。因为这种劳动力的转移，无论是行业内部还是行业间的转移，都受到文化、道德、制度、个人的教育水平等方面的制约。因为劳动力本身是一种异质性的资源，不同的人能力不同，一般从农业转为非农业后并不能够立刻胜任相应的工作，或者只能从事偏体力型的工作。这实际上制约了农业转移人口在短期内适应城镇工作的可能，进而影响了这类人在生活上融入城镇的可能。这种劳动力移动的困难性，其实就是很多研究所论述的——即使国家从法律上放松了对户口的限制，但是仍然存在明显的社会排斥的现象(Musterd and Ostendorf，1998)。

因此，要改变传统城镇化对农村劳动力转移后的认识偏颇，不仅要实现农村劳动力形式上的“进城”，还要确保这些劳动力能够有效享有与城市居民相同的社会服务和社会保障，同时让这些从农业转移出来的劳动力能逐渐适应进而享受城镇的生活，真正实现农业转移人口的市民化。这也符合新型城镇化要按照“以人为核心”的道路来推进的要求。

四、集体林地流转的机遇

从2004年起，中央1号文件已经连续10年聚焦“三农”，这体现了国家对促进农村发展的高度重视。“工业反哺农业、城市支持农村”和对农村的“多予少取放活”成为近年来国家发展的战略之一。十八大报告和十八届三中全会中也提出要坚持和完善农村基本经营制度，依法维护农民土地承包经营权、宅基地使用权、集体收益分配权，壮大集体经济实力，发展农民专业合作和股份合作，培育新型经营主体，发展多种形式的规模经营，构建集约化、专业化、组织化、社会化相结合的新型农业经营体系。这些都为集体林地流转的改革提供了有利的条件。

(一)集体林地流转的发展历程

一般认为我国的集体林地流转经历了五个阶段。

第一阶段是1981～1984年。1981年国家颁布《中共中央国务院关于保护森林发展林业若干问题的决定》，这一阶段对集体林区的主要做法是实行“三定”政策，即“稳定山权林权，划定自留山和落实林业生产责任制”。广大林区的农民在分到了自留山，承包了责任山后，林地的经营积极性显著提高。

第二阶段是1985～1991年。南方集体林区一些地方效仿农地做法也实行了“分林到户”和“两山并一山”(把自留山和责任山并为自营山)的做法，但是由于相关配套政策和相应管理没跟上，导致南方集体林区一些地方出现了滥砍乱伐林木、森林资源损失严重的现象。

第三阶段是1992～1997年。1992年党的十四大发布《中共中央建立社会主义市场经济体制若干问题的决定》，中国的经济体制向社会主义市场经济体制转轨，林业也开始进行了改革。在一些省份，集体林地流转开始了步入正轨的关键阶段。

第四阶段是1998～2003年。1998年修订《森林法》后，明确对林地、林木流转正式给予法律保障。这一时期林权安排的特点是集体拥有林地所有权，农户和企事业单位拥有林地使用权和林木的所有权。收益权和处分权在所有者和使用者之间分配，集体获得承包金或者租金，农户和企事业单位拥有剩余的收益权。集体的处分权一般表现为对于长期违约利用或开发的，可以收回使用权，使用者的处分权为可以在有效期限内转让的权利。可见，使用者的权利得到了强化。

第五阶段是从2003年至今。2003年6月中央政府公布了《中共中央国务院关于加快林业发展的决定》，做出了鼓励林地使用权合理流转的决定，这一阶段也正是集体林地逐步完善的阶段。是林权改革的深化阶段，这一时期制度安排的主要特点是确定农民经营林业的主体地位，实行“均山制”。国家以福建、江西为试点省份，并于2006年年底在全国全面推广。改革的重点是从明晰产权入手，重塑林业微观经营主体，建立以林农为主体的微观市场经营主体，放活山林经营权，落实林业经营者对林木的处置权，确保林地经营者的收益权。具体做法是将集体林地均分到户(联户)，实现“均山、均权、均利”和“耕者有其山”，以法律形式颁发林权证，对于中国广大农民来说，它具有类似当年农村联产承包责任制的重大意义(贺东航，2008；郑风田等，2009)。

从集体林地的流转历程来看，已经形成的主要流转方式是以拍卖、承包、租赁及股份制合作等形式为主的，只是在这个过程中依然还存在一系列的组织和配套措施。针对流转过程中所遇到的问题，政府积极出台了相关配套制度及优惠政策来应对，如对流转林地的经营者给予一定的税收和贷款优惠等。从集体林地的流转实践看，它打破了传统林地的经营模式，实现了林地经营方式的转变，推动了林区经济的发展(王飞，2005)。而随着经济社会环境的变化，林地流转面临新的需求，这也将继续推进林地流转机制改革的深入。

(二)集体林地流转机制的新要求

林权改革和林地流转的实践在向有利于森林可持续经营的方向发展的同时，一些现实的需求逐渐显现。例如，当前的流转仍然缺乏规范的林地流转制度、流转合同制度、林地资产评估制度、中介组织、流转金的使用和管理制度等。流转合同的内容随意性大、流转缺乏公平性和透明度、流转的价格普遍偏低、流转金的使用和管理不规范等现象，进一步加剧了一些隐含的问题的显现，如森林资源质量下降，一些地方权利寻租等问题严重导致流转价格偏低，出现了非市场化的山林归大户现象。

大部分学者认可当前林权“确权到户”政策的效果，但同时指出，分林到户的完成会造成林业经营的破碎化和分散化，而林业的特点和国内外的经验表明，林业的发展最终还是要走规模化、专业化、集约化的经营之路(郑风田等，2009)。因此，林权确权到户后，单家独户经营为主的格局不利于林业经营水平的提高和生产力发展的现状，在明晰产权、林农自愿参与和明确利益分配的基础上，必须鼓励林地流转以实现适度的规模经营。然而，当前存在的林权流转价格偏低、流转主体多元化、流转方式多样化这些事实，不利于实现林地规模化经营。有学者指出，在我国当前产权不清晰，使用权拥有方式多样化的前提下，流转方式多样化是必然存在的合理现象，且在短时间内无法消除，林权交易中心应该扬长避短，努力成为主要的林权交易渠道。

实际上，当前中国林地流转实践中面临的新问题，对林地流转机制提出了新要求。这些新要求主要包括，第一，政府如何进一步规范林地承包权的流转，优化相应的市场机制。对于这个问题的研究，可以有效应对林农在实际中不愿意通过正式的、公开的市场交易来实现林地的流转的问题，避免交易的不规范造成未来潜在的风险和冲突。第二，如何解决小林农与大林业的矛盾，尤其是解决林农资金不足的问题和抗风险能力弱的问题。第三，如何建立林地价值评估规范体系。这实际上是提升市场配置手段绩效的基础工作。第四，如何完善政府在林地流转管理中的配套保障机制。例如，如何清晰系统地勘测林地的界址，如何有效地登记和管理林权权属，如何建立适宜政府宏观调控的森林资源收储制度，以及如何建立和完善林地承包权的流转市场等。

上述都是林地承包权流转的市场运行机制和政府保障机制在现实中面临的问题，不仅需要运用产权理论和经济管理理论来分析这些问题存在的本质，还需要能够充分考虑中国农村地区长期以来形成的林地流转的历史经验，同时借鉴国际上已有的林业市场配置体系，进而建立和完善适宜中国经济社会背景的林地承包权流转的市场运行机制和与之配套的政府保障措施。

对于西方发达国家来说，私有产权的林地比重较大，同时已经存在完善的市场体系，尤其在经济林的产权界定和流转方面不存在现阶段中国面临的问题，它们更多关心的是如何保障林地的生态价值在市场体系中得到体现，如讨论政府的公共政策如何增进林地资源生态价值的市场化(van Kooten et al.，1995)。很多研究发现不当的政府干预可能会引起林业资源利用的不可持续性。例如，欧盟1992年出台的林业补贴政策[2080/92(EEC)]的目的虽然是为了对从事林业生产的经营者进行补贴，以激励他们重视林地的生态价值，但是补贴的本身造成了经济上的最佳砍伐周期的提前，反而造成了林补政策的失效(Tassone et al.，2002)。目前不只中国，对于其他发展中国家来说，也在经历产权的变更过程，如东欧地区的产权从公有向私有转化的过程(Kissling-Näf and Bisang，2001)、非洲地区产权从宗族或部落所有向私有转化的过程(Campbell et al.，2001)，以及越南作为社会主义国家其林地公有产权的私有经营过程(Sikor，2001)等。这些国家的产权变化研究也为中国的林地流转改革提供了借鉴，实际上也是一种对当前流转问题的启示。

(三)林地流转的支持性政策

为了促进林地承包权的流转，国家和地方政府都出台了相应的支持性政策。下文总结了一些当前国家和地方出台的政策，其中地方性政策主要集中在林权改革走在前列的江西、浙江和福建等南方省份。

1. 国家政策

国家层面重要的林地流转政策文件主要有，2003 年的《中共中央关于完善社会主义市场经济体制若干问题的决定》要求依法保护各类产权，健全产权交易规则和监管制度，推动产权有序流转，保障所有市场主体的平等法律地位和发展权利。2003 年的《中共中央国务院关于加快林业发展的决定》中规定，国家在明确权属的基础上鼓励森林、林木和林地使用权的合理流转，各种社会主体都可以通过承包、租赁、转让、拍卖、协商、划拨等形式参与流转。2009 年国家林业局发布了《关于切实加强集体林权流转工作的意见》，这是目前在国家层面关于集体林权流转规定最为集中的文件。该意见从五个方面规范集体林权流转行为：一是稳定林地家庭承包经营关系；二是建立规范有序的集体林权流转机制；三是加强集体林权流转的引导；四是切实维护集体林权流转秩序；五是禁止强迫或妨碍农民流转林权。

2. 地方政策

随着市场经济体制改革的深入，南方集体林区各地开始探索林业产权改革的新路子，即改变传统的用行政手段来配置集体林地资源的做法，充分利用市场手段来配置林地资源。

1)江西省

2004 年 8 月，江西省出台《关于深化林业产权制度改革的意见》①，在全省范围内开展以“明晰产权、减轻税费、放活经营、规范流转”为主要内容的林业产权制度改革。

2004 年 9 月 25 日，江西省通过了《江西省森林资源转让条例》②，明确了林地流转的原则，有关转让的条件及方式，要求流转后必须依法及时签订流转合同，办理林权变更手续等，同时对流转过程进行了规范，规定森林资源的流转必须要严格按照条例的有关规定进行，充分尊重承包经营者的主体地位。山林流转后，必须依法及时签订流转合同，办理林权变更手续。对已经流转但手续不完备的，进行补充完善。

2007 年 3 月 29 日，江西省通过了《江西省森林条例》③，要求要建立林业产权交易中心、木竹及林产品交易市场，并遵循合理布局、方便流通的原则。林业产权交易中心和木竹及林产品交易市场应当及时发布有关信息，为林业产权交易、木竹及林产品交易提供服务，做到公开、公平、公正交易。林业、工商行政

---

① 江西省关于全面深化林业产权制度改革的意见[EB/OL]. http://www.forestry.gov.cn/ZhuantiAction.do?dispatch=content&id=267747&name=gzhy，2007-07-20.

② 江西省森林资源转让条例[EB/OL]. http://news.sina.com.cn/o/2004-10-11/01133884693s.shtml，2004-10-11.

③ 江西省森林条例[EB/OL]. http://baike.baidu.com/view/984647.htm，2007-03-29.

管理、税务等部门应当密切配合，共同做好林业产权交易、木竹及林产品交易监督管理工作。禁止垄断和封锁木材市场，禁止对木竹及林产品实行地方保护和限价经营。与此同时，县级以上人民政府林业主管部门应当建立林业社会化服务体系，培育木竹检量、采伐作业设计、森林资源资产评估等林业社会中介组织，帮助林农发展林业。依法建立林业担保制度，开展林权抵押贷款业务，为发展林业提供资金支持。

2009 年 8 月 27 日，江西省出台了《江西省人民政府关于深化林业产权制度改革的若干意见》①，提出了有关巩固林权制度主体改革成果，加快推进配套改革，建立促进林业发展和林农增收的长效机制的意见。巩固主体改革成果，赋予农民长期稳定的林地承包经营权，同时加大政策扶持力度，全面推进林权制度配套改革，要求组建省级林业产权交易所，依托信息化手段加快林业有形市场和无形市场建设；加快林业投融资平台建设；推进政策性森林保险，同时积极开展林权抵押贷款，以及加大公益林补偿力度等。

2)浙江省

20 世纪 80 年代初，浙江省全面开展了林业“三定”(稳定山权林权、划定自留山和确定林业生产责任制)工作，颁发了山林所有权证，形成了以家庭承包经营为基础、统分结合的林业双层经营体制。20 世纪 90 年代浙江省进一步完善了林业生产责任制，明确所有权、稳定承包权、搞活使用权，允许森林、林木和林地使用权依法、自愿、有偿流转。

2006 年，浙江省出台了《浙江省森林、林木和林地流转管理办法(试行)》②，规定了林地流转的原则，林地流转的方式可以采取承包、租赁、拍卖、招标、转让，以及法律、法规允许的其他方式进行。应当依法采用拍卖、招标的方式，并在依法设立的产权交易机构中，按照有关拍卖、招标、投标的法律和法规规定程序公开进行，流转前还要由具有专业资格的评估机构对森林资源资产进行评估，同时流转时，应当由县级林业行政主管部门做好可行性研究并提出实施方案，市林业行政主管部门签署意见后，报省林业行政主管部门的同意；流转时当事人应当根据有关规定，向登记机关提出登记申请，进行变更登记等内容。

3)福建省

2002 年 7 月 30 日福建省林业厅印发了《福建省林地管理方法》③，该办法规

---

① 江西省人民政府关于深化林业产权制度改革的若干意见[EB/OL]. http://wenku.baidu.com/view/16a1b3c42cc58bd63186bdcf.html，2009-08-27.

② 浙江省森林、林木和林地流转管理办法(试行)[EB/OL]. http://lqnews.zjol.com.cn/lqnews/system/2010/06/21/012279975.shtml，2010-06-21.

③ 福建省林地管理方法[EB/OL]. http://www.lawyee.net/Act/Act_Display.asp?RID=642678，2002-08-01.

定要依法实行林地所有权和使用权的登记发证制度，同时规定林权的设立、变更、转让、灭失，自依法登记之日起发生效力。

1997 年 7 月 30 日福建省通过了《福建省森林资源流转条例》①，并于 2005 年 9 月 29 日修订。该条例规定了林地流转的范围，同时规定集体森林资源流转及其流转方式、流转保留价等。集体林地使用权流转给本集体经济组织以外的单位或者个人的，还应当报经乡(镇)人民政府批准。另外，还规定了流转的程序，流转合同的内容，流转期限，以及相关的法律责任等一系列内容。

在上述政策的指导下，福建省永安市在全国率先成立了林业要素市场，市场内设立林权登记管理中心、森林资源评估中心、木竹交易中心、林业法律与科技服务中心、林业劳动力培训中心，简称“五个中心”。该市场是集信息发布、交易实施、中介服务于一体的林业综合性管理与中介服务机构。如今福建全省林改县(市、区)大都建立起类似的市场或中心，有效促进了集体林地的流转。

五、本章结论

现有实践经验揭示了为了促进当前的林地流转规模，需要制定和完善林权流转的法律法规和政策，积极组建林地交易市场，建立民间林业服务协会、加快林业产业化建设、精简行政审批事项，下放审批权限等。

首先，从目前的进展看，现有对林权改革和林地流转的实践和相关研究，更多是从农地制度改革和农地流转的关系延伸开的。应该注意到林业生产和集体林权制度安排的特殊性，如何将现有对农地的研究基础拓展到林权改革和林地流转的研究中，是未来研究的一个主要方向。

其次，随着实践的深入，创新和完善林业产权制度、市场制度、组织制度等也已经引起了关注，在林地管理实际过程中积累的经验，如中国南方各省的经验，值得进一步深入研究。同时，国外发达资本主义国家对林地生态价值的重视，以及其他发展中国家的关于林权改革和林地市场流转的研究，可以为中国现阶段的林权改革提供参考。

值得注意的是，现有的对中国林权改革和林地流转的研究还停留在产权设定和市场体制建立的理论上，缺少对实际问题的探讨。尤其是，针对林权改革和林地流转过程的几个重要的公共物品提供问题，现有的实践对策和理论研究还很缺乏，不利于现阶段林地承包权市场运行机制的建立。

---

① 福建省森林资源流转条例[EB/OL]. http://www.gov.cn/flfg/2005-10/17/content_78632.htm, 2005-10-17.

第四章

林地资源的治理机制：宏观经验

在全球化和气候变化国际合作中，中国的森林资源利用和治理，已经不再仅仅是中国本国的问题，它已经也应该成为一个全球性的问题。为了管理好中国的林地资源，促进林地和林业资源在经济、社会和生态上的协调发展，世界范围内的其他国家在治理上的经验应该能够为中国当前的改革提供一定的借鉴。

一、问题的提出

森林资源的外延很广，可以是指包括林地、林木和依托森林、林木、林地生存的野生动物、植物和微生物等的自然系统，具有经济、生态和社会三个层面的价值。从全球气候变化和环境保护的角度看，森林资源是否能够得到可持续利用，对全球的经济、生态和社会发展产生显著的影响(Sugden et al.，2008)。这不仅在于木材市场的全球化已经对不同国家内部的林木生产、加工和使用产生影响，更重要的是森林资源的可持续利用对全球环境保护的贡献实际上也需要不同国家之间的共同合作。对于中国这样一个国土广袤的发展中国家来说，能否治理好本国的森林资源，关系到其他国家在全球气候变化上所做的努力。

无论是为了满足本国的林业经济增长、降低自然灾害风险、改善生态环境、提高林农生活水平等多方面的要求，还是作为一个发展中国家在国际舞台上的角色和责任，中国政府已经主动加入应对全球气候变化的行动中。近年来，中国开展了一系列的森林和林业政策改革。例如，1997 年黄河上游干旱和 1998 年长江的洪水促使国家重视对森林资源的维护，加快了对《森林法》的修改和六大森林工程的实施(Wang et al.，2007；Zhang et al.，2000)。随着市场经济改革的深入，国家也逐步深化林权制度改革，致力于解决国有林和集体林经济绩效低下和相应的林业从业人员的生活保障问题(邢红，2006；于德仲，2008)。然而，现有的改革作为市场经济转型的一部分，在习俗、产权、治理和实际利用上还存在各种各样的问题，如林业制度制定的透明度不高、社会人际关系对市场配置的影响、政府规制与市场原则的过分冲突、林农产权受损、市场不完善等。这促使我们思考：中国在尝试对森林资源的治理进行一系列的改革时，是否可以从其他国家获得一定的经验参考？

纵观世界上其他国家的森林治理，那些既具有成熟的市场和政府治理经验，又具有相似的经济转型历史，并且在人口、国土面积、城市化压力等方面与中国具有一定可比性的国家其实并不多。德国，作为欧洲森林资源和林业最为丰富和发达的国家之一，在上述条件上与中国最具有可比性。例如，德国的人口密度在2005年是231人/平方千米——虽然中国东部地区在2005年的人口密度为416人/平方千米，但全国平均水平为135人/平方米。民主德国和联邦德国合并后，后社会主义的东德地区也经历了经济转型过程。德国现有的成熟的市场经济体制和政府在对森林资源利用上的各种规制，已经得到了长期的应用和检验，并且也被欧盟其他国家借鉴。从这些方面看，德国可以作为中国森林资源治理的一个比较案例。同时，两者的对比不仅为双方，也能够为其他国家的森林治理提供一定的借鉴，尤其是与中国一样面临森林资源退化和经济发展压力的发展中国家。

因此，本章的主要目的之一是通过对中国和德国两个国家在森林治理上进行对比，为中国、德国乃至其他国家的森林资源的可持续治理提供经验借鉴。同时，在比较的过程中，本章也会进一步补充中国当前林地流转的管理机制和相关的法律制度。这是第一章中IoS分析框架右面两个因素的现状的描述，为后续的林地流转治理机制研究提供基础。

为了达到比较的目的，本章还会构建一套系统的对比不同森林资源治理的制度分析框架。通过对该框架的运用，可以实现不同国家之间的对比，并总结出相应的经验启示，探寻实现林地流转可持续治理的途径。为此，本章首先将分别描述中国和德国森林资源治理的制度设置等；其次将针对市场的作用、政府的作用和整个森林资源治理的绩效来进行两个国家治理机制的比较。绩效的标准主要是从经济、生态和社会三个方面效益平衡的角度来衡量。

二、中国的林地治理

第八次中国森林资源清查结果显示，中国森林面积2.08亿公顷，森林覆盖率21.63%，森林蓄积量151.37亿立方米。其中，天然林面积为1.22亿公顷，蓄积量是122.96亿立方米。人工林面积为0.69亿公顷，蓄积量24.83亿立方米。虽然我国森林资源连续30年持续增长，但资源利用形势依然严峻。

中国森林资源总量仍然不足。当前的森林覆盖率仅相当于世界平均水平的

61.52%，居世界第130位。人均森林面积0.132公顷，不到世界平均水平的1/4。人均森林蓄积9.421立方米，不到世界平均水平的1/6。更为严重的是，中国的森林资源分布不均。东部地区森林覆盖率为34.27%，中部地区为27.12%，西部地区只有12.54%。其中占国土面积32.19%的西北5省区森林覆盖率只有5.86%。中国的森林资源的质量也不高。全国林分平均每公顷蓄积量只有84.73立方米，相当于世界平均水平的84.86%。这导致森林生态系统的整体功能还非常脆弱。中国在经历了从新中国成立到20世纪末期这段时间的滥砍滥伐后，森林面积，尤其是天然林的面积急剧减少，造成了大量的水土流失和荒漠化(以黄河流域为主要区域)以及洪水灾害(如1998年的长江特大洪水、松花江和嫩江洪水等)，整体生态环境遭到严重破坏。

为此，中国开展了一系列的整治措施，如著名的六大森林工程等(Wang et al.，2007)。同时，随着市场经济转型的深入，国有林业和集体林业受到冲击，企业经营低效、国有资产流失、集体经济减退，职工和林农的积极性降低，所有这些都促使中国在21世纪前后开始对国有和集体所有的森林资源进行制度改革和经营改善。然而，改革的过程是漫长的，森林保护、林业生产仍面临着很多问题。

(一)产权与法律

为了保护、培育和合理利用森林资源，加快国土绿化，发挥森林蓄水保土、调节气候、改善环境和提供林产品的作用，中国政府于1985年颁布了《森林法》，同时于1998年对其进行了修改。与森林资源利用相关的其他法律包括《中华人民共和国野生动物保护法》(规定了森林野生动物保护、狩猎等内容)、《土地管理法》(规定了林地权属登记、转移的一些内容)、《中华人民共和国野生植物保护条例》(规定了森林野生植物保护、开采等内容)等。

《森林法》着重规定各级人民政府应当制定林业长远规划。林业长远规划应当包括下列内容：林业发展目标；林种比例；林地保护利用规划；植树造林规划。国有林业企业事业单位和自然保护区，应当根据林业长远规划，编制森林经营方案，报上级主管部门批准后实行。林业主管部门应当指导农村集体经济组织和国有的农场、牧场、工矿企业等单位编制森林经营方案。这包括森林年采伐量、年度木材生产计划。另外，各级人民政府应当制定植树造林规划，提高本地区森林覆盖率。

《中华人民共和国野生动物保护法》规定所有的野生动物资源属于国家所有，因此所有森林中的狩猎权也属于国家所有，只有经过林业部门授予狩猎证和公安部门授予猎枪持枪证后才允许捕猎。捕猎范围、物种、数量、时间、价格等受到国家的严格控制和审批。允许外国人来中国狩猎。

《中华人民共和国野生植物保护条例》规定野生植物指原生地天然生长的珍贵

植物和原生地天然生长并具有重要经济、科学研究、文化价值的濒危、稀有植物。采集国家重点保护野生植物的单位和个人，必须按照采集证规定的种类、数量、地点、期限和方法进行采集。外国人不得在中国境内采集或者收购国家重点保护的野生植物。但经过政府批准后，外国人可以在中国境内对国家重点保护野生植物进行野外考察。

（二）林地的治理结构

1. 机构设置

中国的森林资源治理由政府的林业行政管理部门负责。林业行政管理部门的主要职能是贯彻执行国家关于森林生态环境建设、森林资源保护和国土绿化的方针、政策和法律、法规，研究拟定各级政府林业法规、规章并监督实施；编制林业发展战略、中长期发展规划和年度计划并监督实施；管理各级林业资金的使用；组织森林资源调查、监督和统计；组织编制森林采伐限额并监督执行；审批林木采伐、运输凭证等所有涉及森林的政府行政工作。

总体上，中国森林资源的治理，无论是国有林还是集体林，主要分为五个级别，即中央、省、市、县、乡政府的各级林业局或者厅(图 4-1)。但由于国有林大面积成片且不平均分布的特征，中央在吉林、黑龙江、内蒙古建立了四大国家直属森工集团，即龙江森工集团、吉林森工集团、大兴安岭森工集团和内蒙古森工集团。四大集团有林地面积总计 2 247.9 万公顷，蓄积量 19.18 亿立方米，分别占国有林总量的 30.6%和 22.8%。因此，这些重点森工集团所在省份的森林资源治理结构有一定的差异。这些省份与其他省份一样都有系统的各级林业行政管理部门，但中央直属的四大森工企业集团单独设置了另一套完整的行政、经营、管理等系统来管理四大森工内部的国有森林资源，甚至包括了警察、卫生、社会保障等。也就是说，名义上省林业厅是省人民政府林业行政主管部门，负责全省林业工作，但它们不涉及森工集团所掌控的地区，如图 4-1 左侧所示。现阶段这些国有企业还只是以企业之名行政府行政管理之实，这与中国经济转型过程中国有企业转型不彻底、过程慢等原因有关。

2. 林业六大重点工程

面对森林资源砍伐过度、生态环境恶化、自然灾害严重等挑战，中国于 21 世纪前后开展了林业六大工程。六大工程规划范围覆盖了全国 97%以上的县，规划造林任务超过 11 亿亩。其主要内容如下。

天然林资源保护工程。主要解决天然林的休养生息和恢复发展问题。工程实施范围包括长江上游、黄河上中游地区和东北、内蒙古等重点国有林区。

退耕还林工程。这主要解决重点地区的水土流失问题。工程覆盖了中西部所有省(自治区、直辖市)及部分东部省区。工程规划增加林草覆盖率 5 百分点，水土流失控制面积 13 亿亩，防风固沙控制面积 15.4 亿亩。

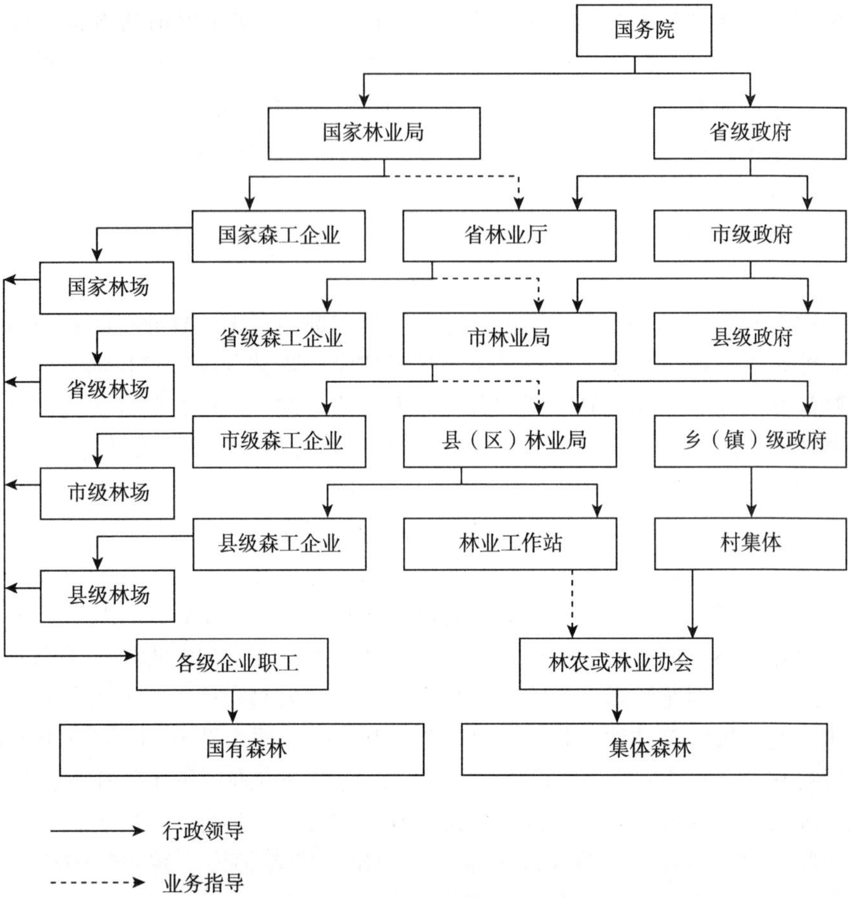

图 4-1　中国的森林治理行政结构

京津风沙源治理工程。主要解决首都周围地区的风沙危害问题。工程建设范围包括北京、天津、河北、山西、内蒙古 5 省（自治区、直辖市），总面积为 46 万平方千米。工程建成后，京津地区的生态将大为改观。

“三北”和长江中下游地区等重点防护林建设工程。主要解决“三北”地区防沙治沙问题和其他地区各不相同的生态问题。

野生动植物保护及自然保护区建设工程。主要解决物种保护、自然保护、湿地保护等问题。

重点地区速生丰产用材林基地建设工程。主要解决木材供应问题，减轻木材需求对森林资源的压力。

3. 砍伐、运输许可和林业税费

为了满足生态环境保护、市场调节和社会稳定的要求，中国也采取了一系列的管制措施来规范林业和森林的利用。《森林法》规定国家所有的、集体所有的森林和林木、个人所有的林木采伐需要制定年采伐限额。年森林采伐限额是指国家根据合理经营、永续利用的原则，对森林和林木采伐实行限制的最大控制指标，是依照法定程序和方法对所有森林的林木分别林种测算并经国家批准的合理年采伐量。国家所有的森林和林木以国有林业企业事业单位、农场、厂矿为单位，集体所有的森林和林木、个人所有的林木以县为单位，制定年森林采伐限额，报国务院批准。国务院批准的年森林采伐限额，每5年核定一次。

国家制定统一的年度木材生产计划，年度木材生产计划不得超过批准的年采伐限额。统一的年度木材生产计划是在已批准的年森林采伐限额的基础上制定的。因木材生产是森林砍伐的主要用途，所以这样进一步确保森林采伐量不超过批准的年森林采伐限额。

另外，采伐森林必须申请林木采伐许可证，内容包括采伐地点、面积、蓄积（株数）、树种、方式、期限和完成更新造林的时间等。同时，实行木材运输凭证制度。从林区运出非国家统一调拨的木材，木材运输证自木材起运点到终点全程有效，必须随货同行。林木采伐许可证和木材运输证制度是我国森林资源管理的重要法律制度，是控制森林采伐量、防止乱砍滥伐的有效措施。

征收育林费，专门用于造林育林。育林费就是从木材、竹材和一部分林产品的销售收入中，征收一定数额的资金，用来造林育林，也叫育林基金。目前我国实行的征收育林费制度分为两种：一种叫国有林育林基金，按第一次销售价的21%，由生产单位向用户提取；另一种叫集体林育林基金，由木材经营单位缴纳，按第一次卖出价的12%提取。征收育林费是发展林业、不断更新和扩大森林资源的重要措施，是森林更新的经济保证。育林基金由林业部门统一征收、分级管理、专款专用，用于造林育林。因为目前农民种地已经取消税费，而且已经开始领补助金。相应地，林业从业人员强烈呼吁国家也能够取缔林业税费，取消育林基金和维简费。

4. 林业基金制度

中国的林业基金制度主要包括三个方面。

第一个就是上文提到的育林基金，育林基金由林业部门统一征收，分级管理。育林费必须专款专用，用于造林育林，不得挪作他用。

第二个是森林生态效益补偿基金。为保护重点公益林资源，促进生态安全，中央补偿基金的补偿范围为国家林业局公布的重点公益林林地中的有林地，以及荒漠化和水土流失严重地区的疏林地、灌木林地、灌丛地。中央补偿基金平均补助标准为每年每亩5元。

第三个是森林植被恢复费。为了更加合理、有效地利用森林植被恢复费，我国《森林法》专门对如何使用森林植被恢复费做出明确规定，要求森林植被恢复费必须专款专用，森林植被恢复费由林业主管部门依照有关规定统一安排植树造林，恢复森林植被。同时还规定植树造林面积不得少于因占用、征用林地而减少的森林植被面积。

(三)林木的市场化经营

1. 国有林地的经营

国有林区大都分布在我国大江大河的源头、大型水库、湖泊周围和重要山脉的核心地带，特殊的地理位置使之在我国可持续发展战略中具有举足轻重的地位。这些地区是大江大河的发源地，是三峡等水利枢纽的蓄水库，是西北地区草原牧业基地的天然屏障，对保护我国的水资源及大江大河的水利设施发挥长期效能具有极其重要的作用，对维护区域乃至全国的农牧业的稳产高产、调节气候、改变人类生存环境起着不可替代的作用。同时，以天然林为主的国有林区将是提供木材资源的重要基地。

国有林业企业和所在行政区域的林业主管部门是目前国家管理国有林区的主要制度形式，但不同区域的企业和政府之间的职责有一定的差别。在森林面积不大、经营规模小的地方，主要是政府指导、监督下的国有林场形式的企事业单位来管理和经营森林。在森林面积大、分布集中、经营规模大的区域，主要是系统结构较为复杂的森工企业集团来管理和经营森林，其下再设林场、营林局、加工厂等组织，涵盖木材生产、林产工业、营林育林、森林管护、电力、勘查、设计、科研、教育、新闻电视、卫生防疫、森林公安等企事业单位。这些伴有浓厚层级结构的企业组织形式是国有林区的基本管理制度，国家通过这些“政企合一”的国有企业实现了对于国有林区管理的政策、措施等的制度安排。目前我国管理国有林的组织有 4 403 个国有林场，135 个重点森工企业，20 个重点营林局，其中包括上文提及的四个国家直属的大型重点森工企业集团。

由此可以看出，国有林区是政府主导型经济，企业的管理自始至终都贯穿着政府的行为，这与中国的制度历史有关。新中国成立之初，为保证国家工业、建筑和军事用材的需要，林区形成了集中统一的企业组织下的内容繁多、职能庞杂的科层组织结构。由于边生产、边开发、边建设，围绕木材开发形成了林区社会，森林木材资源的减少和林区人员的增加，社会的形成是同步伴生的。其基本特征有三个：一是组织单一，全民所有制是林区治理制度的主要形式，这种以国有产权为基础的制度形式，自上而下地管理着国有林区森林资源采伐、营林抚育、资源管护等生产主体工程、生产辅助工程以及相关的林区社会事务。二是权力高度集中，政府是国有林的经营主体，国有林的所有权、占有权、支配权直至使用权，都集中在中央和地方林业主管部门手中，林业主管部门直接组织国有林的经营和开发利用活动。三是以国民经济计划为主配置国有林区的各种资源，否定市场机制的作用。

林业改革的重大举措是从 1985 年开始的。首先，中央政府决定国营林场也可实行职工家庭承包或与附近农民联营。经过十几年的发展，单一的全民所有制形式在向多种所有制结构并存的多元化方向发展。林区林木生产的国有、集体、混合经济、个体经济成分之比由1997年的84∶5∶4∶7调整为2008年的55∶9∶5∶31，国有经济所占比重下降29百分点，而个体经济比重提高24百分点。其次转换国有林区的经营机制。1996年《关于国有林场深化改革加快发展若干问题的决定》对国有林场实行分类经营、调整组织结构、转换经营机制、合理利用资源、优化产业结构等工作提出了具体要求。与此同时，国有森工企业为了跟上国企改革的步伐，围绕增强企业活力、建立现代企业制度进行试点。

虽然现阶段的森林治理制度变迁向市场经济迈进了一步，但工作刚刚起步。产权制度和组织制度，尽管向多元化的方向迈进了一步，但这种变化也只是森工企业大的制度上枝节末梢的变化，林区以国有经济为主的大一统的科层组织结构没有变化。激励机制(领导考核机制)、控制机制没有发生明显的变化。森工企业作为一种组织是目前国家管理国有林区的主要制度形式，这种组织形式存在着明显的政企不分的局面。例如，不管是纯林业局，还是政企合一的林业局，既包括政府的行政部门，又包括林业行业发展部门；既有森林资源培育与保护的组织，又有林业产业经营加工的组织；既包括产业链，又包括生活链在内的大一统的、纵向一体化的构型安排，这一制度构架是以国有产权为基础的，以行政管理为主要手段的，上下贯通逐级管理的科层组织。

2. 集体产权

新中国成立以来，我国进行了多次林权制度改革尝试，但始终难以摆脱“一统就死、一放就乱”的怪圈。新中国成立初期，为了国家工业化和原始积累的需要，集体林的公有化程度不断提高，集体林区的山林由农民所有逐渐演变为集体所有、集体经营。直到农村家庭联产承包责任制的推行，集体林区才开展了以林业“三定”为内容的经营体制改革，在一定程度上实现了所有权与经营权相分离。1985年国家决定从南方集体林区开始取消木材统购，开放木材市场。但是，在下放山林经营权的过程中，由于管理措施不到位，部分地方立刻出现了大规模的乱砍滥伐现象，中共中央、国务院于1987年发布了《关于加强南方集体林区森林资源管理坚决制止乱砍滥伐的指示》，集体林区的“三定”工作遂告中止。

随着生态环境的矛盾得到缓解，社会经济的矛盾逐渐显现出来。如何进一步满足经济社会发展对林木消费的需要，为了适应市场经济改革的深入，直到2003年6月，中共中央、国务院发布了《关于加快林业发展的决定》，要求进一步深化林业体制改革，增强林业发展活力；要求完善林业产权制度，调动社会各方面造林积极性，促进林业更好更快发展；要求依法严格保护林权所有者的财产权，维护其合法权益，加快推进森林、林木和林地使用权的合理流转。

这被誉为是第二次林权改革的开始。在中央加快林业发展政策的指引下，福建、江西、辽宁等省率先拉开了新一轮集体林权制度改革的序幕，试点取得了初步的成效，呈现出了“资源增加、林农增收、管理增效”的良好发展势头。

在林地所有权和经营承包权进一步明确后，现阶段集体山林的经营模式主要有以下几种：第一种是家庭单户经营或联户经营。这种模式自负盈亏，有利于调动林农积极性，但规模小，不利于实现规模效益。第二种是集体统一经营。该模式中林地集体所有、集体经营，虽然可以具有规模化的可能，但实际中出现责权利脱节，形成“无主林”“干部林”。第三种是承包租赁经营。该模式是指大户或者外来企业租用林地、承包造林，规模相对较大、有利于实现规模效益。受让方购买林木并组织采伐，拥有活立木采伐权，林地经营权归集体，出让林地经营权维持不变。第四种是联营。林场入股联营、收益分成，县、乡、村(组)联营建场，采伐按约定比例分成。管护经营雇佣护林员、责任管护，主要针对公益林。第五种是股份合作经营，林农持股分红、享有股权，分成比例不低于70%，剩余部分用于公益事业。

三、德国的林地治理

根据BMELV(2007)的报告显示，德国森林面积为1 070万公顷，近三分之一的表面都被森林所覆盖，是欧洲森林覆盖率较高的国家之一。人均森林面积占有量0.13公顷(与我国相同)。森林总蓄积量超过34亿立方米，平均每公顷蓄积量约320立方米(我国为84.7立方米)，人均森林蓄积占有量34.2立方米(我国为9.42立方米)。森林平均生长量达6立方米/公顷(我国用材林3.55立方米/公顷)。德国的林木蓄积量允许更大程度地进行开采利用而不会对国家森林的可持续利用产生影响，出现这种情形的原因是第二次世界大战以后因森林大量被损毁，德国联邦政府大力开展高产出林和生态林的种植(BMELV，2008)。

到目前为止，因德国相对较早地颁布了森林法，同时引入了“近自然”林业经营管理、可持续发展的理念来进行森林资源的治理和利用，森林资源可以说已经步入了良性发展的轨道。全国森林覆盖率稳定增加，同时林木生产收入和就业促进了经济发展，成为林木加工和出口大国。但是，现阶段的德国也面临一些问题，如森林面临的自然或人为的灾害(风雪、山火、冰雹、病虫、大气污染等)，林业上需求远远低于供给，造成无论是公有林还是私有林都面临亏损的局面，这些都是德国政府当前迫切需要解决的问题。

(一)法律与产权

为了保证森林的经济效益、生态环境和游憩效益的必要增长和持续发展，促进林业发展，引导平衡并协调森林经营，德国于1975年制定了《联邦森林法》，并于1984年进行了修改。《联邦森林法》是纲要性的法律，各个州森林法原则上不能与联邦法相抵触，州法根据联邦法的原则来制定具体的实施细则。

《联邦森林法》的主要目的是保护森林资源，关注林业的经济收益(生产功能)及其对环境与人类休憩的重要性(保护和休憩功能)。尽可能地扩大森林面积，保障森林能够得到可持续的适宜管理，同时提高林业部门和公众的利益，保护森林所有者的利益。除了能够直接引用的内容外，《联邦森林法》主要还包括了为各州政府的森林法案提供的框架性的指导原则。而在关于森林资源管理的具体领域，还有一些专门的法案来进行约束，如林木树种和苗木法案、森林灾害赔偿法案、森林销售基金法案和原木分类标准法案等。另外，德国还有一些针对森林资源生态系统的法案，如自然保护法案、狩猎法案等。

《联邦森林法》规定了德国的森林可以分别由私人、社区、州政府、联邦政府所有。在 2007 年这些权属比例大致为 47%、20%、30%、3%(BMELV，2007)。政府所有林(包括州属和县属)主要分布于南部，面积相对较大；私有林主要分布在中部和北部，一般都由分散的小面积森林组成(Hartebrodt et al.，2005)。私人所有的林地因为分散和面积较小(平均面积在 5 公顷左右)，一般由私人组成的林业协会进行经营。社区所有和州政府所有的森林面积一般相对较大(平均 175 公顷)，一般由对应级别的政府所有的公司进行经营。联邦政府所有的森林因面积总量相对较小，一般用于国防、生态等，而不作为经营使用。

在《联邦森林法》的软性约束下，各州和地方的森林法案主要包括州森林计划(forest program on the state level)和地方性的森林管理规划(forest management plan on the local level)。所有的森林利用行为必须遵循这些规划，目的是为了保障森林资源功能的实现。

对于地方的森林计划来说，必须对国家层面的森林计划进行细化，着重对如何提升地方的生活条件和经济发展水平提供相应的策略和途径。然而，很多情况下地方层面的森林计划需要对不同的林地所有者和公众利益进行协调，这在实际中往往面临很多困难。因此，在这些计划中，地方政府需要对林业发展目标和方式进行明确的表示才能有效地降低事后各方的利益冲突。

而对于地方的森林管理规划来说，其目标和手段对其他诸如经济和社会领域等都有着显著的影响，因此森林管理规划一般都与区域发展规划相联系，如高速公路的建设规划等。这实际上就是要求联邦、州和市政府，以及其他相关的公众规划部门必须在编制其他领域的发展规划或计划时能够有效地考虑森林和林业的发展目标，因为林业和其他领域的发展是紧密相关的。

由州政府所有(或市政府所有)的森林资源都必须设计详细的、10 年期的管理规划，从而保证地区的森林可持续利用和多重功能的实现。地区的规划都要提交到地区议会的森林分会来审议和批准。如果私人的森林面积大于 100 公顷，也同样需要制定类似的规划并审批。

森林法案对皆伐(无论是合法还是非法)的管控是非常严格的。一旦皆伐后，林地所有者必须履行重新植林的法定义务。如果需要将林地改变为其他用途，需要非常严格的审批程序。如果公众的意愿是维持林地不变，任何私人或者政府的林地转用申请都不能够得到批准。而且，即使林地用途改变的项目得到了批准，还需要满足一个条件就是林地的占补平衡，在被转用的林地周边再补充相同数量和质量的林地。这条政策实际上就是为了降低林地所有者皆伐和改变林地地貌景观的冲动(RK，1997)。

另外，《联邦种苗法》规定，必须以法律形式规范全国的林木种苗引进、生产和销售。并对采种有严格的区域限制，划定专门的种源区和种源林；统一种苗标准，强化种苗技术鉴定。《联邦狩猎法》规定，在德国，土地所有者拥有狩猎权。狩猎者在森林中狩猎，必须具备林业、狩猎知识，并经培训考试合格后才可获得狩猎许可证；每年的狩猎计划必须根据生态平衡的原则，由林主提出，报州林业主管部门批准并监督执行；狩猎者必须与猎区主人签订合同并交付狩猎费，收获的猎物归州政府所有。

(二)林地的治理结构

1. 机构设置

德国的森林治理，无论是私有林还是政府所有的林地，都受政府相关林业机构的监督或管辖。对于私人所有的林地，林业管理机构主要是行使监督权力，保障国家的林业政策、规划等得以实施。主要是由市级政府进行监督。对政府森林资源的管理，德国已建立了一套完善的层级制管理体系。从联邦到地方，森林管理机构主要可以分为三级(图 4-2)。

联邦政府的林业管理机构设置于联邦农业及消费者保护部(包括消费、食品、农业 3 个部门)。林业为农业部下属司，主要负责全国林业政策、法律、方针等的制定，林业执行情况的统计，各州林业与相关部门的协调，国际合作与交流等。

州级政府的林业管理部门设置于各州政府的农业部或者一个政府总体机构(governmental general agency)(Hartebrodt et al.，2005)，其职责主要为监督全州森林经营管理的合法性、管理全州的国有森林，以及指导全州私有林和社团林的经营。

地方级别的林业管理部门主要是在州以下分区域设立森林管理局，主要职责为经营管理区域内的国有林并提供森林经营的榜样示范、审批私有林经营的申报文件、为私有林主提供免费咨询等。森林管理局内通常设立管理服务、森林企业、对外关系、援助等部门。在区级以下分片区设立森林管理科，主要职责类似于森林管理局。在科级以下设立森林管理小组，是对管理区域的进一步细化。随着地方分权趋势的发展，越来越多的县级单位已经开始成为林业发展的主要组织

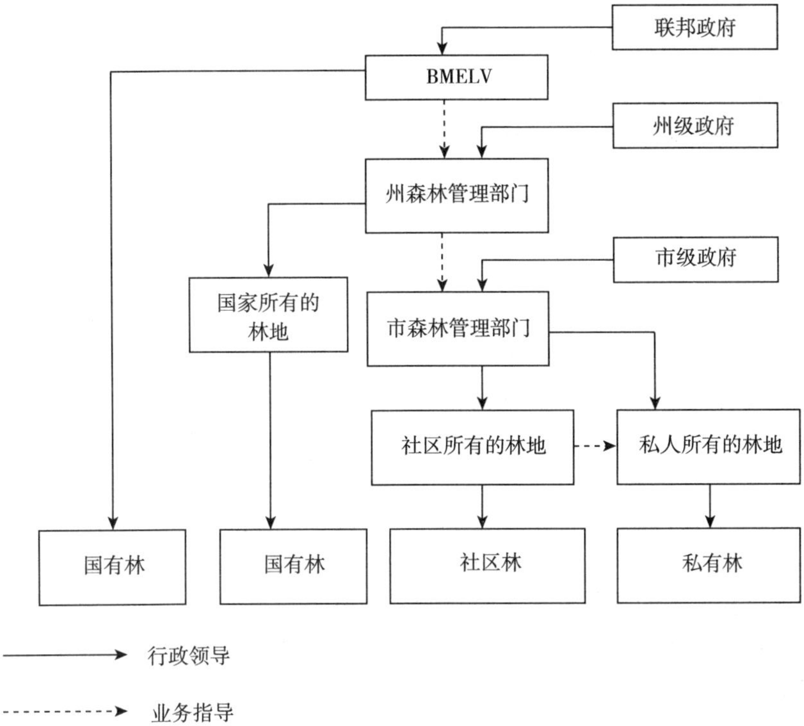

图 4-2　德国的森林治理结构

形式(Hartebrodt et al.，2005)。

2. 国家森林计划

在 1999 年 9 月，联邦政府的食品、农业和林业部启动了所谓的国家森林计划(National Forest Programme)。这个计划的目的是为了应对德国当前和未来森林利用过程中的有效管理和满足不同利益主体的利益。国家森林计划不是一种具体的、操作化的、专门的政策，相反它致力于成为一种对话的平台，为林业的可持续管理提供一个社会协商的基础。公众参与是国家森林计划的前提，因此它要求全国范围的农业、林业、狩猎、环境、研究教育、贸易和工业等利益集团、组织、协会等广泛参与协商。

国家森林计划的第一阶段(1999～2010 年)已经完成，在该阶段，就林业管理的主要内容各方达成了共识。例如，在 2008 年年底有 180 份政策建议已经由全国各地的利益相关者提交给联邦的林业管理部门。虽然这些建议还停留在讨论阶段，但越来越多的人认为国家森林计划对德国的森林的可持续管理目标和近自然化林业原则的实现有着重要的作用。

3. 林业的规制和支持政策

德国当前林业政策的目标是尽可能增加森林面积，使其尽量接近自然，以满足生态经济的要求。为此，联邦和各州政府主要围绕上述政策目标出台了相关的林业支持政策。到目前为止，德国的林业已经进入生态经济均衡发展的阶段，其林木年生长量已经超过采伐量，木材供应量已经超过需求量。

联邦和各州政府的森林主管部门除直接经营国有林外，还对社团林、私有林进行义务或者有偿服务，如造林、抚育、采伐和林道建设的设计、咨询、资助等。还接受托管社团林的服务要求。另外，在提供市场信息、技术咨询、森林病虫害防治服务等方面也会积极应对。

政府也鼓励林业协会的建立。协会实行私有林主自主自愿加入的原则，协会组织林主研究市场，进行预测。监督私有苗圃种源和苗木质量、制定产品质量标准。提供种苗、木材销售服务和森林保险服务等。林业协会的经费，由州政府承担 60%，其余由私有林主会员交纳的会费和协会在木材销售服务中扣除的一定管理费组成。

在砍伐许可方面，原则是采伐量小于生长量，实践中各州都按照不超过生长量的 70%确定采伐量，从而有效地促进了森林覆盖和蓄积量的增长。政府也在积极推进改变传统的采伐方式，由全面皆伐改为择伐或小块状皆伐。在执行中，各地主要是采取择伐方式，采伐时尽量不破坏原有地被物，枯枝落叶自然还林，最大限度地保留林地地被物，以保持林地生产力，维护林地生态环境。

政府要求林地所有者必须保证采伐后的及时更新。采伐多少面积及时更新多少面积，采伐后如果没有及时更新，林业主管部门则组织造林公司进行造林，所需一切费用全部由林主承担。采伐后主要采用天然更新或人工促进天然更新。如果采取人工更新，最多不得超过 3 年，以确保森林稳步发展。

如果林地开发涉及占用林地，则必须补造相应面积的森林。对建设用地和其他改变用途的林地，都必须在按法定程序得到林业部门的同意后由政府批准，同时还要补造相应面积的森林，即另买一块相等或更大面积的土地(由林业主管部门评估)进行造林，以补偿生态效益。无法完成的经林业主管部门同意，要交纳相应的造林费和 5 年管护费，由林业部门组织恢复森林。

除直接干预之外，德国政府也尝试通过经济手段来管理林地。联邦政府和州政府所有的森林，完全被纳入政府财政预算，盈亏由政府承担。社团所有林也由市镇政府承担。私有林在造林、病虫害防治、森林防火、林道建设等方面可以得到政府的资助。目前，对私有林的资助主要有两个方面，第一个是“改善农业结构和海岸线保护计划”(Improvement of Agricultural Structures and Coastal Protection)，因为欧盟农产品过剩，在德国退耕还林是该计划的一个重要内容。具体措施是资助退耕还林者造林费用的 85%，其中欧盟负担 60%，德国政府负担 40%，其中联邦政府 60%，州政府 40%。第二个是改善树种结构，由于现有森林大部分是人工针叶林，因此对营造阔叶林者政府资助 85%，对营造针叶林者仅资助5%。

德国政府对林业的所得税、增值税、交易税等方面都给予了优惠的政策，来减少林业的税收负担。例如，政府会对受到自然灾害的林业企业进行减免税，或者在计算营业税时对林业企业的税率按照固定税率(flat-rate)进行计算。另外，政府支持私有林主参加森林灾害保险。经营私有林的保险费，林主和政府各承担一半。

4. 林业基金制度

为了鼓励和扶持地方林业企业、私有林主积极开展植树造林，发展林业，德国联邦政府与各州政府建立了林业基金制度，并就林业基金的用途、资助对象、资助金额做出了明确的规定。

德国林业基金的用途，主要有四个方面：第一，推进"近自然林业"的发展。所谓近自然林业，就是自然造林，即林地的树木经过采伐以后，不用人工栽植苗木，靠其原有树木落下的种子，自然生长幼苗，然后加以抚育，从而恢复森林。目前，德国政府鼓励自然造林，同时要求不加任何人工管理的自然生长林要达到本地区林业面积的2%。第二，对初次造林进行奖励。初次造林，是指改草地或农耕地为林地而新开始的造林。第三，对森林系统的生态平衡进行补偿。平衡补偿是指确保森林的生态功能或经营方式发生了变化而给予的一种补偿。例如，原是生产木材的森林，由于使用情况发生了变化而对林主的补偿，包括出于保护环境平衡自然生态的目的；或是美化环境，供人们休憩用；或是改善农业结构，用于农业的防护等，需在一定程度上的限量采伐而给予林主的补偿等。有的对于终止某些经营方式(如不把树木砍光、抚育型木材采伐、自然更新的方法等)，也都给予一定的补偿。第四，因不可抗拒因素使森林遭受破坏的补偿。由于自然的不可抗拒的因素，森林遭受重大破坏，国家为了林主的利益而给予的一种补偿。

(三)林木的市场化经营

1. 国有林的经营

在德国，国有林主要有四种类型。一是生态环境恶劣、脆弱或敏感地带的森林；二是国防林；三是国家划定的国家自然公园、自然保护区、自然景观保护区；四是《联邦森林法》和各州森林法中规定的防护林、休闲林、经济林等。联邦所有的森林，主要是用于军事用途的林分，其所有权和经营权属联邦政府，面积较少，约占全国森林面积的6%，所以一般由联邦政府的林业结构直接管辖，成本和收益全由联邦政府承担。

州政府所有的森林因为面积相对较大，其经营一般分为两块：由州林管部门负责监管，通过州政府所有的公司进行管理和经营。

州林管部门需要通过森林功能调查和成图化两种手段来对州属森林的功能和空间进行定位。例如，现有森林在水资源维护、土壤保护、环境影响保护、污染防护、自然保护、休憩等功能上的布局等。根据这些科学的调查结果，以后任何砍伐、土地转用等项目的执行都需要评价对现有森林功能的影响。进而要么避免影响，要么将影响降低到最小。这样的监管，保证了州属森林生态效益和经济效益的良性循环——经济收益是通过木材林的生产获得，而生态效益是通过自然造林的方式而不是人工造林的方式来实现。值得强调的是，自然造林的方式有利于森林本身抵抗生物和非生物的威胁，同时也为森林的保护和休憩功能提供了更好的基础(Schulzke and Stoll，2008)。

州政府所有的森林公司在州林管部门的监督下遵循市场经济的原则来负责州属林地的木材砍伐、加工、经营。一般情况下，这些公司要么成为拥有独立预算的按照市场规律进行经营的法人主体，要么州政府对国有林经营单位采取收支两条线的办法进行管理。林务局(类似于我国的国有林场)的木材销售收入或其他利用森林资源的收入全部上缴财政。林务局的全部支出，包括造林费、护林费、林道建设费、设备更新费、电脑网络建设费、人员工资等全部由财政承担，但必须定期报告和公布，接受议会和社会的监督。

2. 社区林的经营

德国的宪法给予了社区自治的权力。在社区林的管理中，联邦和州政府大多采取的是辅助性的原则，即赋予基层政府对林业经营的决定权。这种管理模式得到广泛认可，是一种合适的管理经营模式(Hartebrodt et al.，2005)。因此，类似于州政府，县政府或者教会等社区林的所有者可以通过自己的林管部门或者成立相应的企事业单位来经营管理这些森林。然而社区林因为面积和规模的限制，在公司经营上会遇到劳动投入、监管等成本过高而收益过低的问题，因此在实际过程中一些新的经营模式逐渐显现出来。

最常见的就是公私合营的 PPP(public-private-partnership)模式和公公合营的 PuPuP(public-public-partnership)模式。前者是指通过公私之间的风险共担模式来实现公共政策结果和私人获益的协调，例如，市、县政府与私人合营林地，私人按照协议负责监管社区林而获得一定的收入。后者是指不同级别的政府之间的合作，如巴登-符腾堡州的社区和州政府之间在林业经营管理上的合作。社区政府委托州属的林业公司经营，受林管部门监管，或者相反，州政府委托当地的林业局对各自的森林进行实际经营而不建立州属公司来管理。委托管理的，在有林木采伐收入时必须付给受委托方一定的管理费。根据规定，公有林也实行经营方案制度，按照经营方案要求进行经营、保护和采伐利用，严格控制采伐量。PPP 和 PuPuP 两种模式的共同的优点是信息透明、成本低、生产率高且利于过程中问题解决方案的创新。

3. 私人林的经营

联邦和各州森林法规定，维护私有林所有者的权益。私有林主在不改变林地用途、符合法律规定的保护措施和保证及时更新的前提下，有自主经营森林的充分权利，不受其他任何干预。各林务局对私有林的经营管理给予无偿的技术指导和适当的经济补助。例如，柏林市对私人造林每 1 公顷给予 150～200 欧元的补助。各州补助标准不一，各林种补助也不相同。为了提高私有林的经营水平，国家鼓励小型私有林主组成联合体，并雇用专业人员管理森林。在一些州，私有林主也可将森林直接交林管局或林务局托管，即 PPP 模式。

德国的很多私人林主只拥有很小的且细碎化的森林，并不利于经营效益的提高。作为一种互助组织，林业合作社是私人林主经常采用的一种合作经营模式。森林的日常维护成为一种集体行动，包括林木的砍伐、林业作物的种植和培育过程、营林过程和林间道路的修建和维护等。另外，林业产品可以通过集体化的加工和市场运营。这种类型的合作互助早在 19 世纪中期就在德国出现了。1969 年，德国对这种合作互助组织进行了法律上的规范，目前德国有大约 4 550 个林业合作社，共计 382 900 个会员。这些合作社负责全国 350 万公顷的私人林地的经营，占全德林地面积的 1/3。

德国国有林和社团、教会林是不能流转的，但私人所有的林地可以流转。森林如需流转，有两个前提条件。一是须经市场自我协商后的价格进行流转；二是必须提供流转后 20 年内如何管理所购森林的方案。经政府综合平衡后，才能决定最终的购买者。林地流转行为按民法的规定办理，与林业部门无关。但不管林地流转到谁的手中，都必须按森林法规定进行管理，不能改变林地用途，也不准将森林改种经济林，凡改变林地用途都必须经林业部门同意。

四、中国和德国林地治理的对比

经过前面介绍的中国和德国森林治理的现状，两个国家在森林治理上主要的区别有五个方面，可以通过表 4-1 来展示。

表 4-1　中国和德国森林治理结构的比较

项目	中国	德国
总体发展现状	①覆盖率、蓄积量、质量 2000 年来稳步增加 ②从资源耗竭型转变为资源保护型 ③计划经济向市场经济过渡时期	①覆盖率、蓄积量和质量 1960 年来稳步增加 ②森林的多目标治理和可持续发展 ③市场经济中政府有规制

续表

项目	中国	德国
产权设置	①分为国有和集体所有 ②国有企业为国有产权代表，但政企合一 ③集体产权不明晰，林农的承包权受到很大限制，经常受到政府、集体领导等以公共利益的名义的侵害，只得到有限的补偿 ④没有独立司法保障产权，尤其是集体产权	①分为国有、州政府所有、社区所有和私有 ②各个产权都由具体的产权责任人来行使 ③所有的产权受到独立的司法保护
政府规制	①五个级别的从上向下式的治理体制 ②政府主导森林保护和林业发展 ③政府规制过于细化，可能影响市场的发展 ④在国有林管理中政府角色与企业混淆	①三个级别的以基层为主、上层为辅的治理机制 ②政府、集体和私人分别承担各自的森林保护和林业发展责任，政府对集体和私人有支持 ③政府规制多为引导性，不过多干预市场
市场作用	①林木市场已经建立，但林地市场还是空白 ②集体林承包权市场正在建立，没有公开、统一的定价体系，影响到林业的规模经营和效率 ③国有林的经营还是政府和市场共行原则，政企不分，影响到国有林经营效率 ④不存在公私合作，但政府在寻找合适的途径支持私营的承包权的经营	①完善的林木和林地市场 ②所有林业和林地的经营都遵循市场原则 ③市场定价和信息公开 ④协会、公私合作、公公合作的模式增加了市场配置的效率

(一)直观绩效的比较

根据中国林业第八次清查(2009～2013 年)与第七次清查(2004～2008 年)的结果计算，森林面积由 1.95 亿公顷增加到 2.08 亿公顷，净增 1 223 万公顷；森林覆盖率由 20.36%提高到 21.63%，提高 1.27 百分点；森林蓄积由 137.21 亿立方米增加到 151.37 亿立方米，净增 14.16 亿立方米。

六大林业重点工程建设从试点和启动以来，天然林保护工程区 9 266 万公顷森林得到有效保护(占全国森林总面积的 60%)，新增森林面积 633 万公顷，净增蓄积量 1.86 亿立方米，尤其是长江上游、黄河上中游地区和东北、内蒙古等重点国有林区的森林得到了休养生息，极大改善了森林质量，降低了发生类似于

1998 年的特大洪水的概率。这说明通过森林立法、各项森林重点工程、林业的基金制度等的综合作用来增加森林覆盖率的目标得到了实现。中国森林及其产业已经实现了从以前只注重经济效益而乱砍滥伐向生态稳定阶段的转变。至少可以说，中国的森林治理和林业发展已经进入了潜在的可持续发展的路径中。

中国的林业经营总体上看阶段性非常明显。1949～1984 年主要是为了经济发展而大面积开采森林资源，尤其是天然林，森林资源利用的经济效益被放在了首位，是对森林资源的掠夺式利用。1985～2003 年主要实行休养生息、恢复环境的策略，生态效益被放在了首位，经济利益被放在了第二位。2003 年至今，因为六大森林工程的顺利实施和森林维护工作取得了一定的成绩，为了森林的可持续开发利用，以及为了增加基层林业工人和林农的收入，国家开始通过国企改革和集体林权改革的方式，来寻找森林资源的经济效益的增加方式，当然，现阶段的目标是实现经济效益、生态效益和社会效益的综合。

然而，在国家大力补贴和相关政策支持所造成的表面繁荣下，其实隐藏着很多潜在的随时可能爆发的问题。这主要是由于现阶段中国经济总体处于从计划经济向市场经济转型的过程中，无论是国有森工企业的转型，还是集体林业承包经营的流转，都刚刚开始，现阶段国家财政大量投入下的林业繁荣是否能够顺利由市场经济下的森工企业和林农承包经营所接手，也就是森林治理和林业发展的可持续性还无法预知。其中最重要的就是森工企业的政企角色分离、集体林权第二轮改革的确权和流转问题。

德国森林的面积已经从 1960 年的 50 万公顷增加到现在的 1 070 万公顷。现阶段德国的年砍伐量仅为 3.7 立方米/公顷，而年可砍伐蓄积量是 5.7 立方米/公顷，也就是德国的年砍伐量只占可耗竭量的 70%左右，因此从森林覆盖率、蓄积量等指标的稳定增长，以及德国近自然利用和可持续利用原则的实施看，德国现阶段的森林治理表现良好，生态价值、经济价值和社会价值的多目标森林治理得到了很好的执行。

从德国现有的森林已经不是原始森林而大多是人工林的现状可以看出，德国也经历了森林利用从过度砍伐到休养生息再到良性发展的阶段，现阶段森林治理和林业发展已经走在了可持续发展的路径上。这取决于德国政府在森林发展中所提出和采取的各种理念和政策，如从最初的可持续原则的提出，到近自然的林业利用方式，再到致力于生产、保护和休憩的多功能林业产业化发展模式。在市场经济为主要配置手段的林业发展中，德国政府的国家林业计划、相关的林业支持政策，很好地支持了市场的作用，提高了林业经营效率，也为实现上述各种可持续原则下的森林治理理念和政策提供了必要的保障。

然而，现阶段在德国无论是国有林、州属林、社区林还是私有林的经营管理也遇到了几个共同的问题。

第一个就是生物和非生物的灾害的问题。非生物性危害包括台风、火灾、雪灾、冰冻和霜冻。生物的危害主要由昆虫引起，如云杉或松树特别容易受到昆虫的损害。此外，空气污染也会导致树冠的转换，明显破坏森林的土壤。

第二个就是城市周边的森林面临城市化的压力。从 1900 年开始，25%的初始森林被转变为住宅和交通用地。尤其是最近几十年来，德国的土地开发压力很大，从所谓的"30 公顷目标"就已经能够看出德国政府对这个问题的重视，即到 2020 年德国政府建议将当前的农业和林业用地转变为住宅和交通用地的速度从 2006 年的每天 114 公顷降低到每天 30 公顷(Tan et al.，2009)。

第三个就是林木生产部门的收益问题。无论是国有林、社区林还是私有林，2000 以来大多出现了经济赤字的情况，而且如果没有其他新的收入来源，林业赤字没有改观的迹象(Hartebrodt et al.，2005)。私有林、社区林因为能够得到政府的补贴而基本维持在收支平衡的上下，对于国有林来说，财政的困难已经极大地影响到森林的进一步发展。而森林的年增长量已经远远超过了砍伐限额(每年的蓄积量的增加在 8 000 万立方米而实际的消耗只在 6 500 万立方米)(BMELV，2008)。所以，如何通过扩大国际和国内市场对林木的需求，适当增加砍伐，是缓解林业财政压力的重要途径。例如，增加建筑过程中木材的使用，提倡木材作为能源来代替石油等非可再生且非环境友善资源等。

(二)产权的设置

相对于德国虽然多种产权并存但每种产权都有明确的行使主体，中国不仅没有私人所有的产权，而且中国的产权实际上体现出一种模糊的特征(Ho，2005)。中国森林的产权名义上要么是国有的，要么是集体所有，其实在从上向下式的政府治理结构中，集体的负责人完全听从于上级政府的领导，集体所有其实也可以看做是国家所有——如果国家以公共利益的名义来征用集体林地，从集体转为国有将只是程序上的问题。

由于产权意识的缺失，国有产权最直接的后果就是国有森工企业因政企不分而导致林业生产低效、林业工人生活质量低下，以及森工发展的小社会与大社会之间的矛盾。个人产权的认知缺失和经常受到侵害，也造成集体林业承包经营的困境，这一点既体现在规模经营效率低上，也体现在林农因产权不稳定而采取的耗竭性使用地力和森林林木的短视行为。

中国国有林区森林资源资产的所有权、经营权、收益权不明确，导致林区没有或缺乏产权清晰、责权利明确、经营独立的市场经济主体。由于产权不清，政府自然而然地成为国有资产的代表，管理国有林业企业，为国有资产的保值增值负责。政府和企业难以分家，即使经过这几年的改革，有的企业产生一些形式上的变化，但政府直接管理企业的方式、内容、方法没有改变。

同时，由于有中央政府和地方政府之分，两级政府都有各自的职能部门，各自代表着自己的利益，各自有各自的权能范围，造成国有林区的资产管理在管森林资源、管人权、管事权、管财权上是分割的。由多个部门分割行使出资人职能的所谓“五龙治水”的办法，责任由多个部门承担，导致产权责任追溯机制难以建立，多头管理不可能做到责权利明确，有权有利的时候，争着管，出现问题，却相互推诿，没有人承担责任。

另外，中国的集体森林最初并没有完全地随着农村家庭联产承包责任制而同样进行承包经营，大部分地区集体山林实际上是处于集体范围内全体成员的共有状态，直到2003年开始的集体林地第二轮改革，林地使用权由家庭承包经营才开始在全国铺开。但是由于长期以来形成的对农民权利的漠视，造成了林地承包权的易被侵害性和不稳定性。虽然名义上承认每个成员都均等地享有所有权，但是每个人都不能明确自己的产权界限，事实上集体林地产权被抽象化了。集体经济组织及其领导通常被视为行政管理的末梢，承担着集体林区社会管理的部分职能，成为事实上的处置权人。当政府因名义上的公共利益而征用集体林地时，集体经济组织及其领导人自然会迎合政府，造成集体林权的受侵害。再者，如当集体组织内的人口发生增减变化后，或者因为某一项建设工程需要占用林地，常常会要求调整土地。林权的不稳定性，对农民经营林业的安全感和稳定感造成很大的打击，影响着林农的长期决策。

中国林权，尤其是农村地区的集体林地产权，与其他农地权利一样，没有一个独立的司法体系对其进行保护(Ho，2005；Tan et al.，2009)，这是与德国另一个重要的区别，也是造成产权不稳和容易遭受侵害的原因。

(三)政府的规制

中国和德国在林业治理上另一个重要的区别是政府的规制。虽然两国政府在追求森林资源的经济、生态、社会三种价值的可持续治理上是一致的，但所采取的治理结构和政策有很大不同。中国是从上向下式五个级别的中央集权性质的治理结构，这种治理结构最初促进了新中国林业的快速发展，但是现阶段却与市场经济转型产生了矛盾。新中国成立初期这种结构集中了人力、财力、物力办大事，建立了一大批国有林业企业和国有林场，整个国家初步形成了相对独立的国营林业和森林工业体系。甚至在21世纪初期的国家林业六大工程中，这种中央集权的治理模式也显现出了优越性。

但是，随着中国改革开放和进入世界贸易组织(WTO)，以及自身的经济发展和普通林木消费需求的增加，治理权力高度集中的弊端很快暴露出来。政府主导型的森林治理和林业发展无法及时掌握市场的变化，对国有的森工企业无法厘清关系，导致责权利不明确，企业发展低效。同时政府对集体林经营者的规制措施几乎涵盖了集体林经营的每一个环节，从编制森林经营方案、林权流转、采伐、加工到运输都有相应的限制性规定。例如，每年都对木材的年砍伐限额进行限制，对每一笔运输都要进行行政审批等，增加了政府和企业双方的成本。另外，对经营者的赋权则显得不够明确，如育林基金返还问题、许可证的发放程序不够公开透明等。这些都可能造成贪污、受贿和其他寻租行为。

相对来说，德国在政府角色上表现得较好。虽然德国传统上也是从上向下的三级层级治理结构，但是对森林的实际治理和经营的权利都在基层政府，上级政府多是进行战略性和指导性的规划和制度供给。联邦政府和州政府在森林治理上的趋势是辅助性原则。这有利于地方政府根据各地实际情况进行决策，避免从上向下式的结构可能造成的信息不对称、交易费用的升高等。联邦和州政府在设定森林治理的目标后，如可持续，具体森林的经营和管理则由责权利明确的国有或社区所有的企事业单位和私人来负责，林业行政管理部门对这些企事业单位或个人实行相应的政策支持和财政补贴，来促进林业生产管理的良性发展。政府对林业的规制，多为弹性的引导制度，不过多地干预市场，如采伐限额是以 10 年为一期，而每年的限额则由经营者自己根据市场来灵活确定。

(四)市场的作用

体现森林治理绩效的另一个重要指标是市场的作用。自 1985 年开始，中国就放开了林木市场，这极大地促进了整个森林经济价值的体现。经过二十几年的发展，中国的林木市场已经与国际市场接轨，但是遗憾的是，林地市场体系至今还未建立。如果说国有林地因为国有企业的统一经营已经实现或者接近了规模经营，那么集体林地因为无法通过市场流通，造成了林地的细碎化和规模效率的降低。虽然 2003 年开始的第二轮集体林权改革的目标之一就是建立集体林地的流转市场，但目前为止林地流转还缺少一个完整的定价体系和供需信息平台。另外，因为林地承包权的受限和抵押的困难性，所以单个农民流转和投资林业存在资金困难，这也是现阶段林地市场发展缓慢的原因。而在德国的林地流转中遵循市场定价以及交易信息的公开，这也印证了只有解决了上述困难，中国的林地市场才有可能进一步完善，中国的集体林地在林农的承包经营下，才有可能实现与德国私有林业经营同等的效率。

在国有林的经营中，中国的政府和市场共行原则、政企不分，极大地影响了国有林的经营效率。中国的国有森工企业肩负着政府的、社会的、生态的职能。既要解决森林资源活体的培育、保护问题，又要考虑木材采伐、林区产业、公共管理、社会服务等问题；既要维护国家生态安全，确保森林面积和蓄积量的双项增长，又要管辖一定面积的行政区域，维护社会治安，提供林区基础设施建设，实施林区中小企业改革，负责人员安置，保障社会就业，改善社会福利。这种多重职能削弱了国有森工企业的发展动力，是造成国有林业经济活力不足，林区落后和贫困的根源。而德国所有林地的经营管理，无论是国有林还是社区林或者是私有林，首先都有明确的单一的主体，要么是监督性的政府部门，要么是经营性的纯企业，两者不会产生混合，同时林业的经营完全遵循市场原则，市场受政府干预非常小。

德国在市场经营上，根据森林权属的特征，如私人和社区林多是分散的面积较小的林地，多会采取私人协会、公私合作、公公合作的模式，减少信息成本和其他成本，增加市场配置的效率。而在中国一般不会存在公私合作的情况，私人间的协会也非常少，这主要是受到产权和市场不足的影响，也是制约中国林业进一步发展的障碍。虽然政府也采取一些行政补贴的方式对私营的承包经营进行支持，但是如果林业经营的市场一端没有放开，那么政府支持下的林业发展的可持续性必然受到影响。

五、本章结论

本章将中国和德国的林地治理的法律制度和治理结构进行了系统的对比。主要的焦点是林地治理的法律基础、行政规制、市场经营现状等。从政府在森林管理中的角色、市场机制(包括定价机制、信息流通机制、公众参与机制等)的作用、司法体制等方面看，德国比中国要有优势。而且，德国林主在产权上的地位也使其相应的治理结构比中国的情景有更好的绩效。

中国国有林区森林资源资产的所有权、经营权、收益权不明确，导致林区没有或缺乏产权清晰、责权利明确、经营独立的市场经济主体。由于产权不清，市场经济的绩效无法体现。集体林地所有权的模糊，很可能导致集体产权遭受侵害，如无法有效反对政府的随意征收或者争取更高的补偿。这些既导致林地承包经营者的短期行为，如不按照国家林业规划和限额进行砍伐利用，还造成林地在流转和规模经营上的障碍。更严重的是，集体林主不具有向独立的司法体系诉诸权利的渠道。

相反，德国联邦政府和州政府在森林治理上的辅助性原则有利于地方政府根据各地实际情况进行决策，避免中国现阶段所面临的从上向下式的结构所造成的信息不对称和政府过度干预市场等造成交易费用的升高的问题。对市场制度的重视，建立公平的市场定价体系和信息供给平台，也是德国林业成功的一个因素。同时也证明了没有透明的市场信息，林地配置效率无法实现。

尽管中国的林业治理存在这样那样的缺陷，但是它也确实取得了一些显著的绩效。例如，集权式的管理可以迅速实施六大工程，同时也保障了中国西北地区森林覆盖的快速增加和森林质量的提高。

本章的第一个结论是中德在林业治理上的对比可以为双方都提供一部分有用的经验。因为中国政府仍然在国有森工改革和集体林业改革的困境中挣扎，德国在林地产权、林业规制和林地流转市场上的政策等可以作为中国改革的重要参考。改变中国现实中的治理结构是一个非常复杂的问题，需要在实际操作和上层制度两个层次上都进行相应的调整。如果德国想在集权和分权上寻找一种更适宜的平衡，中国的做法也许可以作为一种参考。制度的对比分析可以出现一种相互印证的效果。另外，公私合作模式上的比较表明，中德两个国家之间也是值得相互借鉴的。

本章的第二个结论是本章的制度比较分析的思路实际上可以为其他方面的比较提供一种思路，如描述林地的治理结构。这种思路可以直接运用到其他国家相关制度的描述上，从而能够对其进行系统的对比分析。本章的对比分析实际上是中国和德国两个国家林地治理比较分析的初始步骤，它能够为后续的关于森林管理、集权和分权治理、社会福利分配等研究提供必要的知识基础。如果中国政府仍然想实现市场化的森林治理，德国的模式确实是一种很有吸引力的借鉴模式，即使这种借鉴在理论上可能还不容易辨清其可能的后果。

第五章

集体林地流转的定价机制

随着集体林权改革、确权到户逐渐完成，林地流转成为各地深化林权改革的一项重要内容。规范合理的林权流转可以促进林业的健康发展，有利于解决“均山分林”产生的林地经营规模不经济、林农收益不高等问题。在集体林地流转中价格的确定是一个关键的问题。合理的价格机制对于保护流转双方利益、激发定价双方对于流转的积极性、培育流转市场形成和发展等都具有重要的意义。

林地流转的定价本身是一种公共物品的提供。不仅定价规则和方法的设计很重要，在实践中如何实现公共品的充分供给，同时有效避免“搭便车”也十分重要，因为它决定了林地流转本身的规模。同时，林地流转定价的成本(即公共品供给的成本)本质上是实现供需信息传递的成本，如何降低这个过程中的信息成本及相关定价费用，是确定这种公共品供给规模的关键。

一、林地定价的现实意义

2003 年启动的新一轮集体林权改革以福建、江西等地区为试点省份，并于 2006 年年底在全国全面推广。改革的重点是从明晰产权入手，建立以林农为主体的微观市场经营主体，放活山林经营权，落实林业经营者对林木的处置权，确保林地经营者的收益权。具体做法是将集体林地均分到户(联户)，实现“均山、均权、均利”和“耕者有其山”，以法律形式颁发林权证，对于中国的广大农民来说，这是继农村联产承包责任制和农村税费改革后的又一创举。

从现状来看，全国有 27 个省(自治区、直辖市)成立了集体林权制度改革领导和工作机构，有 16 个省(自治区、直辖市)制定了政策性文件。福建、江西、辽宁等省已基本完成主体改革任务，正在推进配套改革。云南、安徽、河北、湖北 4 省主体改革全面铺开，湖南、河南、贵州、海南等 8 省正在总结试点经验，并将全面铺开。其他省区也在积极开展试点、深入调研、进行前期准备。全国承包到户的林地约 6.6 亿亩，占集体林业用地的 27.5%(贺东航，2008)。

截至 2011 年，全国已有 25 个省(自治区、直辖市)基本完成明晰产权、承包到户的改革任务[①]。已完成确权集体林地 26 亿亩，占全国集体林地总面积的 95%；发证面积 22.65 亿亩，占已确权林地总面积的 87%，8 379 万农户拿到了林权证[②]。由此可见，本轮的集体林权制度改革后，村集体保留权属的山林面积大幅度减少。以福建省为例，其村集体保留权属的山林面积已不足集体林面积的 10%，村民联户经营和家庭承包经营的林地成为主要方式(张亚琼，2011)。

然而，联户经营和家庭承包经营的森林资源定价和林地流转却还没有相应的法律法规为依托。林权流转的全国性立法还未出台，所能依据的是各省的森林资源流转条例和各市各地方政府调整林权流转的规范性文件，而且现有的林业法规大多只针对集体林权，并不适用于私人性质的承包权。探究林权规模流转的合理定价模式和定价机制，是实现集体林权规范化、法制化流转的必要前提。

借助林地定价机制，无论是按价分地还是按地定价，一方面有利于规模经营，另一方面有利于林地流转机制的科学确立。林地定价机制还可为林业用地管理提供依据，例如，能够促进林地分等定级估价工作的开展，为林地质量的可比性提供参考，也可以充实政府的林地地籍管理信息系统，有利于调整林业结构，提高林地利用集约化水平。同时，适宜的林地定价机制也可以促进林地资源的保护和可持续利用。如果能够实现对林地价值的核算和地价评估，将有利于实现林地的非市场价值纳入林地经营开发成本，提高林地经济、社会和环境综合效益的最大化，为采取经济约束措施来促进林地保护和可持续利用奠定基础。

对于当前集体林地流转的定价问题，现有研究还缺乏全面、系统、深入的分析。虽也有学者对农村承包经营土地林地流转价格评估做了相关的研究，但是我国林地流转价格机制尚未形成，林地流转价格体系远未建立，不少人对林地流转价格的决定因素还存在模糊的认识。因此从理论与实践的结合上探讨林地流转价格形成机制，对于促进林地流转健康发展、合理确定林地流转价格、充分维护农户在林地流转中的利益等方面具有重大的作用。

本章将把林地流转定价作为一种公共物品的供给来考虑，首先考察林地定价的特殊性(即定价属性)，然后在理论层面上讨论几种可能的治理结构(即定价模式在定价费用上的优劣势)，接着再结合实际的案例对理论分析进行验证。希望通过本章的研究，能够对林地流转模式的现状进行把握，剖析影响林地流转的主要因素。在方法上，主要是以定价费用经济学的理论方法来辨析定价和治理结构

① 顾仲阳，丁谨之．全国集体林地将全面确权到户 九成已承包到户．人民日报，2011-07-19.

② 焦玉海，刘娜微．我国林业改革取得重大进展．中国绿色时报，2011-12-30.

之间的匹配关系，从而为我国当前林地流转定价机制的建立提供科学参考。

二、林地定价的特殊性

由于长期存在着无价、无偿使用的观念，当前我国林业用地无明确的级别和价格，致使林地流转过程中不容易形成合理的市场供需，如“不同地却同价”的现象使得经营者的积极性不高。另外，林地质量状况不被关注，“重用轻养”现象严重，林地生态环境遭到破坏。在没有合理的适宜性评价的前提下，经营者只凭市场的表象投资经营，致使林地资源浪费、市场混乱，不仅使林地产品的生产受到影响，而且影响到林地生态效益的发挥。

因此，无论是为了推进流转还是为了促进林地资源的可持续利用，迫切需要建立适宜的林地定价机制。但是，林地定价不像普通的商品定价那样，有着成熟的市场或者有着明确的供需关系和协商机制。当前中国的林地定价不仅没有合适的市场化平台，而且因为林地本身的特殊性导致林地资源的多重功能在经济价格上难以全面体现。

（一）林地本身的特性

林地是指成片的天然林、次生林和人工林覆盖的土地。包括用材林、经济林、薪炭林和防护林等各种林木的成林、幼林和苗圃等所占用的土地，不包括农业生产中的果园、桑园和茶园等的占地。在《森林法》中，对林地所做的解释是：“林地包括郁闭度 0.2 以上的乔木林地竹林地、灌木林地疏林地、采伐迹地、火烧迹地、未成林造林地、苗圃地和县级以上人民政府规划的宜林地。”

借鉴对于农地的类似的估价经验，林地定价从理论上应当也可以建立一种估价体系作为流转机制的基础。例如，根据林地的自然属性和经济属性，对林地的质量优劣进行综合评定，并划分等别、级别。林地作为农地的一种，共享了农地的诸多特性，农地定级中所选因素因子也应该是影响林地质量的主要因素，具有普遍适用性。不过我们也应该意识到，影响林地质量的自然因素应该占较大比重，而社会经济因素对林地质量的影响相对较小。换句话说，林地作为农地中的一个特殊土地利用类型，有其自身的特性。这些特点使得林地定价相对于农地定价面临着相对更多的困难。

1. 生长周期长

与普通的农产品相比，林地的产品一般生长周期较长，使用收益还原法等方法进行计算，无法确定合适的收益率，使得估价的本身存在较大的偏差。

2. 林地资源的外部性

林地具有不可估量的正的外部性。林地可以创造生态环境，也可以起到改善生态的作用，但是这部分收益是无法由林地产权所有人享有的，但对于整个社会来说，是不可估量的。然而在进行林地的定级估价时，如何将这部分收益考虑在价格中，依然是未解决的问题。

3. 异质性

林地立地条件差异大、均质性差导致定级、估价复杂化也是林地的一大特点。不同地块林地的性质差异可能会很大，在自然形态、通达度、便利性等方面都不同。这使得估价本身面临对当地具体信息和知识的要求，这样也就增加了估价者的专用性。

4. 依附性(关联性)

林地资产是基础性资产，它是通过在其上生长的植被来确定的。传统上采用的林地价值几乎完全以现实林地上林分的转换值作为依据。因此，林地资产的评估，脱离不了林地上的林木。这实际上是指林地的价值的关联性明显，这种关联性导致了第一章中提及的“社会—生态系统”之间的交互性(inter dependence)，这对估价乃至后续的价格的使用和规制等提出了新的要求，也就是估价不再仅仅是林地价格的问题，更是林地及其相关的自然和人类社会系统的决策问题。

5. 易变性

林地范围的界定是人们根据土地的植被用途，参照有关政策和法规界定的，因而是人为规定的。随着林地上植被的变化，林地很容易变成其他地产，如毁林开荒，把林地变为农作物种植用地，在林地上修建房屋使其变成建设用地。此外，随着道路的修建，经营水平的提高，土地结构与性质的改良，林地的等级、立地质量的提高，林地经济效益的上升，一些非资产的林地转化为林地资产。因此在林地的评估中，虽然要考虑依附性和关联性，但似乎还应该站在一种积累的(incremental)基础上进行定价，这是实践中可采取的无奈但有效的方式(Ostrom，2005)。因此，一般来说，我们对林地定价时总是先界定林地的范围、定价的条件及其适用性。

(二)林地定价的“定价”内涵

给定林地定价的属性，我们现在可以重新讨论林地定价的“定价”内涵，即定价费用经济学理论上的定价的内涵。林地的定价表面上是为了形成林地的“价格”，实际上它更是为了反映林地资源在潜在的供需双方(一个群体)之间的一种信息的传递。

价格，本身是一种机制，使得某种物品能够得到最佳的利用以产生最高的经济收益——这是对没有外部性的物品来说的。如果仅站在这个角度看，价格形成的背后，最起码要保证两个条件：第一，愿意出最高价的那个潜在的购买者(或者愿意定最低价的那个潜在的供应者)能够出现在供需双方的群体中，换句话说就是要让物品供应或需求的市场参与者足够多；第二，出价或要价的人能够将自己的出价或要价信息让大家都知道，换句话说就是有一个简单、低成本的信息交流平台或者渠道。满足了这两个条件，物品的价值就会由购买者中出价最高者或者供给者中要价最低者自动地确定了。

如果这种物品不是纯粹的没有外部性的物品，价格的形成还需要满足更多的条件才能反映出一种合理的价格。例如，出价者和要价者不能仅仅关注自己的利益，有很多人在具有外部性的物品买卖中会受到影响，但这些影响并没有反映在价格中。换句话说就是要保障所有潜在的利益相关者或者受影响者都能够参与物品买卖的决策过程，进而让最后的买卖双方支付所有该支付的成本(当然也得到所有该得到的收益)。

那么对于上述的“定价”内涵，其相应的定价费用也就很明显了，理论上主要包括合约的准备费用(搜寻和信息费用)、决定签约的费用(谈判和决策费用)，以及监督费用和合约义务履行费用(Furubotn and Richer，2005)。

1. 搜寻信息

要进行一个具体的市场定价，一个人必须搜寻愿意与他进行定价的那个人，这种搜寻的过程不可避免地会产生费用。这些费用的产生可能是因为需要发生直接的支出(寻找潜在的需求等)，或者因创造有组织的市场(展览会、集市等)间接地产生的费用。而且，还包括在有可能达成定价的双方之间所进行的沟通费用(如邮递费、电话费支出和销售人员的费用支出)。其他的，还包括收集不同供给者对同样一件产品的开价的信息所花费的费用，以及检测和质量控制方面所涉及的费用。除此之外，任何商品定价包括林地流转还有一个主要问题就是搜寻合格的执行者。这一活动不仅费用越来越高，而且耗时也越来越多。

2. 讨价还价和决策

这类费用与签约时相关各方就合约条款谈判和协商必须支付的费用有关。这一过程不仅耗时，而且可能需要更多的法律程序上的支持。在信息不对称的情形中(即谈判各方具有私人信息)，无效率的结果就会出现，签订流转合约在法律上就变得复杂。相应地，谈判也会或多或少存在些困难。决策费用包括处理收集到的信息所涉及的费用、支付顾问的费用，以及团队内部形成决策的费用，等等。

3. 监督和执行

这些费用的产生是因为定价过程和履约需要监督，产品质量和数量需要度量。信息在这里具有重要的作用。度量定价涉及费用，保护权利和执行合约的条款也会产生费用。就监督和执行存在高昂的费用而言，违约的发生在某种程度上是不可避免的。这种偏离的行为不仅具有再分配的效果，而且还会造成总产出水平或福利水平的损失，这些也是成本。虽然偏离的行为可以通过适当的制度安排来避免，但制度本身还需要相应的成本。

很明显，价格形成过程是建立在一种完善的协商机制、通畅透明的信息平台、参与人价值偏好一致、公正公平的政策环境等前提下的。这是一种理想的市场环境。现实中如果能够形成这种环境，自然是一种很好的定价机制。但实际中往往很多条件都达不到。

如果条件达不到，但还需要推进物品的定价，那么政府(或者集体、其他第三方)可能会“插手”。这种外部干预者会从自己的角度根据所能获得的信息进行定价。很明显，这种定价也面临着很多的困境，其实施过程中也同样存在上述搜寻信息、决策、监督和执行等的成本。这些成本在有些条件下可能比市场机制来得低，但有时可能会更高。

这实际上就引出了不同定价模式的定价费用的比较。

三、林地流转的不同定价模式

简单说，定价模式的目的就是为了实现价格(即潜在的充分竞争的价格)能够让定价双方获知。实际上，根据第二章中的理论分析框架，我们可以将林地流转的机制看做一种公共物品的提供，并且也讨论了不同供给模式背后的定价费用及模式本身的相互竞争性。对于林地定价而言，正是因为存在高昂的定价费用，使得无论对于私人还是对于公众，如果想实现林地资源经济和非经济价值的最大化，需要有人投入成本来减少相应的定价费用。那么，对于此种隶属于“公共物品供给”的定价行为，不同的定价模式各有优劣。

(一)政府主导型

当没有市场或者市场不成熟时，政府会主动承担公共物品的供给。例如，中国的林地估价还处于起步阶段，无论是林地的资产评估工作，还是林权的确权登记工作，或是其他的配套工作，都是政府主动提供的林地定价机制的行为。这种模式在国有林流转中比较常见，在集体林流转的初期是重要的定价模式，并且在政府征收林地时也是主要的模式。

如果政府提供林地流转的价格参考，一般需要投入一系列的成本：第一，由政府推进制定的统一的林地估价的标准的成本；第二，要对每一块待流转的林地进行估价，需要实施的成本投入；第三，要在林地地籍管理信息系统中增加林地估价的信息，为建立林地流转公开市场奠定基础的成本；第四，为价格的监管建立配套体系，防止出现市场垄断、投机等破坏市场秩序的行为的成本。这些工作若参考城市土地估价体系的建立过程的话，可以预计其难度和成本。

一般来看，林地评估就是在对林地的自然性状和影响林地的社会经济因素分别进行鉴定和评估的基础上，根据林地的供求状况、利用状况、有关的法规政策和相应的评估时间等，综合评定出林地的价格。由于林地的自身特点，其估价理论和方法不能完全照搬城镇土地和一般性的农用土地的理论和方法，而应以土地估价理论为基础，建立林地的估价理论体系。

中国林地估价在实际中确有进展，它是在改革开放和社会主义市场经济发展的大背景下产生和发展壮大的。尤其是伴随着我国林地使用制度的改革，林地由无偿使用、无限期使用逐步转变为有偿使用、有限期使用。原先不明晰的林地产权得以明确和分解，林地资产属性得到重视，带动林地估价由浅入深快速发展。随着林权改革的不断深化，林地价格评估体系的建立得到了地方政府的重视，多地也在探索林地基准地价的工作。

例如，近年来福建省进行林地定价数量呈现出上升趋势，特别是福建省林木主要产区——南平、三明等地区，虽然定价频繁，但还没有形成较为统一的评价体系。为了使林地定价更加规范、合理，并促进其健康发展，形成良好的市场体制，地方政府对林地的价格评估做出了一系列的尝试。主要是针对人工林地的质量评价、林地立地类型的评价和林地资产评价等做出的一些基础性工作，包括森林调查中通常是用地位级或立地指数对林地立地质量进行评价。地位级是用林分平均年龄和林分平均高确定立地质量；立地指数是用林分优势木平均年龄和优势木平均高确定立地质量等。

很明显的是，政府主导的统一的估价体系，无论是全面性还是适用性都受到一定的限制。例如，对林地立地类型的评价主要考虑林地立地质量的光照、降水、坡度、土层厚度等自然因子，运用数量化方法将各定性因子定量化，来划分林地的立地类型，而较少考虑影响林地质量的社会经济指标。划分林地立地质量只是林地等级评价的一小部分，不能全面、真实地反映林地的综合质量。另外，有关林地资产评估的研究主要从经济学角度出发，评估林地资源，注重的是林地的经济效益，而没有把林地质量等级的确定与林地评估有机地结合起来进行研究，这是政府主导下推动有关林地评价模式中无法回避的技术问题。

很明显，不通过市场自身的作用而通过政府或者委托方进行主观上的评估，并不是林地定价的最佳治理方式。因为它潜在的定价费用非常显著。相关的定价费用主要是信息搜集费用、评估决策成本、监督和执行成本。但因为目前政府主导这种模式并不是主要的模式，所以本书不展开论述。

(二)自由协商型

自由协商确定定价价格并完成定价是林农当前偏好于选择的定价方式，在该类林权定价方式下，定价双方多原有一定的社会联系，有彼此信任的基础，或者通过双方都比较熟悉的亲戚朋友介绍，参考以往周边林农私下定价的价格，拟定定价林权的定价价格，并最终实现定价。由于这类定价一般发生在相互熟悉的主体之间，定价双方彼此了解，定价程序简单、效率高，因而比较普遍。

1. 林农自由协商定价存在的原因

第一，由当前林地产权设置使然。林业产权不明晰、责权利不统一、林主的处置权虚置、林木林地收益权没有保障，广大林农对务林育林的积极性不高，林地生产力低下，“大资源、小产业、低效益”现象普遍存在，林农在集体林地上没有获得经济利益，所得利益仅仅是取点薪柴，或者是砍伐点建房的材料。而2003年林改之后，通过明晰产权，林农拥有了可经营的林地，有了从林地获得经济利益的物质基础。但是由于历史原因，林农对自己手中掌握的林权的稳定性持怀疑态度，并未期望通过经营林地取得长久稳定的利益，只希望能尽快地通过林地流转获得现时的收益，因此很有可能以低廉的价格流转自己的林地。

同时，由于林权主体的虚置，林农也没有切身体会到自己是林权的拥有者，对于林地价格的敏感性不够高，尤其是对于由集体管理的林地的流转出让，不能有效地行使主人翁的监督职能，造成部分集体林的流转价格也不高，甚至发生村干部利用集体林流转为自己牟私利的腐败行为。

第二，林地流转市场的信息不畅。作为一种市场定价行为，信息在林权定价的过程中影响着定价费用的大小，决定了定价的效率。林业要素市场是由各种要素组成的一个有机整体，需要融合产权的保障机制、价格的调节机制以及法律政策的约束机制等一系列的要素，并以一定的社会组织作为载体。当前，我国的林权市场刚刚建立，政府以及相关的利益各方都还在摸索中前进。林改的各项内容、政策之间还不能很好地搭配与衔接，互相之间还没有形成一个有机整体。因此，当前的林权要素市场的运行还缺乏基础性的条件，其本身的信息提供能力非常有限。

现阶段，林权定价信息传播的渠道还没有很好地建立，改革的各种信息根本无法及时有效地、较为通畅地、清晰地传播给广大林农，使得林农对于当前林改的最新政策往往并不了解，只能通过村组获取林权定价信息，在不完全信息的条件下做出定价决策。同时，由于林农多处于较为偏僻的林区，知识文化水平有限，获取信息的手段落后，信息搜集的成本相对较高。林农也不大愿意耗费太多的资源去收集信息，投入较大的定价成本去取得并不确定的收益。

在信息不充分的条件下，林改政策被林农完全接受和理解需要较长的一段时间，由此造成林农对林业政策和林木市场的走向不能做出正确的判断。而在本身市场建设不完备、制度约束不够健全的条件下，要求林农作为微观定价主体去全面了解定价信息以做出正确的林权定价决策，确定林权定价价格无疑会对定价成本提出很高的要求。也是由于信息的闭塞，部分林农甚至都还不知道林权定价中心与林业经纪公司等中介机构的存在，即使知道它们的存在，却仍不知道该如何通过这些定价中心完成林权定价。

第三，市场化配套服务体系的障碍。目前，大部分省市都规定国有林和集体林的林权定价必须通过林权定价中心或者是招投标办公室，因此这些中介服务机构的流程设计和程序安排大都是为这两类林权定价行为设计的，表现为程序虽然正规但是复杂，环节虽然严密但是过多，收费也较高，并不符合小农户定价的需求。以林权定价中心为例，进场定价的转让方需向产权定价所递交《林权转让申请书》，与产权定价所签订《林权转让委托合同》。转让方还应向农村产权定价所提交以下材料：转让方出让林的申请书；表明转让方身份的有效证件；《中华人民共和国林权证》；林地承包合同或林地流转合同；出让标的的情况说明；法律、法规、规章规定的其他材料。很明显，林农会因为这些烦琐的手续和自身材料的不完备以及服务费用较高等，而放弃通过正规的"官方"渠道进行林地流转。

2. 林农自由协商定价过程中的定价费用

1)搜寻信息的成本

首先，对于转出方来说，定价者在决定是否定价之前，要先了解定价对象的数量、对方的可信度、林木的数量和质量、地址等信息。而在搜寻信息的过程中，有两个重要的变量：一是市场的规模，二是搜寻信息的技术。一般而言，市场的规模越大，定价参与者越多，搜索信息的成本将会越高昂；反之，如果市场的范围较小，定价主体很少，那么搜索信息的成本也会相应地下降。随着搜寻信息的技术的进步，获得信息的难度和成本也会相应地降低。

在南方集体林区，虽然部分地区(如浙江、福建)的经济水平较高，但在绝大多数农村地区，尤其是林区，人们的市场意识还比较薄弱，并不太关注信息在定价过程中的作用，林农不善于通过掌握市场信息来调整林权定价行为，选择定价对象。另外，信息具有某种公共品的特点，林权定价市场刚刚起步，各种市场制度本身还不完善，不能比较充足地提供具有公共特点的林权定价信息。而作为公共物品提供者的地方政府，也没有适时适当地提供相应的信息和指导，使林农在定价过程中，会由于信息掌握的不充分，而做出较盲目的决策。

在林区，林农获取林权定价信息的渠道不畅，广播、电视、林业部门的信息宣传或许可以提供帮助，但在做出具体的定价决策时，这些信息是远远不够的。大多数林权出让者是处于低信息水平社会环境条件下的信息掌握者。由于对他们而言，林权定价的频率很低，他们只有在急需转让手中的林权时，才会关注和收集相关的信息，这种根据短时间内所收集的信息做出的判断，其准确性不高。

首先，由于有限理性的约束，林农也只能在合理的选择范围内做出"满意决策"，而非"最优决策"，因此，缺乏信息获取渠道的林农往往在本集体内部或者附近村庄，或由亲朋好友介绍，由双方直接协商定价，并参考以往的定价信息私下直接商定定价的价格，并最终实现定价。由于定价双方往往彼此熟悉、相互信赖，增加了定价的可信度，降低了定价的信息搜索成本。

而对于转入方来说，森林资源多处于偏僻地区，对于买方而言，了解林权市场的供应情况存在极大的信息障碍。而随着确权到户的深入，林权更分散，且各户流转林权的意愿及可接受的价格水平又有所不同，使得转入方为了了解转出方的定价情况不得不花费较高昂的时间成本和物质成本去搜寻相关的信息。同时林权定价的主要对象是林地及林木等地上附属物。林地的固定性及森林资源的异质性使得转入方需要通过实地的勘察才能切实了解林分的实际价值，提高了人力资本的专用性，甚至需要借助专业的林业评估机构对潜在的定价对象进行审核，才能提高定价的确定度，无形中增加了定价成本的支出。而这也正是承包经营户的小规模林地流转多在集体内部完成，而甚少有集体外买家介入的又一个重要的原因。

2)谈判及订约成本

对于转出方来说，在集体林地的确权改革中，采取的是“均山制”政策，将集体林地按肥力高低和距离远近等因素搭配，按不同宜林、不同地段、不同传统经营区搭配分山到户，导致“一山多主，一主多山”的尴尬局面，林地破碎化、面积分散，追求规模经济的林企多不会选择去转入小面积的林地，造成各林户林权流转困难的现状。林地承包经营户或联户如果想要流转自己的林地，就需要说服相邻的林户或小组一起流转，谈判成本较高，这在很大程度上阻碍了林权流转。而多数的林农只有在进行林地流转时，才会关注林权定价信息，对流转的程序、流转合同双方的责权利、流转手续等都不甚明了。在与专业的林业公司、大户或者是林权定价的中间商进行谈判时，极易因信息不对称处于被动的地位。而在林权定价机制不完善，林权定价信息不易获得的情况下要求林农自发地去了解林地定价的程序及规章制度势必会提高林农的定价成本。

对于转入方来说，买方作为理性“经济人”，其转入林权的目的是在风险控制范围内实现大于社会平均投资收益率的超额经济利润，通过成片规模定价实现其经营规模化和规模经济效益是其策略选择(姚星期等，2007)。在当前林地经营破碎化的情况下，如果转入方与每一位小农户进行逐一的谈判必将付出昂贵的谈判成本，况且并不具备可操作性。如果谈判顺利，会要求转入方与各家各户逐一签订协议并需要到林业主管单位、工商行政、税务等部门办理相关登记证明，需要接受烦琐的审批并交纳相应的费用。登记审批的过程往往耗时较长，又无形中增加了转入方的成本。

3)监督违约及索赔费用

一般市场的商品定价属于一次性行为，定价双方通过讨价还价后以货币形式或物物交换实现商品所有权的更置，基本不存在履约监督成本(邱道持，2009)。而《土地管理法》规定，林地的承包期为70年，林权定价期限长(除了林木采伐权流转)，定价双方的权利义务要贯穿于整个租约期。

对于转出方而言，需要针对买方对林地的使用行为进行监督，以防止其过度使用地力，造成林地的不可持续利用；需要监督其对于林地的开发方式，以防止破坏当地的生态环境。如果林权定价双方都要进行“实时监督”，那么定价成本无疑是非常高昂的。如果小额定价出现违约，通过司法程序解决的话，对于林农而言言，其成本过高。在农村地区，多通过村民委员会(简称村委会)来解决这种纠纷，不失为一种有效而又方便的基层仲裁方式。

在租约期内，可能会出现由于林产品市场价格大幅上扬、政府宣布取消或下调林业基金或政府对林业种植进行补贴等促使林权当前定价价格大幅度提高的现象，使转出方后悔原先的定价行为而企图解除合约。因此，为了防止各种风险产生的可能，转入方必须提前设计应对策略，这就提高了定价的成本。对福建省的调查结果显示，土地使用权流转的合约，90%以上的林农采取的是口头协议的方式。这就进一步加大了履约和保护产权的成本。同时，森林资源分布广阔且分散，林权主为防止林木被偷砍盗伐的管护成本高昂(张亚琼，2011)。

如果转出方违约且是集体违约，这种行为对买家会造成很大的经济损失。面对数量众多且处于经济弱势的当地林农，转入方甚至都无法通过法律途径进行违约索赔以弥补自身的损失。

综上可见，由于林权定价机制的不完善、信息的闭塞，尤其是林权经营的分散化，对于林农的小规模林权定价而言，定价成本高昂。从而造成了当前鲜有集体以外的买家涉足以农户为单位的林权定价，使得小规模林权流转定价范围狭窄，多在本集体内部农户之间发生，林地资源不能实现最优配置，转入者经营的经济效益也无法体现。又由于没有专业的评估机构介入和全面的市场信息可供借鉴，农户之间的自发流转只能通过相互协商来确定价格，没有相应的定价凭证。

(三)第三方提供型

自由协商型林权定价市场的局面不仅抑制了转入方的定价积极性，也使得林农对于自己手中掌握的林权估价过低，一旦有人愿意接手便急于转出，成交价格往往过低，不符合国家推行林权改革的初始目的。而在当前全面推行林权改革的背景下，解决上述问题，建立合理的林权定价模式并确定林权定价价格，切实保障小农户的利益成为了关系改革成功的关键性问题。

定价成本取决于制度方案设计，当前林权定价制度及定价机制的创新就是要实现林权定价模式，尤其是针对林农的小规模林权定价模式，从高定价成本向低定价成本的转变，使林权市场从低效率向高效率转变。现实中于是出现了第三方提供定价机制的模式：①通过林权定价中心进行定价；②由乡镇招投标办(或村委会和村民小组等主体)统一组织定价；③通过由具有公司性质的中介机构(拍卖公司)组织定价，归并为通过中介机构完成的定价。

1. 第三方定价的一般化步骤

目前林权定价中心的主要服务对象是集体林(即那些仍由行政村等集体组织统一经营的林分)或国有林，由于其定价涉及集体或国家的利益，因而其定价程序相对复杂，通常需要经过以下基本步骤：第一，由林权拥有人提出申请并提供林权证等权属证明材料，交由林权定价中心进行审核；第二，中心审核通过后，正式受理双方的定价委托，同时委托有资质的机构进行森林资源资产评估及招投标的相关事宜，并发布定价公告；第三，中心组织招投标各方进行定价，并确认定价结果；第四，进行定价后的林权变更登记。

如果是由乡镇招投标办公室组织定价的话，运作流程如下：第一，由村民小组或村委员会经民主程序确认拟定价的森林资源之后，向乡镇招投标办提出招标申请，并提供相关的材料。同时，招投标办也接受投标方的相关材料和投标申请书。第二，乡镇招投标办经初步审核后，报经相关职能部门及分管领导审批，并委托有关的中介机构进行森林资源资产评估，然后由定价申请人确认标的物的最终评估结果。而投标方在对招标项目进行审查和实地勘察后，领取招标文件和缴纳保证金，准备参加投标。第三，由乡镇招投标办组织参与招投标的各方主体参加招投标会议，在确定最终的中标者之后，组织定价双方签订正式的中标合同，经有关各方确认后即完成招投标的整个流程。由村民委员会或村民小组统一组织的招标定价过程，其定价步骤基本类似。

一些地方还通过由具有公司性质的中介机构(如拍卖公司)组织林权定价。这类林木定价经纪有限公司虽并非专业的拍卖公司，但其业务流程与拍卖公司类似，负责国有林和集体林定价的招投标组织工作。其林权定价流程如下：第一，由出让方提交森林资源流转定价委托，林业经纪公司审核之后予以受理，同时委托相关的中介机构进行森林资源资产评估；第二，林业经纪公司组织评标委员会，确定相关的定价事项，并发布定价公告；第三，林业经纪公司组织定价各方进行定价(其常用方式有集中竞价定价、协商定价等)并确定定价结果，随后签订定价合同。

2. 第三方定价在降低定价费用上的优势

通过林权定价中心等第三方机构的定价模式是各地政府大力提倡的方式，其可以提供森林资源资产评估，并在评估结果基础上，通过招投标这种竞争定价的方式确定林权定价的价格。并为林权定价提供“一站式”服务，它既可以为林权定价双方提供前期的咨询服务，又可以在定价完成后办理林权证变更手续，保证林权定价双方的定价流程符合法律规定，切实维护林权定价双方的利益。

林权定价中心能够实时更新定价信息，并能将通过中心完成的定价信息进行汇总，为出让方确定林权定价价格提供较为充足的信息。同时，林权定价中心可以应定价双方的要求对森林资源资产进行评估，为林权定价双方提供定价参考。由此，通过林权定价中心的平台作用，定价主体可以降低搜寻定价对象的成本，同时由于林权定价中心还会对定价双方的信息和资质进行核实，可以降低定价双方了解定价对象的数量、对方的可信度、林木的数量和质量、地址等信息的成本，提高定价的透明度。由此可见，通过林权定价中心这一有形市场的作用，可以降低定价双方搜寻信息的成本。

由于进场定价的双方都是有定价意向的主体，并且定价价格是通过招投标这一反映市场供求关系的竞争定价的方式确定的，省却了定价双方讨价还价的成本。因此，通过定价中心可以在一定程度上缩短定价的时间，提高成交价格，从而减少谈判与订约的成本。

而定价中心的另一个优势则体现在其程序的规范性和流程的完整性。定价中心组织各方进行定价，确认定价结果之后，便会随之进行林权证变更登记。以程序的完整性与流程的可靠性降低了日后违约的可能性，且如有违约事件发生，因为有据可循，也能降低索赔的难度和费用。

因此，在理论上，通过林权定价中心定价，确实可以降低林权定价双方搜寻信息的成本、谈判及订约成本和监督违约及索赔费用，从而降低定价双方的定价成本。但在现实中，即使政府严厉禁止，在小农林权定价过程中却仍广泛存在着定价双方协商定价的现象。

四、林地定价模式选择的比较分析

现实中之所以选择某种具体的定价方式是以可以降低定价的成本为标准的。本章以下部分主要以建构一种定价费用的比较分析方法来分析实际林地定价模式的选择，同时选择福建省永安市的林地流转实践为一些证据参考。

(一)定价费用测度体系构建

基于第二章中所构建的分析框架，本书认为农户特征和定价特征共同决定了农户的定价方式与定价模式选择。根据前文所述，可将林地流转的定价费用细分为如下几项。

(1)对商品价格或质量信息以及潜在买者或卖者的搜寻——信息成本；

(2)买卖双方必要的协商和谈判——谈判成本；

(3)合同或协议的达成——订约成本；

(4)对合同或协议双方执行过程的监督、对完成协议有关的成本以及对违约方的处罚——维持产权的成本。

基于上述原则，可以为林地流转定价的定价费用构建如表 5-1 所示的指标体系。

表 5-1 林地流转定价费用的测量指标体系

定价费用类型	变量描述与衡量方法
信息成本	定价前是否认识买主 定价前打听价格的次数

续表

定价费用类型	变量描述与衡量方法
谈判成本	成交时与买主就价格的谈判回合 谈判的次数
订约成本	从确定定价价格到完成林权登记、换证的时间及经济支出
产权维持成本	是否完整办理了产权手续

(二)定价前的信息成本

信息成本是林农搜寻潜在的买主与了解市场价格的成本。林农在寻找市场信息时花费的时间与精力越多，信息成本越高。大部分生活在林区的农户受教育程度不高，且信息获取渠道不足，相对较为闭塞。因此，对于这部分农户来说，他们获取市场行情的方式多为向周边的亲朋好友打听、熟人介绍、参考周边发生的林权定价等，市场活动范围较小。

“定价前是否认识买主”即定价的不确定性，成为了一个非常重要的影响因素，其原因在于林农定价前认识买主可以降低林农寻找潜在转入方的信息成本，同时减低农户的不确定性预期。

“定价前打听价格的次数”也是一个非常重要的变量，农户打听价格的次数越多，信息成本越高。但是，如前所述，林权的转入方多为林业大户或者是在当地小有规模的林业企业，他们对于市场的价格、走向的了解远远高于甚少涉及于此的林农，他们很有可能出于自身利益的考虑，蒙蔽林农，压低林权定价的价格。因此，林农选择私下流转，通过自由协商确定定价价格却成为信息极度不对称的前提下的理性选择。

而具有相对先进技术平台的林权定价中心可以帮助林权定价者获取定价的相关信息。定价中心一般都用大型的电子显示屏幕不间断地发布各类定价信息，并且借助于“数字林业业务信息系统”收集和发布最新的林权定价信息，定价中心的员工还经常深入基层张贴各类定价公告，这些做法都极大地便利了林农获取各类定价信息，有助于解决不同定价主体之间的信息不对称问题。同时，定价中心还提供森林资源价格评估服务，可以应转出户的要求，进行资源资产评估，帮助林农确定林业定价的价格。

由此可得，林权定价中心可以更为便利、高效地提供定价信息，且信息获取的成本较为低廉，信息准确、可靠。

(三)定价时的谈判成本

定价时的谈判成本主要表现为林农与买主就定价的价格、林地的质量、定价的期限、租期内及租期之后权利与义务的谈判。林农选择不同的销售模式，价格等因素可谈判的余地是不同的。以“成交时与买主就价格的谈判回合”反映农户在价格确定上的主动性程度，农户往往会选择自己能掌握主动性的林权定价方式。选用“谈判的次数”反映其他不可观测的谈判成本，次数越多则定价成本越高昂，可以预见该指标对农户选择相应的定价模式有负影响。

在实际中，农户私下流转时的谈判空间最大，农户可以通过自主协商确定双方都满意的定价价格，但是谈判的次数往往较多；而与林业企业定价时，企业由于规模优势，往往处于主导地位，林农的主动性较差，但是谈判的次数相对较少。

而林权定价中心作为新一轮林改的重要配套措施，其基本上是在政府主管部门的主导和推动下成立的，业务上接受林业主管部门的指导，在林权定价的事前、事中和事后等定价过程中相对规范，容易受到定价者的认可。

如果以福建省永安市林权定价中心为例，该中心具体的业务运作流程主要包括现场拍卖和招投标两种方式。这两种定价方式本质上都具有竞价定价的特点，使得林权的定价过程具有一定的竞争性，也使林农获得了确定定价价格的主动性，从而有利于提高林权定价的价格。2006 年，永安市西洋镇福庄村一片 11 年生的人工杉木林以 33.5 万元定价成功，比底标价 13 万元高出 20 万元(华文礼，2009)。并且，由于林权定价中心是通过现场竞价和招投标方式确定林权定价价格的，这样的价格确定流程往往是一次性完成的，价高者得，不需要定价双方进行反复的协商。

由此可见，林农通过林权定价市场确定定价价格和完成定价的谈判成本也相对较低，并且通过竞争方式形成的价格往往高于通过其他方式确定的价格。

(四)定价时的订约成本

我们以从确定定价价格到完成林权登记换证这个阶段的时间及经济支出为林权流转合同的订约成本。显然的是，林农之间自主协商确定定价价格的程序简单，没有过多的流程，如果谈判顺利的话，前期的进度较快。而与林业企业的定价，则应企业的要求，流程和程序要比前者稍显复杂，但确权换证的流程是一样的。

而林权定价中心由于在业务上接受林业主管部门的指导，是一个兼有事业单位性质的专业的中介服务机构，因此在定价流程上，必须要严格按照流程办事。不仅流程较长，而且过程中收费也较高。再加上行政成本，这种流转方式的定价费用明显较高。

通过统计永安市林业要素市场信息发布平台上发布的 328 宗林权流转定价信息，我们发现平均的成交额是 30 万元，所要缴纳的资源评估费和产权定价费平均是 10 500 元。

由此可见，通过林权定价中心完成林权定价的周期较长，费用相对其他的定价方式也更高昂。

(五)定价后的维持成本

长期以来，林权私下流转定价活跃，定价过程中信息不对称，价格不透明，林农的利益大多受损。而且由于办理(更换)林权证的手续较为烦琐，很多林农在完成林权定价之后，并没有随之办理林权登记，使得在后续产生矛盾时，无据可依，纠纷争议颇多。

而对于林权定价中心来说，因绝大部分属于事业单位，定价中心的工作人员也主要来自于各个林业部门，有一定的权威性，容易被定价各方所接受和认可。同时，定价中心在受理业务时，一般均会对定价标的物是否存在瑕疵，定价的转入方是否具有相应的能力等项目进行审核，同时定价一般在中心所在地进行，定价完成后即可办理产权登记与变更等相关的手续，整个定价过程相对规范，有助于避免引发新的权属纠纷，对于定价完成后保障林农的权益更为有利。

因此，林权定价中心在定价完成后维持产权的成本上也低于其他的定价方式。

综上所述，通过林权定价中心确定林权定价价格和进行林权定价的信息搜寻成本、谈判成本与定价完成后维持产权的成本都低于其他两种定价方式，但是定价时的订约成本却高于另两种定价方式，这是与林权定价中心定价程序相对复杂、定价环节较多、定价费用相对高昂分不开的。因此，简化林权定价中心的定价程序、降低收费将会成为林权改革的重点。

五、本章结论

在林地定价的过程中，受到林地定价本身特征的影响，需要因地制宜地选择合适的定价机制。不同的机制在不同的定价阶段效果不同。

在询价阶段，私下定价模式下的定价双方一般为熟人朋友，甚至是亲戚关系，这种关系是建立在人际网络的基础上的，双方定价的信任基础在于友情、亲情等人与人之间的社会关系。发现定价对象的途径一般也是一方有需求后经由熟人或者组织介绍合适的定价者这类的社会关系渠道，所以往往私下定价的定价对象范围较窄，定价双方彼此都对对方的情况有一定程度的了解。在产权度量和界定方面，私下定价的市场主体在定价前难以有效、准确地掌握对方的产权信息，权利的让渡一般只是定价双方之间达成书面或者口头协议，也有请第三方公证人见证的形式。

而询价阶段的有形市场定价模式，定价者需要到特定的场合进行买卖，面对的定价对象来源广泛、数量较多，发现合适的定价对象的概率较大。定价者需要提供产权证明、个人信息等基本情况说明，市场主体的资格和定价行为一般受到政府部门的监管。一旦形成产权转让，需要达成统一范制的合同文本，并在有关部门进行登记证明。在这种模式下定价双方的信任是基于制度条例的算计性信任。

在定价阶段，私下协商的定价价格一般是经过定价双方多次交涉，反复博弈达成最终的合同价格，对于林地市场价值的变化反应灵敏，能够体现价格变化的即时性。私下达成的协议价格也多符合定价双方的心理预期，但价格公信力较低，如果要进行再次流转，之前的定价价格存在着变动的可能性。

另外，私下定价模式达成的合同多属于不完全合同，对于定价双方的责权利规定往往宽泛粗略，合同文本形式随意性也相对较大。在某些法定必须进行权利变更登记的或者期货定价产权无法显示在协议合同中的情况下，私下协商的合同不具有权属变动的公信力，存在引发权属纠纷、产权争议的风险。

政府参与下的有形市场定价模式能够提供专业的第三方评估机构进行定价品的价值评估，政府进行价格监管。这样达成的协议价格更具公信力，便于定价物的二次流转。但是受制度环境影响大，在稀缺资源定价的特殊情况下，易发生政府行政干涉定价从而损害某方或多方定价主体利益的风险。

而且，有形市场模式会通过审核权属、登记等手段，明确定价双方的产权关系，为权利互换行为提供政府权威的第三方认证，能够为权利变更提供强有力的法律凭据。合同文本有统一的范式，内容较为详尽。但是在申请产权变动登记审批时，往往手续繁复、成本很高，不仅需要一定的相关费用支出，还需要较长的审批时间。

在价格确定后，一般私人合同无法形成规范明确的责权利条例，发生利益纠纷的可能性就比较大。一旦发生利益纠纷或者失信行为，合同的约束力比较薄弱，对失信行为难以强制实施惩罚，容易诱发机会主义。

有形市场定价模式一般提供统一、规范、专业的合同文本，对于违约行为具有强制惩罚的监管力，并且在法律和政策上提供了强有力的支持，违约风险相对较小。但这要求具备较为完善的法律体制和稳定的政策等客观条件。

综上所述，通过比较有形市场定价模式和私下定价模式的特征，结合我国林地市场的制度环境因素分析发现，因为政府的管制成本，有形市场定价模式的事前定价费用要高于私下定价模式；而因为现行正式制度缺失，非正式制度失效导致有形市场定价模式的事后定价费用实际上也不会低于私下定价模式。

要完善林地流转的有形市场体系，实现林权定价的市场化运作，必须认清两种定价模式的特征，扬长避短，构建一个有章可循、管制合理的正式制度和规范有序的非正式制度，降低政府管制的信息不完全、寻租行为和负外部性。唯有如此，才能真正提高林农进入有形市场的预期效益，构建起林地流转的有形市场定价平台，实现我国林地流转的新飞跃。

第六章

集体林地流转经营的融资机制

林地流转和规模经营需要相应规模资金的投入。虽然一般性的融资和经营更偏向于市场行为和私人事务，但从目前中国林地流转和经营的现状看，在林农缺乏资金和抗风险能力弱的情况下，如何促进资金流动、提高资金使用效率、降低林地流转市场门槛、预防林地流转融资风险等方面却又是一种公共事物。

一、问题的提出

林业的经营活动需要资金，林业的发展也是一个资本积累的过程。但目前对于大多数发展中国家来讲，林业资金不足是阻碍林业发展的重要因素。同时，资金不足也一直是造成我国林业发展滞后，难以实现可持续发展的主要障碍。资金的投入对已有林业的可持续经营以及林业生产的扩大起着至关重要的作用。随着社会对林产品及林副产品的需求日益增多以及生态环境保护的要求日益增强，林业资金的不足与大力发展林业的需求之间的矛盾越来越突出。

近年来，政府的财政投入一直是林业资金的重要来源，但在财政资金有限的情况下，仅仅依靠政府财政投入显然已经无法满足林业发展的需要。2008 年《意见》发布，《意见》中指出，“推进林业投融资改革，金融机构要开发适合林业特点的信贷产品，拓宽林业融资渠道。加大林业信贷投放，完善林业贷款财政贴息政策，大力发展对林业的小额贷款。完善林业信贷担保方式，健全林权抵押贷款制度。加快建立政策性森林保险制度，提高农户抵御自然灾害的能力，妥善处理农村林业债务”。《意见》确立了集体林区林业投融资改革的方向，林业产业属性及其生产的商品性质决定了商业性贷款可以成为其主要的融资渠道之一。

但目前，作为林业生产最大主体的林农在林业生产过程中一直遭遇着资金瓶颈，由于银行的惜贷、慎贷，林农从事林业生产大部分依靠的还是自有资金，限制了林业的可持续经营和发展。

银行之所以不愿对林农发放贷款，一方面是由林业以及林农本身的弱质性所致。由于受市场风险和自然风险的双重影响，加之基础薄弱，决定了林业生产的弱质性，很多银行不愿意涉足周期长、风险大的林业产业；从事林业生产的林农大多来自经济相对落后的山区，资源禀赋较差，银行本着安全、流动的原则不愿对林农发放贷款。另一方面则是由于银行与林户之间存在信息不对称问题。银行对林农的收益和风险不了解，由于地域性及专业性等问题，银行在贷款给林农时信息成本和监督成本大大增加；在高额成本的情况下，由于林农贷款总额小，银行获取单位收益的成本很高。在这种情况下，银行往往就会选择不贷款给林农。因此可以看出，个体林农的融资困境阻碍了林业发展和林农脱贫，而信息不对称是造成林农融资困难的主要因素之一。

鉴于此，各地区政府、私营部门以及林农一直尝试创新林权抵押贷款模式，并试图引入担保机制缓解林农融资困境。私营部门、林农以及政府等不同主体作为抵押担保提供者形成了“林农＋专业担保公司＋金融机构”“林农＋专业合作社＋金融机构”“林农＋政府担保平台”三种主要的担保模式。在实践中我们发现不同地区的林权抵押采取了不同的担保模式，为什么会出现多种类型的担保模式？不同地区采取不同的担保模式是随机现象，还是存在某种共同的选择原则？我们只有从具体的案例研究中才能回答这些问题。正如Williamson(2000)所指出的那样，当我们在研究如何选择治理结构以最小化交易费用时，交易费用经济学(transaction cost economics，TCE)是一种比较适用的理论。

因此，本章将从信息不对称的视角出发，分析信息不对称给林农融资带来的影响。主要是通过对比林权交易现状中不同的融资模式，以降低交易双方的信息成本，增加林农贷款可得性，提高资源配置效率为标准，总结出现阶段林权流转过程中不同融资模式的优劣和适用性，并提出一般性解决融资困难的可选方案，并在此基础上，以浙江、福建两省为例，以交易费用经济学为基础对三种不同担保模式的典型案例进行分析，试图找出担保模式多样性的原因以及挖掘模式选择的普适性规律，并据此得出推进林权抵押贷款、完善林权制度改革的政策建议。

二、国内外研究现状

(一)信息不对称的理论进展

信息经济学揭示了信息不对称问题，说明了信息和资本、土地一样，是一种需要进行经济核算的生产要素。信息不对称是指交易过程中，交易双方拥有的信息数量不等，一方拥有比另一方更多的信息。当市场上交易品的质量在很人程度上受控于拥有隐蔽信息一方时，就产生了经济学上所定义的逆向选择，交易中一方渴望得到优质品，而另一方却只乐于提供劣质品；而事后的信息不对称则会产生道德风险问题，即指占有信息优势的一方为自身利益而故意隐藏相关信息，对另一方造成损害的行为。Akerlof(1970)分析了“柠檬市场”中信息不对称问题，阐明了逆向选择的具体特征以及它如何影响市场有效运作的问题。他还以印度20世纪60年代的信贷市场为其中的一个例子来说明逆向选择问题。

不完全信息理论正式被引入信贷市场进行分析始于20世纪70年代中期。代表性的研究有Jaffee和Russell(1976)以及Stiglitz和Weiss(1981)对信贷市场信贷配给现象的解释。Jaffee和Russell(1976)分析了信息不完全在信贷市场中的作用，指出在事先无法分清质量的情况下，银行实行的贷款利率会高于能完全分清(完全信息)情况下的平均利率以补偿可能的损失，而借款人会缩小借款规模。Stiglitz和Weiss(1981)通过分析信息不对称下逆向选择的存在得出，垄断银行利润并不是利率的单调增函数，而是出现随利率的增加先增后减的趋势，进而再根据银行的利率利润函数结合资金供给利润函数、资金需求函数推出信贷配给产生的机制，他们认为银行降低坏账损失的最优策略是对贷款进行配给而不是提高贷款利率。

上述两个研究所考虑的信息不对称属于事前，此种情况下的信贷配给是市场对逆向选择的一种理性反应。Bester(1987)在Stiglitz和Weiss(1981)分析的基础上，对事后借款者的道德风险行为造成的信贷配给现象做了补充。而在解决信贷市场信息不对称方面，Holmstrom和Tirole(1997)指出信息与抵押品之间具有一定的替代关系，如果抵押品设置合理，信贷市场完全可以克服信息不对称问题，消除信贷配给和信贷约束。

(二)信息不对称与信贷约束

信息不对称是普遍存在的，它的存在给信贷市场带来了效率损失，也增大了银行所面临的风险。在信贷市场上，相关信息在借贷双方的分布是不对称的，资金需求方对自己的财务状况、经营成果、资金用途以及可能的经营风险等真实情况有比较清楚的认识，而资金供给方则较难获得这方面的真实信息。由于市场经济主体都是理性的，在各种约束条件下将追求自身利益的最大化。在交易双方信息不对称的情况下，信息优势方为了自身利益，就有可能隐瞒相关信息，选择对信息劣势方不利的行为，从而发生逆向选择和道德风险，影响信贷市场的运行效率(胡栗源等，2006)。

逆向选择和道德风险是信息不对称理论中的两个核心内容。逆向选择是交易进行前的信息不对称造成的，简单来说，就是处于信息优势的一方隐瞒相关信息，导致不合理的市场分配行为的产生；道德风险是事后的信息不对称造成的，即处于信息优势的一方为自身利益故意隐匿真实信息，对另一方造成了一定损害。

信贷配给的信息理论包含着信息不对称的假说，即交易的一方对交易的另一方不充分了解，因而影响准确决策，它是金融市场上的一个重要现象。交易之前的信息不对称问题导致了逆向选择，交易发生之后的信息不对称造成道德风险问题；面对信贷市场上的信息不对称，银行的一般对策是既可以主动加强对借款人的信息甄别，也可以通过一定的措施促使借款人主动显示信息，常用的措施中，前者主要有贷前筛选、贷后监督，后者主要有抵押担保。

(三)林业信贷中的信息不对称问题

由于信息不对称，导致林业信贷的融资成本过高，从而影响林业经营资金的筹集。陈玲芳和金德凌(2005)分析了信息不对称条件下高额的林业信贷融资成本的产生与形成过程，指出信息不对称是导致林业融资成本高、融资困难的重要原因。信贷约束由信贷供求双方的信息不对称造成，林农的个体特征对消除信息不对称，进而减弱信贷约束具有某种影响。刘士磊和潘焕学(2011)通过一个实证研究发现以家庭收入和非农化程度为代表的家庭整体特征是影响林农信贷约束的首要因素，而林农林权证的拥有与森林保险的参与对减弱信贷约束具有重要作用。

(四)缓解制约林农贷款的信息不对称问题的对策

由于银行在借贷款过程中处于信息劣势地位，为了避免其利益被处于信息优势地位的林农所侵害，银行一般会对林农贷款设立抵押、担保条件，建立抵押、担保机制。

首先关于林权抵押贷款。信息不对称问题普遍存在于信贷市场中，在农业信贷市场中，信息不对称的问题已经引起了许多学者的注意。陈建新(2008)曾在比较三种农户信贷技术的基础上指出，农地抵押技术对信息的利用效率较高。

在获取贷款林农和中小企业信息比较困难、信息不充分的情况下，金融机构往往设置更为严格的担保、抵押条件(即“慎贷”)，包括要求林农或企业主提供个人物品进行抵押。南方集体林权制度改革让林农拥有了林权，但是林农营林、造林需要资金，在缺少金融机构认可的抵押物时面临着融资困境却是事实。随着林权证的发放，林权抵押贷款被作为林业金融创新的“探路者”在各地逐步推展开来。

陶宝山和石道金(2007)对林业信贷融资困难的原因和解决途径进行了研究，指出信息不对称导致资金交易成本过高是林业信贷融资困难的主要原因，开展林权抵押贷款是解决难题的有效途径之一。田治威和秦涛(2009)认为，抵押机制作为融资主体的信号传递工具和资金提供者信息甄别的工具，可以缓解在信息不对称条件下资金提供者所担心的融资主体的逆向选择和道德风险行为。通过抵押品向林权扩展，开展林权证抵押贷款可以成为林农缓解困境的一个手段。

此外，李莉等(2008)对林权抵押贷款过程中金融供给方和需求方存在的问题进行了分析；韩立达等(2009)分析了我国林权抵押贷款制度存在的问题和障碍，总结出5种林权抵押贷款模式，从政府部门、金融机构和林农角度提出了推进林权抵押贷款的建议。

从成本的角度看，银行向单个农户进行贷款，其贷款成本很高，由于林农贷款额度小所以银行单位收益的成本也很高。林权抵押贷款的实行能一定程度上降低金融机构的信贷风险，但不能有效降低贷款成本。在这种情况下，一些林业合作经济组织、协会应运而生。何安华和孔祥智(2009)以浙江丽水市创新竹木专业合作社为例，探讨了林权抵押贷款担保合作社产生的原因和运作机制，指出了林农面临信贷约束和贷款手续烦琐是林权抵押贷款担保合作社产生的重要原因，并提出要努力吸收社员、在稳定核心职能基础上扩大服务范围和提取合作社剩余等建议，以促进林权抵押贷款担保合作社的发展。刘乐(2010)、林丽琼(2010)对屏南县以小额信贷促进会为中介的小额林权抵押贷款模式进行了研究，发现这种贷款方式可有效解决大银行与分散小农户之间抵押品缺乏、信息不对称和贷款成本问题，对缓解林农信贷约束起到了积极的促进作用。

然而总体来看，不论是理论研究还是实证研究，林权抵押贷款的文献都相当匮乏，而其中针对林权抵押贷款担保模式的研究更是少之又少，可查阅的文献基本上都是各地基层工作人员对工作开展现状的总结。仅有若干篇学术性文献介绍了现有的林权抵押贷款担保模式，但缺乏深入分析。具体问题包括：①对林权抵押贷款担保模式进行分析时，没能阐释在有多种担保模式的情况下，交易各方选择该种担保模式的原因；②对不同担保模式进行对比分析时，大多文献仅停留在具体问题和优缺点的阐述，即分析没有被纳入一个统一的理论框架；③随着Ostrom(2005)提出的自主治理理论的发展和成熟，我们已不能再忽略林农个体在林权抵押贷款模式创新中发挥的重要作用，但极少有文献关注到这一点。

(五)现有研究评述

国外林业发展研究多集中于林业产业政策研究，以及国家财政对于林业的扶持，针对林农信贷融资的研究较少。

国内有关林业信贷融资的研究大致可以分为以下几类：林业信贷融资成本问题分析；林权抵押贷款；林业合作经济组织等。首先，这些研究大部分集中于如何缓解林业信贷中信息不对称问题，针对能够从根本解决信息不对称问题的研究较少。其次，这些研究总体而言多是基于定性探讨，直观、静态地分析林业信贷现状和存在的问题，相当一部分研究是属于实践工作的经验总结，并提出相应对策措施。瞄准世界林业经济前沿，能够为林业信贷存在的信息不对称问题的缓解与解决提供学术资源基础的前瞻性文章很少。各类研究大多注重问题的提出，而对于提出的解决方案缺乏实践的检验。以林权抵押贷款为例，尽管有些地方试点了林权抵押贷款，但这种方式的主要作用是降低金融机构的信贷风险，并不能有效降低贷款成本，手续烦琐、贷款门槛和融资成本高，决定了并不是所有的林农都可以获得林业信贷。

针对林业信贷中的信息不对称问题，国内现有的大部分研究分析还缺乏理论的支持，研究还不够系统、深入，多数散见于一些文章式的报告之中，至今尚未有一部专门的系统全面的分析专著。因此，基于信息不对称视角的林业信贷约束研究是一项富有挑战的新课题。

本章以下部分从分析信息不对称对林农融资造成的影响入手，结合现有的解决林农融资约束的方案，即信用体系建设、林权抵押贷款、林农合作经济组织三种模式，分析其创新之处和不足之处，总结共性，提出改进意见。

三、集体林地流转林农融资现状

截至 2011 年年底，全国已有 25 个省份基本完成明晰产权、承包到户的改革工作，全国已确权林地 25.24 亿亩。确权工作为林地流转奠定了基础，但现实的困境是，作为林业生产最大主体的林农在林业生产中遭遇资金瓶颈，阻碍了林地的流转。在市场经济环境下，林业生产资金比较理想的来源是银行贷款。为解决林农因缺乏抵押品而面临的贷款难问题，在随后的改革中政府陆续在全国 26 个省开展并推广了林权抵押贷款。

(一)林农贷款的困境

在金融市场上，林农获得贷款比较困难，很重要的原因是银行不能获取林农完全可靠的信息。林农大多分散居住在山区，交通不便，信息闭塞，所以与城市市场相比，农村金融市场上的信息不对称问题更加严重。在这种情况下银行因难以把握林农的相关信息，往往会选择惜贷、慎贷。

从成本角度看，银行贷款给林农需要支付更多的成本。银行在发放贷款时，必须详尽了解贷款申请者的信用状况及经营情况，以此规避逆向选择风险，防止选择信用较差、无经营能力的林农为贷款对象。因此，银行在发放贷款前需要对申请贷款的林农进行审查，调查其还贷能力，了解其资信情况，这些都增加了银行为消除信息上的劣势而必须支出的费用。一方面由于林农与银行之间的地域隔阂，银行要为调查相关信息支付更多成本；另一方面由于林农经营规模普遍较小，缺少规范的财务运作制度，所以无法提供正规的财务信息，缺乏有效的信息披露机制，这也增加了银行调查信息的难度。而在贷款发放后，银行为了规避道德风险还需要跟踪现金流，防止林农贷款资金被挪用，甚至用于林农自身消费，而非真正用于营林活动，同时也要防止林农不偿还贷款。所以对银行来说，事后的监管费用同样必不可少。

面对众多小额贷款的林农，事前调查与事后跟踪都需要银行支付费用，从而形成了高额成本。同时因为单个林农贷款额度小，导致单位收益的成本扩大。在此情况下，银行将会减少信贷供给或者设置更严格的贷款条件，如果林农不能提供银行认可的抵押物，就必然会面临信贷约束。

(二)林业信用体系建设

我国目前信用缺失严重，林业系统还未有一个客观的具有公信力的信用体系，这是造成信息不对称的深层次原因之一。要解决林农融资中信息不对称问题，从根本上说要加强林业信用体系建设。

对于中小林农来说，政府要结合信用乡镇的建设，增强林农的诚信意识，从而改善农村信用环境。关于林业信用体系的建设可以借鉴已经开展的农户信用平台建设。以丽水为例，丽水市从 2009 年年初开始推进农村信用体系建设，探索出一条以建立农户信用信息档案为主要内容、以开展农户信用评价为切入点的破解农民融资难的新路子。丽水市各金融机构可以利用数据库的查询系统及时、全面、准确地了解到有借款需求农户的偿债能力、经营能力和成长能力等资信状况，实现了农村信用信息供方与需方的有效对接，这为解决长期困扰农户因信息不对称而无法便捷、有效取得贷款的难题提供了一个解决渠道。

(三)林权抵押贷款

在传统的金融业务中，为了缓解信息不对称，防范道德风险，减弱逆向选择，在向存在信息不对称程度较高的借款人(主要指中小企业和个人)进行贷款时，正规金融机构一般会要求借款人提供抵押品和有效的担保，这也是最基本的商业原则。

抵押品设置合理可以在很大程度上克服信息不对称，降低银行面临的逆向选择和道德风险。所以，利用抵押机制一定程度上可以缓解林农信贷约束。但在传统的林业生产中，林农一般缺少银行认可的抵押品，作为林农最重要资产的宅基地属集体所有，按目前有关法律还不能办理抵押。

随着集体林权制度改革的深入，森林资源资本化需求日益增加，为了体现林权证的价值，也为了解决在向金融机构融资过程中林农和林业企业抵押品缺乏的问题，林权证抵押贷款在全国各地开展起来。林权证抵押贷款是继集体林权制度改革之后林业发展史上的又一次突破，也是农村信贷史上的一个突破。长期以来，林业经营者一方面拥有森林资源，但是这些资源周期长，很难变现，成了不开门的“绿色银行”；另一方面，又由于缺乏生产资金，生产经营受到很大制约。林权抵押贷款盘活了丰富的森林资源，使林木资产成为流动的资本。

在林权抵押贷款由理论走向实践的过程中，各地根据自身情况，开展了不同形式的抵押贷款，基本可以概括为以下几种类型。

一是林权直接抵押贷款模式，即林农将拥有的林权证直接抵押给农村信用社(简称农信社)取得贷款。这是最为普遍的林权抵押贷款模式，该模式较之其他模式中间环节少，手续简便，林农融资费用相对少，并且因为开展较为普遍，所以相关借贷手续发展较完备。但林权直接抵押贷款的主体一般是分散的小林户，他们所拥有的林地小而分散，这增加了农信社的调查难度。林农在申请抵押贷款时需要提供相关的森林资源资产评估书，目前由于森林资源资产评估专业性强，具备森林资源资产评估资质的事务所较少，评估人员缺乏，对森林资源资产进行评估需要多方合作，导致评估费用高，这对于林农来说也是一个负担。

二是林农通过担保机构获得贷款，即林农以林权证向专业担保公司提供反担保，由担保公司为林农提供担保，一般农信社及商业银行都接受这种贷款模式。担保公司在林户与农信社之间搭建了桥梁，化解了农信社的风险。但这种模式往往手续复杂，并且担保公司作为营利性组织，为了维持自身生存发展以及降低贷款担保风险，通常收取高昂的担保费用，对于林农来说负担太重。另外由于中小林农的小贷款额度小，往往很难获得担保公司的担保。

三是信用基础上的林权抵押贷款。申请该项贷款的林农以其信用为前提条件，在核定的额度和期限内发放免评估、免担保的林权抵押小额信用贷款。该模式手续简便，但农信社对借款林农的资信评定较困难。

四是林户联保林权抵押贷款，该贷款模式是借鉴农户信用小额贷款和农户联保贷款的做法而成，由农信社结合信用村、镇的创建工作，以林农联保的方式发放贷款。农信社对联保小组成员提供免评估、免担保林业联保贷款，其基本原则是“自愿联合、多户联保、定期还款、风险共担”。

林权抵押贷款以林权证为抵押物，由于抵押物的特殊性，出现了许多制约其发展的问题。以农村信用合作社为例，其在开展林权抵押贷款时普遍存在一些问题，可概括为以下几点。

一是农信社缺乏专业的林权价值评估人员。在办理林权抵押贷款时，一般由农信社自行测算抵押物价值，作为农信社发放贷款的风险控制指标。林权价值评估受自然、地理、交通等因素影响多，专业性强，价值评估人为因素影响较大。目前，林权估价主要由林业部门下设的森林资源评估部门进行，实际上，与借贷要求的公允市场价值差距较大，可信度不高。因此农信社在开展林权抵押贷款时存在一定隐性风险。

二是抵押物存在贷前调查难度大，管理与处置较为困难的问题。林农拥有的山林地处不同地点，尤其是中小林农的山林一般小而分散，大都坐落在交通不便的高山或丘陵地带。而目前农信社的大部分基层网点缺少信贷人员，甚至在有的分社中只有一两个工作人员，这导致了贷前调查难以正常开展。我国林业产业体系发展不完全，林木流转机制不健全，很多地方没有建立收储中心。一旦林农违约，农信社将会面临抵押物处置与变现困难的问题，这也与农信社缺乏熟悉林业的信贷人员有关。

三是林权抵押贷款的风险分散和转移机制尚未建立。林业是一个弱质性产业，既受人力支配，也受自然力支配。林业在成长过程中面临的火灾等自然风险以及盗伐等人为风险成为林权抵押贷款潜在的风险。目前，我国林业保险还处于起步阶段，保险种类十分单一，并且许多保险公司不愿介入，这使得林权抵押贷款缺少风险分散和转移机制。

四是林木流转机制不健全，缺少林木收储中心，造成抵押物变现困难。易于变现是成为金融机构普遍接受的抵押品的基本条件。但由于我国目前林业发展滞后，林木流转市场不完善，缺少林木收储中心，所以林木变现相对困难。很多借款林农的林木面积小，采伐运输成本高，进行活林木拍卖则很少有人愿意购买；此外，由于林业生产层次性强，一旦林农无法还款，农信社就要承担林地管理的责任，这也将增加变现成本。

作为在传统农村金融系统中扮演重要角色的农信社，尚且存在如此之多的问题，那对于其他商业银行来说，林权证抵押贷款所存在的问题只会更多、更严重。

(四)林业合作经济组织

林权制度改革实际上是家庭承包经营责任制在林业领域的延伸，它将集体林地分配到林农个人，这体现了外力强制形成的统一经营向激发林农生产积极性的私人经营的转变。林权制度改革在建立林业生产环节的激励机制和确保林业经营收益实现方面起到了重大作用，在林权制度改革背景下出现的林权抵押贷款更是中国林业发展史上的一大突破。随着社会和经济的发展，林权制度改革在运行过程中逐渐暴露出缺陷和不足，作为林业生产最大主体的广大林农在发展过程中遭遇了种种困难，这些阻碍了林业的可持续经营和发展。在这种情况下，林业合作经济组织大量涌现，将林农联合起来，以适应市场竞争，满足生产需要。与其他产业合作组织一样，林农合作组织是一种合作制，它是私有制条件下弱势群体为谋求自己的更多利益而联合的一种经济组织形式，是市场经济的产物。

随着林权制度改革的不断深化，林权抵押贷款作为林业金融创新的方式之一，逐渐在各地开展起来。但在林权抵押贷款从理论走向实践的过程中，由于抵押物的特殊性，出现了许多制约其发展的因素。林权抵押贷款虽一定程度弥补了林农抵押物不足的缺陷，但并不能有效降低贷款成本，且林权作为抵押物本身还存在着调查难度大、管理处置困难、不易变现等困难。为满足林农贷款的需求，一批以村为单位，依托原村级组织设立，以为林农提供信贷担保服务为主的专业合作经济组织应运而生。

四、集体林地流转贷款模式的地方实践创新

(一)案例一：林农＋专业担保公司＋金融机构

1. 案例描述

随着集体林权制度改革的推进以及林权抵押贷款的开展，在浙江、福建、江

西这种林业大省中，各种为林权抵押提供担保的公司陆续成立。在林权抵押担保公司中最为普遍的类型是以县为单位，规模中等，为大户林农、林业专业合作社以及林业中小企业提供抵押担保。这里以庆元县和兴林权抵押担保有限公司为例进行说明。

庆元县是丽水市的林业大县，森林覆盖率高达 82.4%。林业产业一直是庆元县的主导产业之一，县内林业种植业和加工业发展繁荣。浙江省丽水市庆元县和兴林权抵押担保有限公司(简称和兴公司)是按商业原则组建的专业担保公司。该公司成立于 2008 年 10 月，是庆元县首家林权抵押贷款担保公司，该公司由庆元林场、庆元县林业产业公司、庆元县营林公司三家国有企业出资 3 330 万元组建而成，实行自主经营、自负盈亏、独立承担民事责任，为依法注册成立的各种所有制林业企业和从事林业生产建设的个体经营户或自然人提供林权抵押担保。

2. 担保模式作用机制

和兴公司为借款人提供担保，借款人以林权向公司提供反担保。和兴公司按一定比例收取评估费和担保费两项费用，其中评估费采取差额累进方法计算，对评估值在 100 万元以上、50 万～100 万元、10 万～50 万元、10 万元以下分别按 3‰、4‰、5‰、6‰四档次收费；担保费则按担保贷款初始金额每月收取 1.5‰。林农和林业企业完成担保程序后向金融机构(主要为农信社、邮政储蓄银行、农业银行)贷款，金融机构发放贷款后担保公司履行担保责任。如果借款逾期，和兴公司作为连带责任保证人须承担还款责任，并有权要求债务人偿付和兴公司所代为偿还的借款本息，或者处置抵押物获得偿付。和兴公司依照市场机制对客户进行筛选。

(二)案例二：林农＋专业合作社＋金融机构

1. 案例描述

位于浙江西南部的丽水市山林面积达 2 151 万亩，占浙江省山林面积的四分之一，素有“浙南林海”之称。早在 2006 年，丽水市即启动了林权抵押贷款的相关工作，经过多年的探索和发展，形成了林权抵押贷款的“丽水模式”。

庆元县是丽水市的林业大县，也是全国重点毛竹产区之一，全县竹林面积 30 多万亩，黄田、隆宫、安南是全县毛竹三大乡镇。其中隆宫乡是全县竹产业第一乡，不仅竹林面积大，立竹量多，笋产量大，而且竹制品加工业十分发达，基地连着作坊，作坊连着龙头，龙头连着市场，形成较为完整的竹产业链。拥有 3 117.9 公顷毛竹林的隆宫乡，是庆元县的毛竹重点产区，全乡的笋竹加工企业共有 400 多家，从业人员逾 5 000 人，年加工毛竹量达 400 万株，当地农民的收入有三分之二来自笋竹产业。隆宫乡是庆元县林权抵押贷款的试点，自 2007 年发放全省第一笔林权抵押贷款以来，隆宫乡一直探索林权抵押贷款的创新，其中尤为引人关注的是，当地林农自发组建了农民专业担保合作社对农户的小额林权抵押贷款进行担保，即浙江丽水创新竹木合作社。

创新竹木合作社是由林农自发组织的，成立于 2008 年，发起人为丽水市庆元县隆宫乡黄坑村、生水塘村、小关村、源头村和张地村 5 个自然村的村干部（同时也是林农）。创新竹木合作社成立之初，现金出资社员 7 人，每人出资 10 万元，注册资金 70 万元，该现金出资作为风险担保金和创新竹木合作社的启动、运转资金。创新竹木合作社在县农信社开立基本的存款账户，并保证存款账户内不少于 10 万元的风险担保金。农信社向合作社提供的担保总额控制在创新竹木合作社存入农信社风险担保金的 10 倍以内。林农一旦入社就可以享受创新竹木合作社提供的贷款担保服务。林农入社时，创新竹木合作社对林农的山林做简单评估，并提供按评估数额最高 50%比例的贷款担保，但最高也不能超过 5 万元。林农申请贷款只需向创新竹木合作社抵押林权证，然后到信用社领取贷款，其他贷款手续由创新竹木合作社代为办理，其运行机制如图 6-1 所示。

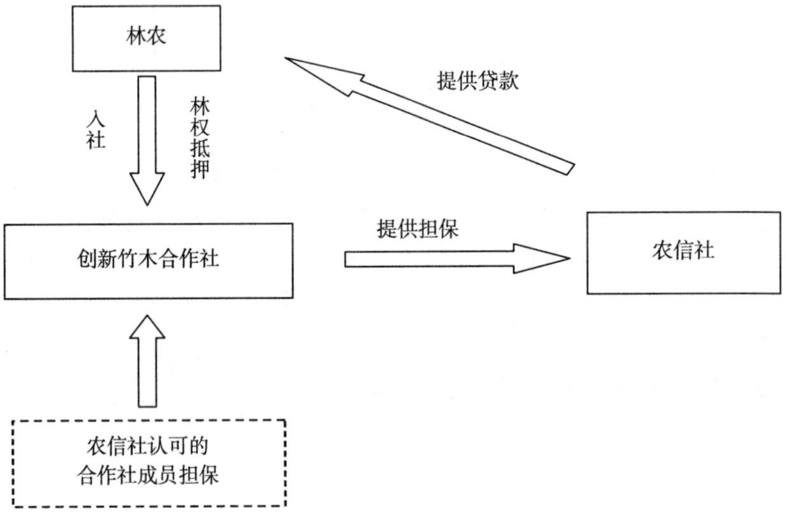

图 6-1 浙江丽水创新竹木合作社运作机制

2. 担保模式作用机制

创新竹木合作社与县农信社签订合约，以其在农信社留存的风险担保金为林农提供贷款担保。县农信社通过创新竹木合作社发放贷款时，农信社早已通过创新竹木合作社对林农进行了筛选，不仅可以节约信息搜寻成本，还能掌握林农的信用状况。为降低林农的违约风险，鼓励林农建立良好的信用，农信社与创新竹木合作社商议后决定，单户林农贷款遵循一贷一还原则，林农只有归还上次借贷的本息后才有资格向农信社申请下一次贷款，创新竹木合作社才会为之提供担保服务。

从创新竹木合作社的贷款担保运作来看，其每年向每笔贷款收取 1.2%的担保服务费和0.2%的他项权证工本费。

(三)案例三：林农+政府担保平台+金融机构

1. 案例描述

林业具有生态和产业的双重属性，是大农业中一个特殊而重要的产业。由于林业产业的弱质性、林权抵押贷款对象林农的高风险性，林权抵押贷款业务风险远高于普通类贷款，其推行中遭遇多重阻碍。为了推进林权抵押贷款，各地政府根据实际情况采取了一系列措施，包括林权抵押贷款贴息、组建政府担保机构等。

屏南县隶属福建省宁德市，土地总面积1 485平方千米，是个典型的山区农业县。全县有林地面积151万亩，森林覆盖率达75.6%。屏南是全省速生丰产商品用材林基地之一，是宁德地区森林资源最丰富的县，全县竹林面积为7 210公顷，大小竹木制品加工企业70多家。屏南县是福建集体林权制度改革以来，林权证抵押贷款的试点县之一，也是省级贫困县，该地的农村金融业务的开展，尤其是林改后林权证抵押贷款的推进程度，对当地农村经济的发展、农民的增收都起着至关重要的作用。同时，该地作为林权证抵押贷款的试验基地，在推进农村金融特别是农民融资可得性上起到了先行者的作用，创新出了很多独特的模式。其中尤为引人关注的是，屏南县将林权抵押贷款担保与农村信用体系建设结合起来，建设了屏南县农村金额创新平台，即小额信贷促进会。

福建省屏南县于2007年组建了以信用建设和林权反担保为前提，融合林权流转服务、贷前调查和贷后跟踪服务为一体的农村小额信贷推介担保平台——屏南县农村小额信贷促进会。小额信贷促进会由政府牵头组织，业务主管单位为屏南县脱贫办，并经屏南县民政局登记为社团法人。小额信贷促进会与农信社建立了小额贷款合作服务关系，协助其进行贷前调查、信用指标评价、贷后跟踪管理、催收贷款本息等，主要为中低收入林农提供5万元以下的小额贷款推介和担保服务。农信社向林农发放贷款时，由小额信贷促进会提供担保并交纳一定比例的风险基金。同时，借款人将所属林权证抵押给促进会，并提供一名经促进会认同的有相应担保能力的自然人(一般是村干部、公职人员或经济能人)以自家的财产做保证，承担该贷款的连带清偿责任。当借款人违约时，金融机构有权从促进会的担保基金账户直接扣划相应数额的贷款，促进会再向借款人及自然担保人追偿。目前，屏南县促进会信贷风险基金为100万元，按推介担保贷款的一定比例留存在相关银行账户上，其运行机制如图6-2所示。

2. 担保模式作用机制

小额信贷促进会在县、乡、村三级设立组织，县级为常务理事会，是小额信贷促进会的最高决策机构，负责统筹协调，审核批准贷款的推介担保等工作，内设贷款推介担保部、风险基金管理部和信息服务部。乡镇一级设办事处(分会)，负责本地贷款推介担保的调查，并办理相关手续。村一级设理事会员，负责收集

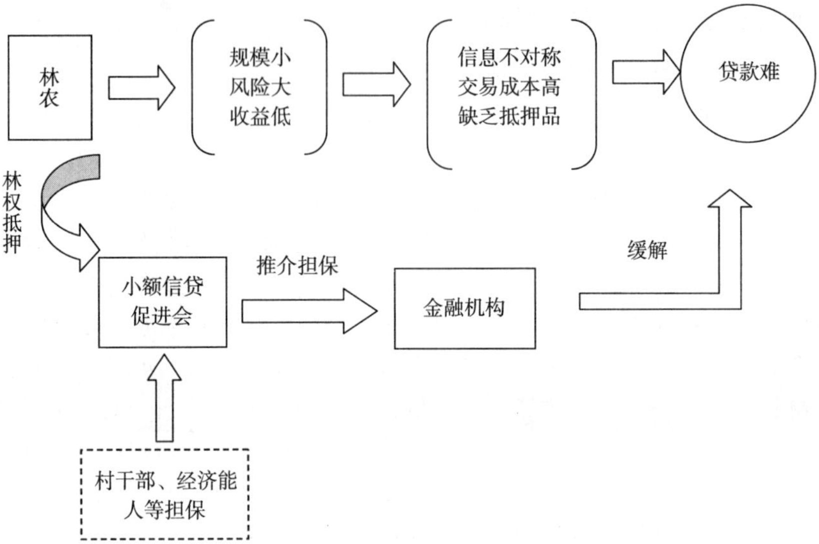

图 6-2 福建屏南小额信贷促进会运作机制

农户的基本信息，开展信用等级评定以及贷后跟踪管理等。将农户的信用状况与贷款可得性紧密联系在一起。

小额信贷促进会作为农户和信用社之间的中介，通过和屏南县农信社签订农户小额贷款推介担保合作协议，可以充分发挥其信息和专业分工的优势，降低金融机构(主要是农信社)的借贷风险，提高其预期收益；同时，降低农信社的借贷成本，从而达到提高其信贷供给意愿的目的。对于农信社来说，小额信贷促进会为农信社解决了农户贷款过程中对农户的信用评定、林地评估、贷后监管、违约赔偿等一系列的问题；且农信社为林农提供贷款可以获得小额信贷促进会的双重保障，即留存在农信社账户上的风险基金以及信用担保人的连带责任。农信社只需针对每笔贷款让利 1‰给小额信贷促进会作为担保费用。这些规则的运行将农信社的风险大都转移到了小额信贷信促会的头上，且降低了农信社办理林权抵押贷款的成本。

对于林农来说，通过小额信贷促进会的担保不仅增加了贷款的可得性，也节省了借贷成本。林农向小额信贷促进会发送贷款申请信息，小额信贷促进会对林农进行筛选，林农获得小额信贷促进会的推介后，将林权抵押给小额信贷促进会，并提供一名经小额信贷促进会同意的居住在林权所在地的村干部或经济能人作为担保人，与小额信贷促进会签订反担保合同。通过小额信贷促进会的担保，林农在 3 个工作日内就可获得贷款，大大改变了传统林权抵押贷款申请流程，降低了时间成本；且小额信贷促进会本身为非营利性组织，对于推介的贷款不收取任何服务费。因此，有了小额信贷促进会的担保，林农获得贷款的可能性大大增加，付出的贷款成本则大大降低。

五、集体林地流转贷款模式选择的逻辑

(一)分析逻辑思路

根据 Williamson(2000)的四层次分析框架，林权抵押贷款属于资源配置层次，改变资源配置效率。在实践中，我们可以通过多种担保模式达成交易，每一种担保模式实质上就是一种治理结构，担保模式的选择正好与交易费用经济学的核心命题息息相关：资产专用性、不确定性、交易频率等不同属性的交易与不同类型的治理结构在交易费用最小时匹配得最好。

本章下面将通过对不同担保模式案例的阐述，归纳影响林权抵押贷款交易的重要属性，建立交易属性—治理结构属性—治理结构的矩阵，深入探讨这些交易属性对担保模式选择的影响机理，最后得出不同担保模式的选择原则。具体过程为：首先，分析三个案例的交易属性(如资产专用性、不确定性、交易频率等)；其次，分析三种担保模式的治理结构属性(如对内信息完备性、交易程序的简洁性、交易状态稳定性等)；最后，分别判断两类属性的程度，并以交易费用最小为原则将两者进行匹配。本书认为，正是由于不同地区经济社会发展水平、林木资源自然物质属性以及林农特征的不同，才导致不同的担保模式被选择。在本书中，我们将这些影响因素统称为交易属性。

为了分析的方便，本章将林农与金融机构之间发生林权抵押贷款视为交易，分析不同的担保主体介入后对借贷双方产生的影响，包括行动者间的互动过程、成本收益和决策选择的变化，通过对比归纳，总结哪些交易属性使不同的担保模式发挥了不同的治理效率。

(二)林农贷款交易属性分析

从三个案例中，我们可以看出资产专用性、盈亏不确定性、贷款频率、贷款规模、异质性、借款者贴现率以及贷款者复杂性等交易属性特征对各方行动者的互动过程和互动结果有显著影响，我们将三个案例的交易属性特征归纳如表 6-1 所示。

表 6-1　林农贷款交易属性特征

项目	资产专用性	盈亏不确定性	贷款规模	贷款频率	异质性	借款者贴现率	贷款者复杂性
案例一	强	大	大	低	小	高	低
案例二	中	小	中	中	中	中	低
案例三	弱	小	小	高	大	低	高

案例一中和兴公司的客户多为林业大户、林业专业合作社以及林业企业，提供的贷款担保额度多为10万元以上，贷款规模较大，期限较长。和兴公司是营利性担保机构，通常是按金融机构发放贷款额的一定比例向林农收取担保费。显然，中小林农的贷款额度小，担保机构从自身成本收益角度出发会更加青睐种植大户和林业企业；而对于中小林农来说，通过和兴公司的担保获得贷款的成本过高，所以一般也很少选择该模式。林业大户、林业专业合作社以及林业企业所需资金规模大，期限长，主要用于维持和扩大产业生产，所以资金投入前后产业价值相差较大。林业大户、林业专业合作社以及林业企业经营林地规模大，受自然和市场的影响大，盈亏不确定性大。

案例二中创新竹木合作社为黄坑村、生水塘村、小关村、源头村和张地村5个自然村及附近村庄的林农提供担保贷款约200万元，这些贷款主要被用于竹林生产及家庭竹木加工等。隆宫乡是庆元县最大的毛竹产区，全乡有400多家笋竹加工企业以及众多家庭竹木加工作坊，当地农民的收入有三分之二来自笋竹产业。在此案例中，林农多以自家的毛竹为抵押，异质性较弱；毛竹的市场价值比较稳定，资产专用性不高；村与村之间联系紧密，林农多以经营毛竹林和家庭竹木加工厂为主，主体复杂性较低。

案例三中小额信贷促进会为全县林农，尤其是中低收入林农提供推介担保贷款7 000多万元。大部分林农将获得的贷款用于以家庭为单位经营的林业种植项目，包括各种木材林、经济林等。以家庭为单位的林业生产一般规模较小，小额信贷促进会体现了政府对弱质林农的扶持。

(三)抵押贷款模式选择的机理分析

1. 交易属性与治理结构选择的关系

由案例三可以看出，贷款频率高，异质性强，参与主体复杂性高，这三个交易属性的特点要求治理结构必须有较高的对内信息的完备性，以保证节约协商互动过程中的交易费用。同时贷款方贴现率高还要求治理结构的交易程序简洁性较高。

当资产专用性高时，交易一方或者双方要求更高的交易状态稳定性，以保证专用性价值得到体现，专用性投资能够得到回报。当然，一般来说，资产专用性越强供需双方的交易热情也就越大，对治理结构的激励和启动交易的能力要求越小。

由案例二可以看出，盈亏不确定性小，异质性较弱，参与主体复杂性较低，这为实现自主经营管理提供了基础，这也要求案例二的治理结构有一定的自主管理的可能性。

因此，正是由于每个治理结构对内信息完备性、交易程序简洁性、交易状态稳定性、激励和启动交易的能力、吸收当地劳动力的能力、自主管理的可能性的不同，才使得他们分别适合于不同交易属性的交易，它们可被称做治理结构属性。

表 6-2 所示的是交易属性与治理结构属性之间完整的关系，“＋”代表某个交易属性变化时，相应的治理结构属性变化方向与之保持一致；“－”代表某个交易属性变化时，相应的治理结构属性变化方向与之相反；“0”则代表两者无明显关联。其中大部分关联已经在案例的分析中得到了阐述。

表 6-2　交易属性与治理结构选择的关系

项目	对内信息完备性	交易程序的简洁性	交易状态稳定性	激励效果	解决争端的能力	自主管理的可能性
资产专用性	0	0	＋	－	0	－
盈亏不确定性	0	0	0	0	0	－
贷款规模	0	0	＋	0	0	－
贷款频率	＋	0	－	0	0	－
异质性	＋	0	0	0	＋	0
借款贴现率	0	＋	0	0	0	0
贷款复杂性	＋	0	0	0	＋	－

2．不同担保模式的效果(治理结构属性)

上文提到的三种担保模式的治理结构属性各有不同，见表 6-3。

表 6-3　不同担保模式的治理结构属性

项目	专业担保公司模式	专业合作社模式	政府担保平台模式
对内信息完备性	0	＋	＋＋
交易程序的简洁性	＋＋	＋	0
交易状态稳定性	＋＋	＋	0
启动和激励交易的能力	0	＋	＋＋
协调和解决争端的能力	0	＋	＋＋
自主管理的可能性	0	＋＋	＋

例如，在案例二中，创新竹林合作社所覆盖的 5 个村靠得比较近，村与村之间联系较为密切，村民交往甚多，各村大都以毛竹产业为主，林农家家户户都有毛竹林。农村具有独特的熟人至少是半熟人社会关系，在这种情形中，人与人之间有着长期频繁的交往，因此他们有可能知道谁是能够信任的，自己的行为将会对其他人和自身产生什么影响。当林农在这样的环境中居住了相当长时间，有了共同的行为准则和互惠的处事模式，他们就拥有了自主治理的社会资本。对于违规的林农来说，来自于农村特有的社会环境所产生的惩罚往往制约着他们。农户的固定圈子生活，使其非常注重自己在亲邻好友中的形象，一旦由于违约被列入黑名单，担保人也将受到牵连，在熟人关系浓厚的村庄里，这种不利消息会迅速传开，其他农户将不再为其担保，从而断绝了今后贷款或得到帮助的可能性。因此合作社具有较高的对内信息完备性以及自主管理的可能性。

小额信贷促进会在村一级设置理事会，理事会协管人员均为当地村民，对于当地农户的资信状况、家庭经营情况、家庭收入、林木的权属及经营状况、家庭发生的大事件等都较为了解。林农如果选择林权反担保模式的贷款，则意味着他的信用动机和日常的经营活动都要接受小额信贷促进会的监督，而中国的农村是个熟人社会，农村的人口流动率也相对较低，农户与农户之间的面子观念非常强烈。一旦某个农户出现不诚信的情况，如故意违约不还款，左邻右舍都会在背后议论，直接会影响到林农家庭在村里的地位，甚至波及林农家庭生活的方方面面。所以，林农从长远角度考虑，也会比较自觉地接受监督和按期还款。此外，林农的生产基本上是循环进行的，并不是借一次钱就了事，需要以一定的生产为周期循环借款，若发生主动违约，则以后的借款就会受到影响，甚至无法借款，所以林农也不会去故意违约。因此小额信贷促进会具有较高的对内信息完备性及较强的协调和冲突解决能力。

在市场经济体制逐步完善的情况下，“林农＋专业担保公司＋金融机构”模式采取受法律保护的长期正式契约，交易稳定性高；合作社更多是依靠一种非正式契约，因此稳定性最差。“林农＋政府担保平台＋金融机构”具有政府扶持性质，门槛较低，更能够激励和启动交易。

3. 交易属性对担保模式选择的影响

上文分析了交易属性对治理结构属性的要求，以及不同治理结构的属性特点，在治理结构属性这一桥梁的作用下，我们就可以进一步厘清交易属性是如何影响担保模式的选择的，如表 6-4 所示。当某个交易属性变强时，“＋＋”代表十分推荐选择该种担保模式，“0”代表不推荐选择该种担保模式，“＋”代表该种担保模式既不是最好，也不是最差的选择。

表 6-4　交易属性对担保模式选择的影响

项目	林农＋专业担保公司＋金融机构	林农＋专业合作社＋金融机构	林农＋政府担保平台＋金融机构
资产专用性	＋＋	＋	0
盈亏不确定性	＋＋	＋	0
贷款规模	＋＋	＋	0
频率	0	＋	＋＋
异质性	0	＋	＋＋
贷款方贴现率	＋＋	＋	0
主体复杂性	＋	＋	＋＋

表 6-4 为我们根据具体交易中某一交易属性的实际情况选择担保模式提供了有力的指导，但试图考虑所有交易属性进而对担保模式的总体优劣进行排序仍然是不可能完成的任务，一条可能的解决路径是根据具体案例进行评价。另外，通

过本章的三个案例，我们可以得知，以上七个交易属性中的某一些对于治理结构的选择影响更大，被称为主导属性。

资产专用性、盈亏不确定性、贷款规模对于治理结构选择的重要影响是显而易见的。案例一到案例三，资产专用性和盈亏不确定性逐步由强减弱，贷款规模呈现变小的趋势，而在三个成功的案例中，分别选择了“林农＋专业担保公司＋金融机构”“林农＋专业合作社＋金融机构”“林农＋政府担保平台＋金融机构”这三种贷款模式，这与表 6-4 是完全对应的。其他一些交易属性虽然对治理结构选择也有一定影响，但要么影响范围有限，要么影响程度不如上述三个属性。

六、本章结论

(一)主要结论

本章研究发现，林权抵押贷款交易中存在高额交易费用，林农很难通过林权抵押获得足够的贷款，由此需要创新林权抵押贷款交易的治理结构。通过对案例的分析可以发现，案例中的贷款交易具有其特定的交易属性，包括资产专用性、不确定性、交易频率等。而适合这种交易的治理结构应该具备特定的属性，包括信息完备性、稳定交易能力、激励和启动交易的能力等。

在没有担保的情况下，由于高昂的交易费用，三个案例中的林权抵押贷款都陷入了困境。三种担保模式具有不同的作用机制，都一定程度上减少了林权抵押贷款的交易费用，增加了贷款的可得性。事实上，这三种不同类型的担保模式组成了贷款担保体系。现实中有不同的个体和单位从事林业生产，这必然导致林权抵押贷款交易属性不同。我们不可能仅依靠某一种担保模式解决林权抵押贷款的所有问题。所以为满足不同主体的需求，我们需要实现担保体系的层次性和多样性。

(1)由于无法满足银行对于贷款者的要求，低收入的林农很难仅靠林权证就获得贷款。一般来说，政府担保平台致力于扶贫，所以对于低收入林农来说该种担保模式是一个很好的选择。

(2)在经济较发达的农村地区，林农可以通过组建合作社，以互助合作的资金以及合作社的组织信誉向银行担保，从而获得贷款。

(3)林业公司和大户林农由于林业生产规模大，一般需要的资金规模相对较大，在市场机制下，商业担保公司能更好地满足这些生产者的贷款需求。

总的来说，对于担保模式的选择需要因地制宜。在尽量减少交易费用的前提下，为了满足不同林业生产主体的贷款需求，我们需要全面考虑林农和林业资源的状况。

(二)林业合作经济组织模式的讨论

1. 成功的原因

福建屏南县小额信贷促进会、浙江丽水创新竹木合作社这两种模式有异曲同工之妙，即避免了林权证直接抵押贷款，通过第三方(小额信贷促进会或合作社)，以林权反担保模式连接林农和农信社，提高林农贷款可得性，降低农信社信息获取成本，缓解了由于信息不对称和抵押物缺乏造成的融资困境。

在实际操作中，小额信贷促进会和合作社扮演着林农向农信社借款的担保人角色，能有效降低农信社的信贷风险和信贷成本。首先，林农的贷款资格来自于合作社的推介担保，也就是说合作社先要对林农的个人信誉、财产等信息有一定了解，确定林农有足够的还款能力。当林农向农信社申请贷款时，农信社就可简化贷款程序，从而节约事前的信息成本。在还款实施上，若林农违约，农信社可直接向小额信贷促进会或合作社追回贷款本息，不仅降低了农信社的信贷风险，而且节省了向林农直接追讨的成本，即节约了事后的成本。对林农来说，林权抵押贷款的开展使林农拥有了符合农信社贷款要求的抵押物，再经过合作社的贷款担保，他们获得贷款也就容易多了。

小额信贷促进会和合作社之所以能够有效降低信息不对称带来的逆向选择和道德风险，是因为它们或融入或来自于农村社会，具有信息优势，并且充分利用了农村社会关系的特点。农村村庄的圈层结构、地域特点、血缘亲缘等特殊联系以及长期频繁的交往使得农村具有独特的熟人至少是半熟人社会关系，村民彼此之间非常了解，轻易就能知晓对方的变化。小额信贷促进会信贷协管员、代理员或自然担保人以及合作社社员都为本地居民，对借款人的家庭财产、收支情况、信誉状况、生产能力等非常了解，很容易就能判断出借款人的贷款能力和还款能力，节省了大量的信息搜集和调查成本，增加了林农贷款可得性，降低了逆向选择可能性。对于发放的贷款，小额信贷促进会和合作社可以利用农村熟人社会关系进行动态跟踪，随时掌握林农的生产经营状况和贷款用途，督促并协助农信社催收贷款，保证款项及时归还。另外，农户在固定圈子生活，使其非常注重自己在亲邻好友中的形象，一旦由于违约被列入黑名单，担保人也将受到牵连，在熟人关系浓厚的村庄里，这种不利消息会迅速传开，其他农户将不再为其担保，从而断绝了其今后贷款或得到帮助的可能性。因此这种社会关系一定程度上解决了贷款风险和损失，降低了道德风险。

特别值得关注的是屏南县小额信贷促进会联合移动公司开发的“三农综合服务信息平台”。当林农向促进会发送贷款申请信息时，能通过平台迅速辨别、筛选出该农户是安全借款者或风险借款者，节省了银行大量的贷前调查成本；同时这种将贷款可得性与信用状况紧密联系起来的方式也无形中增强了农户的信用意识。

2. 潜在的风险

小额信贷促进会和合作社都处于起步阶段，基础也比较薄弱。在发展过程中，无论是屏南小额信贷促进会还是丽水创新竹木合作社都暴露出一些相同的问题。

一是担保能力不足。资金是林业建设和发展的血液，随着林业产业的发展，对于资金投入的需求日益增加，将有更多的林农提出贷款需求。屏南县小额信贷促进会只有政府投入的100万元专项资金作为小额信贷风险基金；创新竹木合作社除了政府给予1万元补偿性基金外，理事、监事共同出资70万元作为其启动、运作资金，即使全部作为风险担保金也只能提供700万的贷款。随着贷款林农数量的增加以及贷款额度的上升，小额信贷促进会及创新竹林合作社的后续担保能力成为重要的制约因素。

二是持续发展问题。小额信贷促进会本身为非营利性组织，对于推介的贷款不收取任何服务费，只是推介担保贷款由信用社让利1‰作为担保费用，此外没有其他收入来源，一旦缺少政府支持，将面临着持续经营风险。创新竹木合作社仅有两个收入来源：一是存入农信社的风险担保金按规定存款利率获得的利息；二是向社员收取的一定比例的担保费用。这两部分的收入十分有限，且这些收入在扣除合作社开支后将全部分配给社员(以山林折价入股的社员除了享受林权抵押贷款担保服务外，他们不参与创新竹林合作社的利益分配)，创新竹林合作社是没有剩余的。即创新竹林合作社的现金出资者承担了经营风险，同时也享受了全部资金要素所得，创新竹林合作社的风险承担及收益分享只覆盖了小部分社员，利益联结不紧密，因而制约了其可持续发展。

三是，小额信贷促进会和合作社其实是将林业贷款风险部分转移到了自己身上，林农违约的可能性使其面临林权变现存在的风险。借款人逾期不能归还银行贷款时，小额信贷促进会和合作社承担连带责任，代为清偿银行借款。小额信贷促进会和合作社有权将借款人抵押的林木收归已有。林权变现受林地附近交通状况、林木质量、市场需求等因素的影响。处于生长期的幼林价值低、管理困难、风险大、变现困难，并且森林易受自然灾害和人为因素破坏，导致林权灭失。

3. 亟须改进之处

小额信贷促进会和合作社在发展过程中由于规模有限所以后续担保能力不足，而利益机制的不完善可能制约其可持续发展。更为重要的是，小额信贷促进会和合作社一定程度上承担了银行的风险，可能面临林权变现困难的问题。针对小额信贷促进会和合作社存在的问题及其改进，需要引起重视。

第一，林业发展离不开政府支持。林业是天生的弱质产业，又具有经济、生态和社会三重效益，我国林业在发展过程中面临着很大的挑战，政府在林业生产资金投入方面确实扮演着至关重要的角色。为满足林农贷款需求而出现的合作组织正处于起步阶段，基础还不够稳定，发展过程中遇到了许多问题，所以离不开政府的支持。并且林区这些合作组织吸收了许多分散小户林农，改善弱小林农贷款困境，政府政策更应予以一定倾斜。

第二，发展完善森林保险体系刻不容缓。长久以来由于森林易受自然灾害和人为因素破坏，灾害发生频繁，所以保险险种单一，范围很小。随着对林业信贷需求的增加，森林保险体系亟须发展完善。针对林业自身特点，政府通过补贴、税费减免等方式激励林业商业性保险的发展，构建政策性保险和商业性保险相结合的保险体系。这样，保险与信贷相结合就可以有效减轻合作组织的担保压力。

第三，小额信贷促进会和合作社发展方向之一——自身专业性发展。林区中资金短缺、贷款困难的农户规模庞大，总的来说贷款担保的供给远不能满足需求。合作经济组织可以为更多的小户林农提供信贷担保，扩大覆盖面，充分利用贷款担保空间，保持并且扩大政府产业政策倾斜的有利地位。

第四，小额信贷促进会和合作社发展方向之二——自身综合性发展。小额信贷促进会和合作社可扩大服务范围，在稳定贷款担保这一核心职能的前提下，同时发展林业生产、供销等方面的服务。这样不仅拓宽了组织的收益来源渠道，并且一定程度上降低了贷款担保的风险：一旦借款林农发生违约行为，合作经济组织就可利用自身综合性服务优势，将抵押的林木直接收管，解决抵押林权处置问题，降低其变现难度。

第七章

集体林业风险防控的市场机制：以自然灾害风险交易市场为例

林业风险(forestry risk)是在林业生产和经营过程中，资源条件、自然环境、市场环境、政策环境以及林业内部等不利因素对林业生产、增收和林业可持续性带来的危害和损失。在集体林业生产经营过程中，林农的抗风险能力一般都比较弱，这降低了林地流转的规模和林业发展的规模。为了有效改善林农从事林业生产经营的各种风险因素，需要提供有助于林农抗风险能力提升的公共物品。而为了提升这种公共物品的供给效率，还需要在当前政府供给为主的机制下探索市场化的机制。

由气候极端事件所造成的林业经济损失在整个社会经济中的比重越来越大。应对气候变化造成的社会经济的影响，加强气象灾害风险管理工具的研究和市场化应用，越来越受到国际社会的普遍关注。从市场角度来看，建立全国范围切实有效可行的气象灾害风险交易市场具有巨大的潜力，可减少气象灾害造成的经济波动对包括林业、林农等社会生活的冲击，也可以促进社会经济的可持续协调发展。对于集体林地来说，林农个体承受灾害风险的能力更为薄弱，而目前也没有合适的政府、市场等抗风险机制的存在来保障集体林地流转经营的收益。在这些背景下，本章是对林地流转经营自然灾害风险防控机制的一个初步的探索。

一、引言

人类活动对全球气候的影响越来越大。伴随着极端天气事件发生的频率和强度的增加，气候对人类活动，特别是对人类的经济活动的负面影响也在明显增强(Karl and Trenberth，2003)。鉴于气候因素造成的林业经营经济风险在整个经济风险中的比重逐年上升，工业界、经济界对气候风险管理工具的需求在不断增加，欧美一些保险公司和国际机构近年来都相继开展了气候变化对经济的影响、气象灾害风险交易市场的未来发展趋势及保险公司、再保险公司与金融市场的应对策略等方面的研究(Allianz Group and WWF，2005)。

中国地域辽阔，气候差异大，灾害性天气的种类多，受灾范围也很广。东部沿海经济发达地区人口密度高，包括林业在内的很多行业都不同程度受到气候变化的影响，一定等级的暴雨、台风、雪灾、高温、干旱就会给各部门带来严重的经济损失。而以往的经验表明，政府灾后财政救助支持力度往往不够，且赔付常常滞后。

国内除少数试点省推出过气象灾害损失政府强制保险的产品外，涉及灾害保险的产品种类少，覆盖地区有限，多数只涉及大公司与大企业，尚缺少一种适合中小型林业企业及林农个人的气象灾害损失保险产品。传统的保险产品，由于核损赔付手续繁杂，经常诱发法律纠纷，产品的规避风险效率相当之低。目前在全国范围内还没有成熟的气象灾害保险产品及相应的气象灾害风险交易市场。因此，运用新兴的气象灾害风险管理工具，研发适合中国林地流转及经营的气象灾害风险交易市场，对整体降低中国的林业经济风险，促进林业经济的可持续发展都能发挥重要作用。

从全球范围来看，气象灾害风险交易市场的发展潜力巨大。20世纪90年代末起，欧美国家开始构建包括气象灾害保险产品交易、气象指数期货交易、气象指数期权交易以及其他形式的天气衍生品交易，气象巨灾证券交易等地区性市场(Ibarra and Skees，2007)。气象指数是可以客观测量的，受人为操纵的可能性较小。若再匹配一套相应的交易和监督规则，可以大幅度降低投机带来的交易风险。

因此，本章将介绍当前投入运行的气象灾害风险管理工具及其市场运作结构，在分析欧美气象灾害风险交易市场的发展状况和存在的问题的同时，探讨了建立多层次、多元化的气象灾害风险交易市场的模式和前景，旨在为中国建立有效的林地流转经营上的气象灾害风险交易市场提供一些可行性建议。

二、自然灾害风险管理的一般化市场工具

(一)主要的市场化工具

目前对气象灾害风险管理工具的研究及实际运用主要集中在三个方面：天气衍生品、气象指数保险产品和气象巨灾风险的证券化。

天气衍生品适用于发生概率较大，但损失不很严重的不利事件；而气象指数保险产品适用于小概率、大损失的灾害性事件。但在具体设计时，可综合两者的

特点灵活设计一种混合型的保险产品。天气衍生品和气象指数保险产品所采用的气象指标除了常用的温度、降水外，也可以是风速、台风强度、空气湿度，等等。与传统的财产损失保险相比，气象指数基于气象站的观测数据，客观性比较强，有利于减少传统保险合同中的信息不对称问题。由于不易被人为操作，既能减少保险合同购买者的道德风险，又能有效地避免保险公司对受保人进行人为筛选(即逆向选择问题)。

灾后的损失通常依据气象指数和财产损失之间的回归方程关系，气象指数的变化推导计算，避免了传统财险投入大量人力物力进行大规模灾后损失调查和估算的过程，降低了保险产品的交易费、运营和管理费。但由于气候指数不能百分之百反映投保方的实际灾害损失，在使用指数保险产品时，保险公司及投保方都要面对基本风险(basis risk)，有可能发生投保人损失大，但只能得到一小部分赔付，或投保人在没有损失时也能得到赔付的现象。与传统财产保险产品相比，气象指数保险产品不适合多种灾害同时造成的损失。根据国际上多年的试点研究和实际操作表明，气象指数保险产品优点远远大于这种产品的不足之处，足以弥补传统财险合同存在的缺陷。

广义上讲，天气衍生品也属于气象指数保险产品，但二者的交易市场有所不同。典型的气象指数衍生品，如气象指数期货产品和气象指数期权产品，通常在金融市场(如芝加哥商品交易所，Chicago Mercantile Exchange)进行交易。而气象指数保险产品的合同设计与传统财产损失保险合同相似，所以一般把它归属于保险市场交易品种，受保险行业监督委员会管理。

气象巨灾风险的证券化主要针对极端性天气事件造成的、涉及面广的特大经济损失。灾害性天气往往诱发系统风险，在同一时间、不同地点造成大规模的损失，使保险公司无法赔付，乃至破产。在这种情况下，传统的做法是将系统风险转移给再保险公司。多数欧美国家的经验证明，再保险市场往往处于高度垄断状态，因为缺乏竞争，再保险的风险金额相当之高。而且再保险公司还常常干预一级保险公司的营业决策，导致传统的再保险市场效率下降。将极端气候风险证券化的目的是通过发行气象灾害债券(weather bonds)，将风险转移到金融市场。气象巨灾风险的证券化将是对传统再保险市场的补充，通过提高风险转移的效率及再保险市场的竞争，尽可能降低再保险的风险金额(risk premium)，使入市门槛降低，市场流通量增加。虽然目前气象巨灾风险的证券化还仅限于理论探讨，并没有实际运作的先例，但这是一个很值得研究，特别是很值得在气象灾害风险交易市场开发中尝试的一种风险转移工具。

(二)气象指数产品市场化的问题

缺乏被市场公认的产品定价模式是阻碍目前气象灾害风险交易市场进一步发展的主要瓶颈。由于气象指数本身没有货币价值，它的随机变化不遵守几何布朗运动(Geometric Brownian Motion)规律，气象指数期权产品的定价不适合直接运用布莱克-斯克尔斯期权定价模型(Black-Scholes Option Pricing Model)。因而，天气衍生品交易市场与金融衍生品交易市场不同，理论上属于不完全市场(incomplete market)。为了在实际的市场运作上克服这个问题，首先需要进行气象指数期货交易，使气象指数货币化，再在气象指数期货交易的基础上开发气象指数期货的期权交易。

气象指数保险产品的交易市场中，有多种不同的理论定价模型。保险定价一般建立在两个基础上，一个是对损失概率的精细估算，另一个是对保险交易伙伴的风险偏好(risk preference)估计。保险公司对保险产品的定价在实际操作中并不经常采用复杂的定价模型，而是通常先依据历史数据演算出公平价格(fair price)，然后在此基础上增加一个风险负荷(risk loading)。风险负荷的确定一方面应该客观反映保险公司的风险偏好，另一方面也包括了赔付保证金的金融市场融资费用，以及保险产品管理和运作费用等。例如，在对德国保险公司做的问卷调查中，保险公司对干旱保险合同所要求的风险负荷一般为公平价格的20%～25%(Xu et al.，2008)。

基本风险是指数保险产品面临的另一个挑战。因为气象指数和投保人具体受灾损失的回归系数不可能是1，气象指数和损失回归方程的偏差就是基本风险。基本风险又可以划分为地理基本风险(geographical basis risk)和生产基本风险(production basis risk)(Musshoff et al.，2011)。

例如，在一个区域里，保户都根据一个指数，该赔都赔，该不赔都不赔。而事实上，就是在同一个地方，遭到同样的灾害，保户的受灾状况也可能是不一样的。有的可能没有受灾，也会得到赔偿；有的受灾很严重，但得到的赔偿却不足以弥补其灾害损失。通常，保险产品的基本风险越大，规避风险的效率就越低，市场上受欢迎的程度就会下降。

降低基本风险的办法可以从三个方面考虑。

第一，在设计气象指数时，尽可能使气象指数和损失之间的回归达到最大。在具体实施上，其中一个重要措施就是要大大改善气象站的基础建设，增加气象站的密度。气象站分布的密度取决于气象指数的类型。例如，气温的分布比较均匀，且影响的地区面积一般比较大，气象站的密度就不一定很大。而雨量的分布往往很不均匀，这样在保险合同覆盖地区，每50～100千米就需要一个气象站，以使气象指数和损失的相关系数能达到0.7以上。

第二，在保险产品定价时，量化赔付率、价格和基本风险的相关关系，将其带入到一个特定的定价模型中，使受保人和保险公司能够合理地共同承担基本风险。发展这样一个定价模型，是定价模型理论研究的一个重要方向(Xu et al.，2008)。与传统的财产保险相比，尽管受保人的实际损失因为基本风险的存在不可能完全受到补偿，但至少一部分或大部分的损失能够得到赔付。而且因为定损比较客观简单，降低了交易费用，气象指数保险产品的风险金额客观上有比较大的下降空间，因此，气象指数保险产品在市场上应该是有很大吸引力的。一般来说，运用指数保险合同，能够避免道德风险，但要承担基本风险，而传统的保险合同面临的问题正好相反。市场参与者面临的选择是接受道德风险还是接受基本风险。因为基本风险可以定量分析，而道德风险是不可预测的，因此，指数保险合同的合同风险总的来说要比传统的财产损失保险合同小。

第三，单独设计一个基本风险保险合同，作为气象指数保险合同的附加合同。考虑到气象指数保险产品在我国广大农村地区的应用，对于基本风险比较大且建立气象站比较困难的地区，投保人的基本风险可以采用由政府保险的形式，利用类似传统财产保险核损的方式增加附加合同。

三、国际上风险交易市场的结构和发展

（一）自然灾害风险交易市场的结构和发展

全球气象灾害风险交易市场的结构是多层次、多元化的。从市场的组织结构来看，有有组织的场内交易市场（organized market），也有场外交易市场（over-the-counter market）。例如，美国芝加哥商品交易所曾推出过全球 41 个城市的温度期货和期权交易，之后又相继推出了飓风、降雪、冰冻等的期货交易。从具体的交易合同数量和交易流通量来看，绝大多数交易还是集中在温度指数的交易。然而多数实践中操作的气象指数衍生品并不是在芝加哥商品交易所这种有组织的交易市场实施的，而是在场外交易中完成的。因为正规市场交易的合同通常是使用事先设计的标准合同，而场外交易使用的合同其设计没有固定模式，相对灵活便利，因此，场外交易是对正规市场交易的良好补充。

目前全球最大的有组织的场内气象灾害风险交易市场是芝加哥商品交易所，参与交易的绝大部分是大电力能源公司和机构投资者，交易品种不多。另外还有一些企业直接和银行与保险公司之间签订双向保险合同，这些大都是在场外交易中完成的。气候风险交易市场的发展，除了私营机构起推动作用外，一些政府和国际组织也参与其中。

例如，在农业和全球贫困地区扶贫方面，一些政府和国际组织，如美国农业部、世界银行和世界粮农组织等也在积极推动研究和开发气象指数保险产品。一方面，运用气象指数保险产品能够降低农业生产风险；另一方面，把气象指数保险产品和农业信贷、小额信贷结合在一起，可以在贫困地区达到可持续降低贫困的目标。欧美发达国家正在逐渐重视气象指数保险产品，因为传统的农业保险本身存在着很多不可解决的问题，而且需要靠大量的政府补贴来维持。气象指数保

险产品的开发可以有效弥补传统农业保险的不足(World Bank，2007)。

我国的农业保险遭遇了和传统保险同样的问题，至今基本没有多大进展，主要还是靠政府补贴形式开展。开发气象指数保险产品一方面可以提高私人保险公司参与农业保险的积极性；另一方面，可以总体降低保险费。这样，可以将政府对农业保险的责任逐步推向市场，这将大大降低政府对这方面的财政支出。

从20世纪90年代末开始，欧美地区，特别是美国的气象灾害风险交易市场经历了快速的发展。图7-1展示了全球2000～2006年气象灾害风险交易合同成交总额。可见，合同成交额呈现出稳步增长态势，从2000年的25亿美元增长到了2006年的192亿美元。2004～2005年，合同成交额呈现出了跳跃性的增长，总额达到了历年最高，达到近450亿美元。从图7-1显示的交易市场和场外交易的成交额来看，2003年之前，全部气候风险交易均属于场外交易。自2003年芝加哥商品交易所推出了气候风险交易品以来，场内交易增加明显(尤其在2005年)，相反，场外交易呈下降趋势。场内交易增加的重要原因：一是场内交易使用标准统一的交易合同，降低了交易成本，提升了交易透明度；二是场内交易具有清算机构和入场交易者遵守的清算规则，降低了交易伙伴之间的信贷风险。场外交易和场内交易相比，虽有一些不足，但它所具有的灵活特性很适合一些新兴的天气衍生产品在没有达到市场成熟之前的试交易。另有一些面临气象灾害风险的企业，有寻找保险产品的紧急需求时，为避免等待上市的时间太长，也可以寻找场外交易伙伴。所以场外交易是场内交易的一个很好的补充。

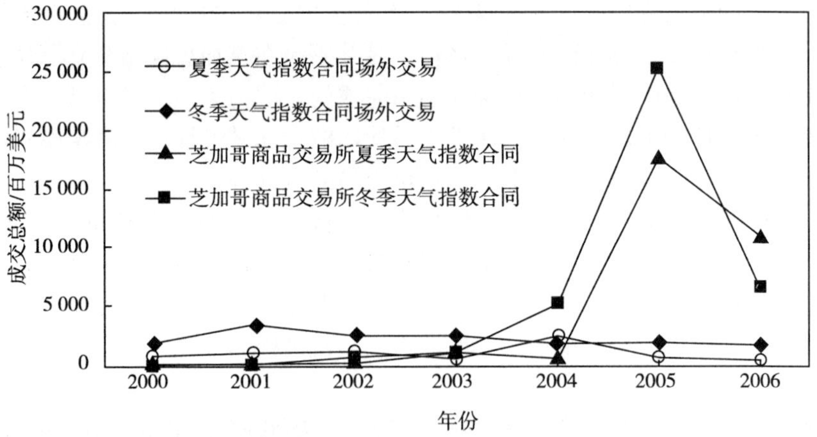

图7-1　全球2000～2006年气象灾害风险交易合同成交总额

资料来源：Roth(2007)

图7-2显示了全球气象灾害风险交易合同比重的地域分布。2000～2004年，北美和欧洲的交易合同占到了整个交易合同的绝大多数，达到总交易量的85%

左右。但从总体来看，欧美的交易合同比重从 2000 年到 2006 年呈波动下降趋势，而亚洲的交易合同比重却呈现了大幅增长的势态。在 2005 年和 2006 年占了整个交易合同数的三分之一强。在亚洲地区，主要是日本在开展气象灾害风险相关方面的交易。欧美交易合同总数的年际波动，反映了气象灾害风险交易市场，特别是有组织的场内交易市场目前还不成熟，还处于发展阶段，如在芝加哥商品交易所交易的天气衍生品合同，主要是温度衍生品。因为交易品种的相对单一，造成了市场参与者过度集中在某一个行业领域。虽然 2008 年后上市了飓风、降雪、冰冻气象指数交易，但目前交易量还很低，没有形成广泛的市场需求。市场参与者的过度集中，会造成一但交易者有变动，就会影响到合同数量的大幅度变动。一个成熟的市场，应该有多样化的气象指数产品，有相对稳定的客户群和交易量。

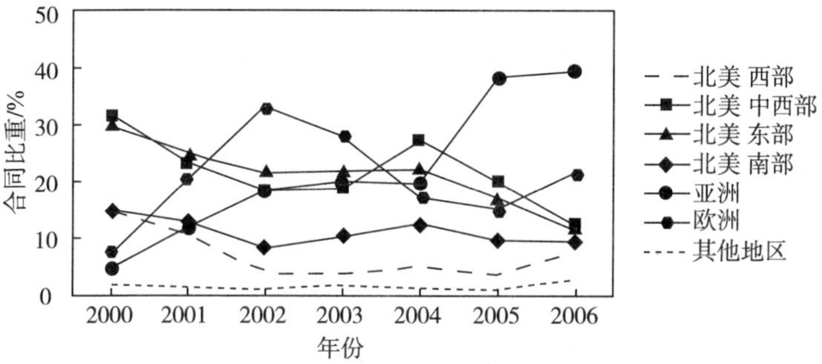

图 7-2　气象灾害风险交易合同比重的地区划分

资料来源：Roth(2007)

参与气象灾害风险交易的企业一般都是对气候波动比较敏感的企业。从图 7-3 可以看出，进行交易的主要有能源、农业、商业、建筑和交通行业，其中能源业所占比重最大。比较 2005 年和 2007 年的调查，运输业所占比重成倍增加，农业比重翻番，其他行业有大幅度增加。这样使得一枝独秀的能源行业交易比重从 69%下降到了 47%。可以预见，随着未来全球气候变暖的加剧，气候变暖带来的经济风险将会逐渐显著，直接受气候影响的农业和运输行业对气象灾害风险交易的需求还会大幅度增加。除此之外，其他目前还没有进入气象灾害风险交易市场的行业，如旅游业等，也会利用气象灾害风险管理工具来减少经营风险(Cao et al.，2003)。

(二)阻碍自然灾害风险交易市场发展的问题

从 20 世纪 90 年代中期国际上首次有天气衍生品的交易到现在，气象灾害风险交易市场及交易本身有了很大发展，但市场参与者大多还局限于大能源公司。目前尚缺少一个适合广大中小型企业，甚至个人参与交易的气象灾害风险交易市

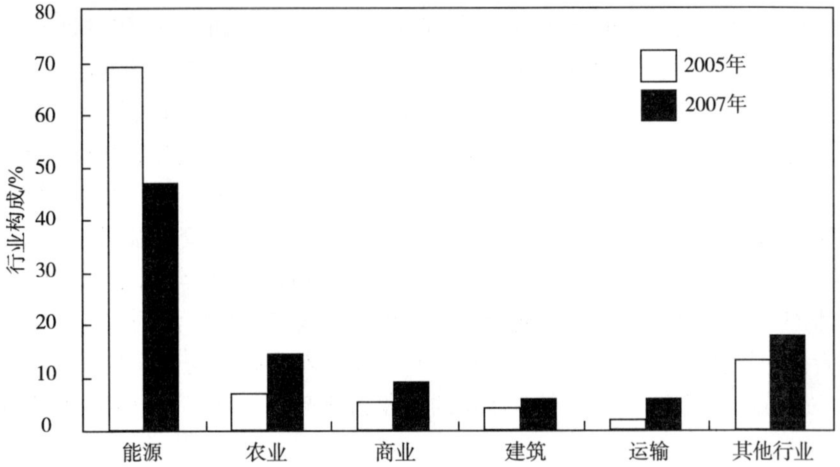

图 7-3 气象灾害风险交易的行业划分

资料来源：Roth(2007)

场。与北美相比，欧洲气象灾害风险交易市场起步艰难，市场规模保持在较低水平，中国则更加少见。

造成上述现象的主要原因之一是灾害发生的空间分布不均。例如，欧洲气象灾害相对北美要小得多，致灾的气象灾害风险种类也较少，对气象灾害保险产品的需求相对较小。其次是欧洲交易市场和北美相比总体发展水平还较低，不容易形成对气象指数的大规模交易。20 世纪 90 年代末，伦敦金融期货交易市场就曾试图开展与芝加哥商品交易所类似的天气衍生品的交易，但在操作两年后，因为交易量太小而停止。在亚洲，只有日本有一些气象灾害风险合同的交易。亚洲地区普遍受到多种极端天气的影响，气象灾害风险交易市场的外部条件已经具备，应该拥有很大的市场潜力。

中国目前没有形成有规模的气象灾害风险交易市场的原因之一，是金融和保险市场没有欧美发达，企业的风险规避的需求不会很快转变为保险产品。再者，因为这方面的研究比较薄弱，产品的开发、设计、定价和配套的市场开发都还没有开展起来。

总的来说，能否形成一个有效的、有规模的成熟市场，外部条件取决于市场所在地区极端气象灾害事件发生频率与灾害风险种类的多少、气象灾害造成的经济损失比重的高低等外界因素。除此之外，在经济理论上，能否发展出一个适合气象灾害风险交易的市场模式，也是一个关键。因此，怎样建立一体化的市场模式，使天气衍生品和气象指数保险产品交易起到互补的作用，将金融市场和保险市场、场内交易和场外交易融为一个整体，实现系统风险、地区风险、基本风险的合理转移，促进市场参与者(个人、企业、保险公司和金融市场投机者)合理分担风险，是目前气象灾害风险交易模型的一个重要研究方向。第二个关键是产品的设计。市场的建立和产品的设计是相辅相成的，市场结构决定了产品设计的方向，而具体产品的市场投放，又将影响和调节市场的结构。

四、建立集体林地灾害风险交易市场的可行性

中国气候类型多样，情况复杂，气象灾害风险种类繁多，影响范围广，近年来又频繁遭受极端天气气候的影响。随着气候变化引发的气候灾害经济损失占国内生产总值(gross domestic product，GDP)的比重逐年上升，企业和个人对气象灾害风险保险产品的需求量将明显增加，相关产品的开发和市场化已引起政府的重视和支持，给新兴的气象灾害风险管理工具和气象灾害风险交易市场在中国的运行创造了有利的契机。

综观目前全球气象灾害风险交易的发展和存在的问题，中国集体林地气象灾害风险交易市场的建立和发展，可以从以下几个方面进行：第一，通过气象灾害保险产品设计，增加气象站的数量和市场组织，使受损个人和企业的基本风险降到最低；第二，促进交易市场完全化，增加交易流通，给产品的合理定价创造市场条件，使灾害风险转移的费用(风险金)得到整体的降低；第三，通过政府和市场合作机制，使极端天气气候事件引起的系统风险得到有效的转移和控制，使其对市场造成的负面冲击降到最低。

(一)考虑建立“天气衍生品”的交易模式

以芝加哥商品交易所为范例，利用现有的期货市场，在中国经济发达地区的中心城市试建气象指数的期货和期权交易市场。根据经济发达的典型城市的气象灾害特征设计交易合同，模拟开展温度、降水、风力(针对台风)和一些混合指数(如以温度和雨量的混合指数反映农作物受灾情况)的交易。有组织的市场(交易所)内的交易遵循标准合同，透明度高，入市门槛低，有益于规避系统风险和增加市场的流动资金，对个人、公司、投机者都具有一定的吸引力。除此以外，在交易所进行气象指数期货交易，根据定价理论，也是将不完全交易市场逐步完全化的一个措施。建立在气象指数期货交易的期货指数基础上的天气衍生品的交易合同(如芝加哥商品交易所的气象指数期权交易的基础指数是气象指数期货交易的期货指数，即所谓的 futures option)，一部分可以应用现有的定价理论予以定价(如期货的期权定价模型)。另一些复杂的衍生品的定价，若能建立在气象期货指数基础上，其定价原理的理论依据比较强，容易得到市场参与者的普遍认同。

(二)考虑建立“气象指数保险”产品交易模式

进行气象指数的期货和期权交易，只能规避一部分经济损失。理论上，由气

候变化所造成的地区系统风险(如高温热浪、低温冰冻等)可以通过此种交易得到转移。但由于保险产品规避风险效率的高低与交易合同的基本风险有紧密的相关关系，对基本风险很大的企业来说，建立在气象指数上的期货和期权交易并不是很理想的风险管理工具。而且，气象指数期货和期权交易，最适合规避一般性的、损失不是很大的气象灾害。对遭受气象灾害后损失很大，而且基本风险很大的企业，需要针对其具体损失而设计专门的气象指数保险合同。因此，根据产业和地区特殊风险专门设计的气象指数保险产品是对气象指数的期货和期权交易的有效补充。气象指数保险产品一般是投保人和提供保险方(保险公司或银行)双方之间达成的合约。合同可根据投保人的具体情况灵活设计，风险金也可以通过双方谈判而定。

(三)考虑建立“再保险和风险证券化”模式

正规的气象灾害风险交易市场，除了可以交易天气指数的期货和期权合约，也可以进行气象灾害风险证券交易。气象灾害风险证券化针对的主要是巨灾风险。气象灾害风险证券在金融市场的发行，也是再保险的一种手段，是对传统再保险的有效补充，能起到降低再保险保险金的作用。

国家和地方政府可以将气象指数保险产品和气象灾害风险证券交易纳入抗灾和灾后重建的措施中。政府灾后财政支持和灾后重建往往面临着资金来源不足，款项到位滞后的问题。遭遇到巨灾时，中央和地方政府会面临很大的财政风险。利用气象指数保险产品，政府可以将灾后重建的财政负担推向市场，第一可保障赔偿资金的及时到位，第二可有效防止资金使用过程中的腐败现象。

五、本章结论

对未来全球气候变化的预估显示，气候变化引发的极端天气事件将会增多增强，极端灾害造成的损失、影响的范围和人口数量也将随之上升，气候变化造成的灾害损失在整个社会经济中的比重会越来越大。政府、企业和林农对气象灾害风险交易市场以及对创新性的气象灾害风险交易工具的需求将会在未来大大增加。

国内目前尚未建立完善的应对气候变化影响的各种气象灾害风险交易市场和交易产品，更别说针对林业发展的自然灾害风险防控市场体系。可以预见，研究和发展适合中国国情的气象灾害风险交易市场，开发和设计适合中国林业市场和林业气象灾情的气候风险交易产品，为政府、企业和林农提供相关的气象灾害风险管理咨询服务，其市场潜力是巨大的。

在中国建立多层次的气象灾害风险交易市场的条件已经成熟，应尽早开展气象灾害风险交易产品开发、市场交易的试点，并加大力度支持该领域的科学研究。

中国林业自然灾害风险交易市场的研究、产品设计和市场开发工作可以从几个方面进行：第一，在受气象灾害影响较严重的省份，在建立气象指数保险产品的基础上，对政府机构和企业进行问卷调查，了解市场需求；第二，选择一些遭受自然灾害损失严重的省份进行产品试点，设计适合当地林业发展情况的气象指数产品及交易合同，在适合的中心城市进行气象指数交易的试点；第三，结合试点经验，设立专门的研究机构，加强市场模型和定价研究，进行从业人员的专业培训；第四，建议将国家的救灾计划和风险管理措施和气象灾害风险交易市场的发展有机地结合起来，气象部门与相关证券交易机构合作探索天气衍生品和气象巨灾证券上市及相关的政策保障问题，将政府对灾后的重建的责任推向市场。

第八章

集体林地流转模式选择：交易费用的比较

挖掘集体林地流转模式多样性的普适性规律，可以为促进林地流转和完善林业经营体制提供必要借鉴。但是，任何模式的选择都是基于特定的目的。降低交易费用一直是治理模式选择的重要标准之一，尤其是可以探究交易属性影响林地流转模式选择的机理。研究结果显示，林地流转的资产专用性、盈亏不确定性、流转规模作为主导交易属性对流转模式的要求不同，决定着不同的流转模式选择，村集体的加入是提高治理效率、促进林地流转的重要基础。

一、林地流转模式的制度背景

改革开放以后，家庭联产承包责任制的全面推行虽然有效遏制了山林入社时期林农的“搭便车”行为，形成了激励机制，但也留下了诸多后遗症。小规模的分户经营不符合林业生产的技术特点，它降低了林业从业人员的投资热情，使得基础设施供应不足、重要科技成果难以应用；与此同时大量农户进城务工使得林地抛荒现象普遍：这些都造成了资源配置效率的巨大损失，经营体制亟待改革。

1998 年，福建省永安市洪田村率先将山林承包到户，全村人均林业收入成倍增加，随后我国福建、江西、浙江、辽宁等省先行开展了集体林权制度改革。2008 颁布的《意见》则明确要求要用“均分均股均利”等形式，在 5 年左右的时间内，基本完成明晰产权、承包到户的改革任务。截至 2010 年年底，已有 20 个省(自治区、直辖市)基本完成明晰产权、承包到户的改革任务，全国共承包到户的集体林地 24.31 亿亩，占总面积的 88.6%。随着集体林权制度改革的不断深入，以保障林农福利和明晰产权为手段的分户承包经营体制全面展开，集体林区已呈现出以分户经营为主体的基本经营格局(罗攀柱等，2009)。

2003 年 6 月，《中共中央国务院关于加快林业发展的决定》做出了“鼓励林地使用权合理流转”的决定。2008 年 6 月 8 日，《意见》做出了“加快推进森林、林木和林地使用权的合理流转”的规定，指出在依法、自愿、有偿的前提下，林地承包经营权人可采取多种方式流转林地经营权和林木所有权。选取了四个省份作为试点开展集体林权制度改革，推动林地使用权流转，有力支撑了林业经营体制转变。为依法管理和规范流转行为，维护广大农民和林业经营者的合法权益，促进林业又好又快发展，国家林业局于 2009 年 10 月 15 日出台《关于切实加强集体林权流转管理工作的意见》。这些政策的实施为 2013 年中央一号文件提出的全面展开农业经营体制改革提供了重要借鉴。

随着分户承包经营体制全面展开，集体林区已呈现出以分户经营为主体的基本经营格局。从经济学的角度看，尽管林业家庭承包经营有利于形成对林农的激励机制，有利于家庭劳动力的有效利用，但无论是从林业生产的技术特点要求，还是从林业生产的规模经济要求，在市场经济不断完善的情况下，这种经营模式的局限性逐渐显现出来。森林培育是规模经济相对显著的部门，林业经营的规模化、集约化和效益化能提高林业生产力，有效地保护林地资源，促进森林可持续经营目标的实现。

在明晰经营主体林业产权的前提下，通过公平公正和合理有序的林地使用权流转，实现林业规模经营已成为共识。林地使用权流转，指的是在不改变林地所有权和林地用途的前提下，将林地的使用权按一定的程序，以有偿或无偿的方式，由一方转让给另一方的经济行为。如何通过合作和市场交易促进林地使用权流转，优化资源配置，也是林业政策设计者必须注意的问题。

本章以南方集体林区为主要研究对象，试图通过对多起林地流转案例的分析找到集体林地流转模式建构过程中值得借鉴的经验。南方集体林区分布着我国 37.12% 的森林面积，保存着全国 15.97% 的森林蓄积。三个改革试验省份福建、江西、浙江都位于南方集体林区。南方集体林区在林地流转上走在全国前列，以集体林面积占 95%以上的浙江省为例，20 世纪 90 年代初就出现了林地有偿流转现象，林权改革后，林地流转日趋活跃。在林地流转实践中，不同的成功案例选择了诸如供需双方自由协商、村集体充当协商中间人、“反租倒包”、成立合作社等不同的流转模式。

已有较多研究对农地流转模式进行了探索，并提出了促进农地流转的政策建议，但却几乎没有人关注到流转模式选择的内部机理，即为什么不同的流转案例有不同的流转模式。这是随机现象，还是存在某种共同规律导致的结果？这一问题对于相关政策制定具有重要影响，如果外部规则的设置不尊重流转模式选择的内部规律，那么必然会产生大量额外成本。本章以交易费用经济学为基础，从浙江省众多流转案例中选择了二个不同模式的成功案例进行分析，试图打开黑箱从中挖掘普适性规律，据此得出推动集体林地流转、完善农业经营体制的政策启示。

二、林地流转模式的理论准备

(一)必要概念的界定

1. 集体统管山、承包责任山和自留山

集体林指的是山林权归集体所有的林地，目前在我国仍然保留着林业“三定”后的三种经营形式：集体统管山、承包责任山和自留山。集体统管山是指乡镇、行政村、村民小组集体所有，并由其统一经营管理的林业用地。自留山在本集体经济组织内成员以户为单位进行分配，是指分给各户使用和经营的小块山林。自留山所有权属集体，使用权归个人，实行的是“生不补、死不收”、长期无偿使用，其经营不需要签订承包合同，自留山主一般持有自留山证。承包责任山是村民根据承包合同经营集体山林的一种形式，承包者必须与发包方签订承包合同，其林地所有权属集体，个人享有承包经营管理权，承包期限为 30～70 年，在承包期限内林地使用权和林木所有权归责任山主所有，承包期内允许继承及流转。

这里需要先对林地使用权进行一下界定。《森林法》确立了林地使用权流转制度，使林地使用权成为一项独立的民事权利。林地使用权是他物权，即用益物权。季利民(2005)认为，林地使用权是使用权主体对林地使用、经营和收益的权利。林地使用权流转是市场经济条件下林业发展的客观必然，是林业改革进程中群众的一种创举。周训芳(2007)认为，林地使用权是从林地所有权中分离出来的一项财产权利，包括对林地的占有权、使用权、收益权和一定条件下的处分权。刘振江(2009)则指出林地使用权包含森林、林木等地上部分资源以及林地的使用、收益和经营的权利。

另外，依据我国目前的规定，自留山除按规定继承之外，其实是不允许进行流转的。我国《农村土地承包法》第 32 条规定：“通过家庭承包取得的土地承包经营权可以依法采取转包、出租、互换、转让或者其他方式流转。”而自留山并不是通过承包方式承包的土地，显然《土地承包法》不能进行调整。自留山的调整只有两种方式：一种是自留山主自愿放弃自留山的使用权，由自留山所有人收回；一种是按《继承法》继承。因此，本章研究的集体林地流转限定为村集体或村民小组管理的集体统管山和林地承包村民管理的承包责任山。

2. 承包责任山流转的类型

根据承包林地流转最主要推动者的不同，主要可以分为以下几类：企业推动型、村集体推动型和林农自发推动型(图 8-1)。

企业推动型是指国有或民营企业为了发展生态旅游、种植经济作物等目的，想通过租赁或承包林农管理的承包责任山来实现林地流转。企业可直接与林农商讨流转协议，也可以通过村集体与林农协商，因此企业推动型的林地流转又可以

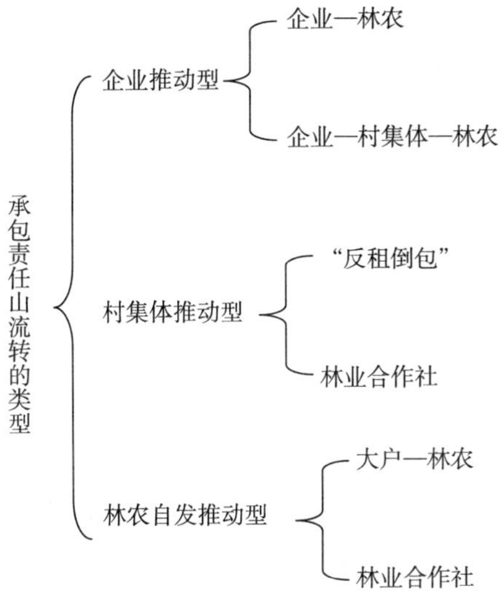

图 8-1　承包责任山流转的不同类型

分为"企业—林农"和"企业—村集体—林农"两种类型。

村集体推动型是指村集体经济组织根据全村林地的实际状况和自身掌握的优势资源，主动通过"反租倒包"或者林业合作社等形式推动承包责任山的流转。

林农自发推动型是指有需要的林农主动寻求承包他人林地或与之合作，一般表现为大户独立经营、直接与其他林农协商流转或成立林业合作社等形式。

3. 集体统管山流转的类型

根据新一轮林权改革明确林权的要求，各地集体统管山比例必须控制在30%以下。集体统管山的产权分配可以按照以下两种方式进行。一是"均山"，按林改时确定的人口分包给本农村集体经济组织成员或由本农村集体经济组织成员联户承包，将集体山产权落实到农户。二是"均股均利"，在保持集体林地所有权性质、林地用途不变的前提下，根据群众意愿，以"分股不分山，分利不分林"的均股均利方式落实产权，山林由村集体统一依法经营或通过承包、租赁、拍卖等形式确定由本农村集体经济组织成员或其他经营主体经营，所得收益除部分由集体保留之外，其余按股平均分配给股民。

对于很多村集体，由于没有其他企业收入，集体开支经济来源主要靠集体林场的承包收益，如果全部均山到户，将会使集体组织收入减少，影响村集体公益事业的开支。另外，均山到户这种化整为零的生产模式将会使林地更加细碎化，连片经营更加困难，从而造成经济效益降低，制约林业的发展。

因此，南方集体林区大部分省份要求此次林权改革主要按照"均股均利"的形式进行，采取这种林改方式，其核心是产权、经营权、收益权明晰，林地、林木产权、收益权归群众，经营权归集体。有些村的集体统管山是由村委会统一管理的，这些村就以村为单位，将其折合成若干股份，平等落实到村里每一位村民身上；有些村的集体统管山是分配给村民小组的，就以村民小组为单位，将其折合成若干股份，平等落实到组里的每一位村民身上。

对于乡镇集体统管山的流转，应当经乡镇人民政府集体讨论决定，并报市人民政府备案。行政村集体统管山的流转，应当征得村民大会或村民代表大会三分之二以上村民(代表)的同意，并报所在乡镇人民政府批准。村民小组集体统管山的流转，应当征得该村民小组三分之二以上户主的同意，并报所在村村委会批准。

一般来说，集体统管山的流转可分为两种方式进行。一是村集体经济组织可以参照国有森林、林木和林地的有关规定，对其森林、林木和林地进行资产评估，在政府招投标中心公开面向社会流转。在集体统管山的流转方式没有强制规定时，其流转方式应该由其所有权人，也就是村集体经济组织成员决定，一般来说，对于流转金额较大、收益较大的统管山流转，应采用资产评估后进行社会招投标这种方式进行。另一种流转方式是村集体直接与流入方(企业或大户等)协商流转，这种方式比较简单直接，成本较小，但可能诱发寻租腐败行为。

(二)本章的理论分析思路

近些年国内已有一些关于林地流转模式及存在问题的研究，主要集中在以下两个方面。

第一，对林业合作社、“反租倒包”等某种单一的流转模式进行剖析。谭智心和孔祥智(2006)、房风文等(2011)对集体林权制度改革后，福建省和浙江省成立的林业合作社进行了研究，归纳总结了合作社的发展模式和现存问题；张明林和付春(2006)通过集体行动理论、“智猪博弈”理论阐释了合作社形成与发展的内部机制和条件；王颜齐和郭翔宇(2010)建立了“反租倒包”参与主体关系模型，利用博弈论对参与主体的关联关系和博弈行为进行分析，探讨其形成机理；乔瑞庆和任大廷(2012)、吴德胜(2008)利用交易及其契约治理理论，分析认为“反租倒包”这种组织形式是有效减少交易成本的稳定契约安排。

第二，对不同流转模式进行了分析。杨萍(2008)、柯水发等(2012)对不同林地流转模式进行了分析和横向对比，阐述了各自存在的问题；赵金龙等(2012)则分析了六种农地流转模式的优缺点，对其适用性进行了总结；于金富和王保海(2012)认为我国未来的农地流转模式应该从转包这种低端形式走向租赁、入股等中高端形式；宋涛等(2012)认为农地流转的创新方向是股份合作社和土地信托。

交易费用经济学自诞生以来，在农地流转研究中已有一定运用。定性研究难以在统一的框架下进行对比分析，因此罗必良和李尚蒲(2010)、李孔岳(2009)、刘克春和苏为华(2006)、伍振军等(2011)通过选取指标定量计算交易费用构建了这种可比性。但一方面，定量研究并不是一件容易的事情，这从上述研究选取差异较大的变量来表征同一指标可以看出，其准确性受到质疑。另一方面，定量研究通过一个数值展示不同流转模式的管理绩效，这并不能揭示流转模式选择的内部机理，也不能回答制度多样性的根本原因。

交易费用经济学的奠基人 Williamson(2000)曾指出这一理论的核心命题是资产专用性、不确定性、交易频率等不同属性的交易与不同类型的治理结构在交易费用最小时匹配得最好。然而，在农地流转的已有研究中，却鲜有人去辨析这些交易属性在流转交易中的具体内涵，并将其与治理结构选择联系在一起。

为了回答本章开篇提出的如何根据实践中不同流转模式来辨析理论上林地流转模式选择的规律的问题，本章探索和拓展了交易费用经济学作为理论基础在农地流转研究中的运用方式，建立了交易属性—治理结构属性—治理结构的矩阵，通过治理结构属性这一桥梁去探寻和揭示交易属性对流转模式选择的影响机理，为定性分析提供了一个统一的理论框架。

为方便分析，本章将林地的供给方和需求方的直接交易定义为决策初始状态。针对每一个案例，我们首先假定都是从决策初始状态开始，分析此时行动者的互动过程、成本收益和决策选择，然后分析流转模式改变后行动者的额外收益、额外成本和决策变化，通过对比，归纳总结哪些交易属性使得不同的流转模式发挥了不同的治理效率。

三、承包责任山的流转：来自浙江的案例

我们从浙江省选取了 3 个成功的流转案例，村集体在其中分别充当了协商中间人、转包商、合作社推动者的角色。在集体林权制度改革以后，浙江省林地的社群属性，特别是产权属性以及收益和成本在个人与集体之间的分配原则已经相对一致。浙江省作为改革先行区，出台了统一的指导意见，尽管各地有自己的具体管理办法，但在案例发生的较为接近的时间区间内，可以认为管理林地流转的现实规则也是相对一致的。因此，正是由于各案例中林地资源自然物质属性、行动者特征的不同，行动者为了实现资源配置效率更高的交易结果，才最终选择了不同的治理结构以节约互动过程中的交易费用。

(一)案例一：村集体充当协商中间人

1. 案例介绍

2006 年，浙江省杭州市萧山区颁布了《萧山区旅游发展总体规划》，该规划作为 2006～2020 年萧山旅游发展的指导性文本，明确提出将以把萧山建设成为长三角著名的休闲旅游度假胜地为主线，以“一个中心、三大旅游板块”为重点载体，将旅游发展方向定位于“人文湘湖，休闲萧山”。根据规划，萧山旅游的空间布局为“一个中心、三大旅游板块”。“一个中心”即中心城市区，是全区旅游集

散、接待服务和信息咨询中心；“三大旅游板块”即人文湘湖旅游板块、动感钱江旅游板块和南部生态旅游板块，是全区观光游览和休闲度假的基地。

2007年，萧山区为了进一步落实旅游发展总体规划，特别是加快萧山南部生态旅游业的发展，审时度势地推出了旅游“1010”工程，也就是十大旅游景点和十家高星级酒店，总投资高达140.6亿元。“1010”工程建设的景区集中在生态环境良好的萧山南部山区，主要以休闲度假的旅游综合题为主，并且70%为吸引民营企业投资。“1010”工程启动后，萧山南部已成为生态旅游开发的热土。戴村云石生态旅游区、大岩山旅游区、城山旅游区、浦阳桃花源旅游区、浦阳江生态经济区五个主打生态牌的旅游度假区涌现出来。上述五个生态旅游区也在差异化发展上寻求突破，大岩山旅游区将建设成为江南的“香格里拉”，桃花源旅游区将侧重做“桃花水母”的文章，城山旅游区则侧重发展为亚洲影视基地。

作为萧山南部规划面积最大的戴村云石生态旅游区，规划面积达到44.8万平方千米，被确认为浙江省服务业重大项目、杭州市旅游综合体重点项目。将由仙女湖、石牛山森林公园(三清文化园)、山泉湾、云门寺和月亮湾五大区域组成，分别用“闲”“隐”“养”“梵”“俗”五个字进行主题功能定位。

中球冠集团公司初创于1995年6月，现已发展成为长三角乃至全国具有较高知名度的大型企业之一，在从事石油化工、房地产、投资等产业的同时，也积极参与生态旅游业的投资。2007年，中球冠集团意识到萧山区发展南部生态旅游业蕴涵的巨大商机和盈利潜力，投资15亿元，承担了浙江省服务业重大项目杭州云石生态旅游度假区的建设任务。

云石生态旅游区位于萧山区南部的戴村镇，这里山林较多，改革开放前有“山上是银行，山下是粮仓”之说，但随着第二、三产业的快速发展，早期农户引以为自豪的情况早已风光不再，山上的竹木经济效益越来越少，原先销路颇好的毛竹现在价格很低，一些长期以竹木收益为主要经济来源的农户，生活受到严重影响。云石生态旅游区的建设，使得中球冠集团必须大规模流转林地，用于生态自然资源的保护和优化。

戴村镇的村集体经济组织，本着农户自愿的原则，受农户委托与中球冠集团签订林地流转合同，把分散的林地集中起来，统一规划。根据林地流转协议，农户得到的赔偿将由两部分组成：一是一次性赔偿的林木补偿金，大部分农户得到的林木补偿金都超过一万元；二是按年支付的林地流转金，农户除一次性得到林木补偿金外，每年还能得到每亩数百元至1 700余元不等的林地流转金。该项目自2007年实施以来，截止到2011年9月底，中球冠集团已经支付给农户林木补偿金和林地流转金总计4 200余万元。

林地流转以后，中球冠集团不仅组织起一支10余人的护林队伍，还把村里懂绿化种养的人组织起来，在植被稀疏、生态欠丰的荒瘠山地上种植各式林木，这使村里的劳动力获得就业岗位，也使流转以后的林地比以前更加郁郁葱葱。

截至 2010 年 7 月，萧山区累计发生林地流转 16 000 亩，林地流转受让人主要以民营企业为主，流转范围主要集中于萧山南部的进化、戴村、浦阳、所前等镇，流转的主要用途是生态旅游开发等项目。林地流转突出表现为“三大一长”的特点，即单个流转项目面积大、金额大、流入方一般为实力雄厚的大企业，流转时限长，这一特点为林权流转后的规模化长期经营提供了保障。

2. 案例评析

在本案例中，林地地理区位好，风景宜人，拥有发展旅游业得天独厚的条件，但林农本身不具备前期资金的投入能力和后期完善的市场运营经验，因此需要与具备上述能力的市场主体交易，才能使林地充分发挥其价值。林地在不同状态下，分别作为旅游目的地和毛竹产地，其价值差异巨大，因此资产专用性很强。同时，发展旅游业需要有大面积的林地资源和较长的运营周期，因此流转规模很大，流转期限较长。这些林地的质量、设施、收益能力相距甚远，涉及的林农众多，林地的异质性较大。

1)流转的初始状态

林农要求得到补偿，这份补偿至少应该大于他们原先从林地中得到的收益，但林农永远不会嫌弃更高的补偿，因此存在着林农通过集体行为迫使信息不对称的中球冠集团付出更多补偿的可能。中球冠集团愿意付出一定的补偿，但节约成本仍然是公司的第一要务。同时，其他新的生态旅游区也在筹建之中，“一步领先、步步领先”的市场优势使得中球冠集团具有较高的贴现率，因此迫切希望尽早完成林地流转工作。

但由于流转规模和异质性较大，每家林农要求的补偿差异较大，一个完全一致的补偿标准很难得到认可。为了防止林农通过集体行为索要过高的补偿，尽可能地节约成本，本地化程度较低的中球冠集团在信息缺乏的情况下并不愿意一口答应各家林农提出的补偿要求，于是不得不选择与林农分别进行协商谈判。但即便如此，面临信息困境的公司仍然无法了解到每个林农从林地中得到的具体收益，即便能了解，也必然要花费很多成本，其中最重要的是高贴现率下的时间成本。

因此，中球冠集团除了需要承担正常补偿成本和旅游开发的投资成本以外，还需要承担信息困境下的“敲竹杠”成本、与林农无休止的协商成本以及由于高贴现率下的时间损失，这些损失对于中球冠集团来说可能是巨大的。所以，即使存在林农本身对流转的意愿所带来的良好的交易基础，并不一定能真正促进交易的实现。在决策初始状态下，就已经面临了上文所述的困境。

2)村集体作为协商中间人出现

一般来说，作为我国农村地区特有的基层自治组织，村集体对于林农及其林地的情况较为了解，其核心成员往往在当地拥有一定的影响力和人脉关系，相比于本地化程度较低的中球冠集团，村集体将不再面临信息不对称的困境。中球冠集团将协商谈判的工作委托给村集体的核心成员，充分利用其独特优势使其充当协商中间人，并综合考虑流转协议的签订时间、最终的补偿数额向村集体支付一定的酬金。相比于最初的行动舞台，村集体以协商中间人参与林地流转后，各方行动的额外成本和额外收益如表 8-1 所示。

表 8-1 案例一中村集体参与后各方的额外成本和额外收益

项目	额外成本	额外收益
中球冠集团	支付给村集体的酬金	节约与林农谈判的交易成本 缓解了信息困境下的“敲竹杠”风险 减少了高贴现率下的时间成本
林农	丧失了信息不对称下获取高额补偿的可能	减少了与企业无休止的协商成本
村集体	作为协商中间人的劳务付出和时间成本	中球冠集团支付的酬金 完成其本职工作，促进当地的发展

对于林农来说，由于村集体对其具体情况较为了解，自己提出的合理补偿要求更容易被理解和认可，并通过村集体向中球冠集团反映，尽管自己丧失了信息不对称下获取高额补偿的可能，但也不会因为是村集体与自己协商而接受低于心理价位的补偿。

对于中球冠集团，虽然付出一定数额的酬金，但节约了本应由自己承担的巨大的协商成本，并可以通过酬金规则的设置避免林农以及林农联合村集体成员谋取超额收益。更重要的是，充分利用村集体作为协商中间人的优势有助于公司减少高贴现率下的时间成本。

我们可以看出，在案例一的情形下，正是由于林地的流转规模大且异质性强、需求者的本地化程度小且贴现率高等原因，使得协商中间人的流转模式相比于直接协商，给各方行动者带来的额外收益大于额外成本，有效地减少了互动过程的交易费用，实现了林地流转。

(二)案例二：“反租倒包”

1. 案例介绍

“反租倒包”是指村委会将承包到户的土地通过租赁形式集中到集体(称为“反租”)，进行统一规划和布局，然后将土地的使用权通过市场的方式承包给农业经营大户或者从事农业经营公司(称为“倒包”)的土地经营方式。

尽管现行法律允许农户将其承包地转包，但农户在市场信息、交往范围以及谈判能力等方面都有所欠缺。因此，他们短时间内不容易找到经营能力强、能支付较高转包费的转承包人。而“反租倒包”则可以借助集体经济组织信息灵通、交往范围广、谈判能力强等优势条件，促使分散经营的农地顺利地集中到某些农业经营能手的手中，从而实现农业经营的规模效应。

浙江省天台县泳溪乡确立了“生态立乡，茶业兴乡，产业富民”的发展思路，成立了“泳溪乡林地流转服务中心”，开展林地流转的指导与跟踪服务工作，建立林地流转台账和档案，形成了林地流转规范化的工作格局，以此推进有机茶产业的发展。

泳溪乡半山村，地如其名，坐落在泳溪乡东南方向偏僻的高山岗上。全村仅有 140 余户、470 人，耕地 350 亩，山林 3 300 亩，全村 80%的人口外出打工，在村里的人口只有 100 余人。村集体认识到，半山村地处大山深处，发展工业先天条件不足，发展农业才是根本，只有立足实际，深挖自身潜力，充分发挥自身优势，做大农业产业，村级事业才能不断发展。

2006 年之前，村干部在发展村集体经济上，普遍持有“要想富就办厂”的思想，千方百计去招商引资，但是要在一个偏远的山沟里吸引他人来办工厂，难度相当大。后来在乡党委、政府的指引下，半山村转变发展思路，决定从挖掘自身特点、盘活自身资源做起。通过全面、细致分析，综合本村人力、物力、财力等各个方面的因素，村干部充分认识了自身存在的优势和不足。村庄地理位置高，相对温度低、昼夜温差大、雾气多，荒坡山地多。无污染、绿色生态是优势，适宜种植反季节蔬菜水果、茶叶等。主要不足为村集体经济薄弱，人口外出众多，在家的多为年老体弱者，发展冲劲不足。而蔬菜、水果的投资风险比茶叶高，市场收益波动大，再加上天台县出台“千吨万亩有机茶”工程的优惠政策，于是村干部决定把茶叶产业确定为主导产业进行发展。

泳溪乡茶叶种植刚起步时，村民还没有从发展茶叶中尝到“甜头”，对种茶叶的兴趣不大，再加上村集体缺乏资金，无法正常启动。但村干部没有放弃，经过反复讨论分析，决定向群众租回土地经营权，进行土地集中整理后对外招商，即采用“反租倒包”形式，促进土地经营权流转，引进企业资本注入，发展茶叶产业。具体做法是先由村两委提出土地流转承包方案，提交村民代表会议表决通过，村委会根据通过的方案，2006 年，以 30～50 元/亩的价格从村民手中租回约 1 350 亩的林地经营权，村集体出资进行整理和规划，再以 80～100 元/亩流转给了民营企业家徐道多投资 400 多万元成立的大志岗茶业有限公司，村集体从中收取差价，作为日常办公开支。

2007 年有机茶基地建成以后，半山村每年有 80%的在家农户除了耕作自己的土地外，还要到该茶叶基地上班，大志岗茶业有限公司每年付给村民的工资款在 28 万元左右，平均每人年工资收入达到 3500 元。

2. 案例评析

在这个案例中，流转的参与者主要包括了村委会、林农、大志岗茶业有限公司等。参与者所面临的重要的外生变量包括林地地处偏远、地理位置高、相对温度低等自然条件，以及同时天台县出台了“千吨万亩有机茶”工程的优惠政策等社会条件。

1)决策的初始状态

交易之前的林地主要是由留守林农分户种植，林地分户经营的格局无法达到林业生产的规模经济要求，然而较高的非林就业比例使得泳溪乡的林农无法联合起来自身经营林地，不能将资源价值完全发挥出来。再加之专业公司在种植技术和市场销售渠道上拥有一定的优势，将林地流转给专业公司能够提升其价值，因此该案例中林地资源存在一定的资产专用性，但与案例一相比，这种专用性明显更弱，可定义为中等强度。

泳溪乡的林地有一些包括大志岗茶叶有限公司在内的潜在需求者。泳溪乡林地尽管流转规模和异质性都不大，但资产专用性有限，并且缺少统一规划和基本设施，这些需求者对林地的现状并不满意。大志岗茶叶有限公司并不仅拥有一处可供选择的林地，若要达成协议，供需双方必须要花大量成本用于寻找和确定交易对象，这使林地流转陷入困境。

2)村集体作为转包商出现

村集体根据自身优势和政府的政策，做出了发展茶叶产业的决定。然而林农由于技术有限、无销售渠道，对种茶兴趣不大，并且因为在市场信息、交往范围以及谈判能力等方面都有所欠缺，而很难直接与茶叶公司协商流转。而大志岗茶业有限公司等茶叶企业由于该村林地相对混乱和分散，无统一规划而不愿意流转该村的林地进行茶叶生产。

在这样的情况下，村委会主动出资将林地经营权从林农手中租赁回来，然后出资统一规划和整理，再流转给大志岗茶业有限公司，通过这种“反租倒包”的流转方式取得了很好的效果。

林农由于林地地处偏远，自身种植茶叶技术和销售渠道有限而不愿意种植茶叶，林农从林地上取得的收益很低，只要林地流转具有一定的收益，林农就会同意流转林地承包经营权。大志岗茶业有限公司等企业看好半山村种植茶叶的自然条件，只要半山村能提供规划较好的大片林地用于茶叶基地，公司就愿意出钱进行林地流转。在这种情况下，村委会采取“反租倒包”是一个各方满意的流转办法，否则半山村林地流转就不会成功。与没有林地流转相比，采取“反租倒包”进行林地流转后，各方行动者在该办法下的额外成本和额外收益如表 8-2 所示。

表 8-2　案例二中各方的额外成本和额外收益

项目	额外成本	额外收益
大志岗茶业有限公司	流转林地向村委会支付的补偿金	林地流转后成为优质的茶叶基地带来的收益

续表

项目	额外成本	额外收益
林农	流转前林地为林农带来的收益	村委会收回林地承包经营权的补偿
村委会	从林农处收回林地承包经营权的成本，统一规划、布局和整理的成本	将统一规划布局后的林地流转给大志岗茶业有限公司的收益

从表8-2所示的各方行动者的成本和收益可以看出，由于经过统一规划布局后的林地很适合于种植茶叶，大志岗茶业有限公司愿意支付的林地流转补偿金大于村委会的成本，因此在本案例中，"反租倒包"这种流转方式使得行动舞台的各方行动者与无林地流转相比，额外收益均大于额外成本，因此本案例中"反租倒包"的流转方式是合理和有效的。

可以看出，在本案例中，正是由于资产专用性不够大，才使得直接协商中的双方必须承担大量的寻找和确定交易对象的成本，这在协商中间人模式中亦是如此。然而，村集体作为转包商介入流转后，通过前期投入将资产价值显化出来，对各方行动者带来的额外收益均不小于额外成本，有效地减少了互动过程的交易费用，实现了林地流转和资源配置效率的提高。对于自然条件优越的林地，如村民自身由于财力、技术、信息等缺陷不能加以有效利用，而企业由于规划、交通等缺失不愿主动流转时，村集体采用"反租倒包"的方式进行林地流转更为有效。

(三)案例三：林业合作社

1. 案例介绍

2009年，浙江省工商局联手浙江省林业厅，出台全国首个林地流转新政——《浙江省林地承包经营权作价出资农民专业合作社登记暂行办法》，根据该办法，浙江林农手中的林地承包经营权也可以像耕地一样作价出资农民专业合作社，林农亦将再获一条融资新渠道，"活树变活钱，资源变资产，叶子变票子"将不再是戏言。

此次出台的《浙江省林地承包经营权作价出资农民专业合作社登记暂行办法》在适用范围、出资人、评估作价和林地作价出资合作社四个方面做了具体规定，同时还明确了林地承包经营权作价出资设立农民专业合作社登记的具体程序和需提交的书面材料。

2009年2月11日上午，全省首家毛竹股份制合作社——安吉县尚林毛竹股份制合作社在安吉县皈山乡尚书干村正式揭牌成立。安吉县尚林毛竹股份制合作社是浙江省首家竹林股份制合作社，成员以竹林等折股入股成为股东，以"入社自愿、退社自由"为原则，主要进行毛竹种植，实行自主经营，统一管理、统一经营、统一销售，利益共享、风险共担，盈余主要按照成员与合作社的交易量(额)比例返还。合作社主要依法为成员提供农业生产资料购买、农产品的销售、加工、运输、贮藏以及与农业生产经营有关的技术、信息等服务。合作社设理事长一名，最高权力机构是以全体成员组成的成员大会。

合作社的成立从 2008 年 8 月开始筹划，安吉县林业局与皈山乡人民政府共同成立工作领导小组，在该领导小组的帮助下，尚书干村两委与生产队干部深入农户家走访、宣传。经过半年多的筹备，通过调查摸底、达成共识、评估、折股等过程，并多次召开座谈会、户主会、动员大会等，充分听取各方意见，集思广益，最终顺利成立，这是在实行家庭联产承包责任制、分山到户单独经营 26 年后，林农又自觉联合起来，将他们的毛竹林集中起来统一经营。合作社成立时有竹林面积 675 亩，有集中连片的 42 户农户自愿入社，共有股份 114.12 股。

与其他流转形式不同的是，通过规模经营、集约经营产生的效益将作为分红由全体股东共享。由于看到了股份制经营的前景，尚书干村许多最初未加入合作社的林农都向合作社表达了入社的愿望。截止到 2010 年年底，合作社已扩农户 135 户，共 372 股。投入资金约 130 万元，修建林道 5 千米，浇筑 2 千米，建设桥梁 1 座，合作社基地基础设施大为改善；注册了“尚林”商标，委托设计公司对产品包装、商标等进行统一设计，筑造高端林产品形象，林产品统打“尚林”品牌进行市场销售；加大竹林培育，改造低产林 300 亩，对竹林进行土样分析，测土配方施肥，加大竹笋、毛料等林副产品的深度开发，延伸林产品的深度。全合作社生产毛料 25 万斤(1 斤=0.5 千克)。每百斤多卖 3 元，增收 7 500 元。毛竹产量 114 万斤，每担增加 1.5 元，增收 17 100 元；通过修建林道，降低了劳作成本，每百斤少支出 4 元，增收 46 000 元。全部共增收 70 600 元。并申报了 2010 年度“中国 50 佳合作社”。

尚林毛竹股份制合作社的成立，主要有以下三点原因：一是随着民营企业的快速发展，人们生活水平的不断提高，年轻人靠打工的收入要高于在山上从事竹林经营的收入，直接导致从事林业生产的人特别是年轻人越来越少，长此以往，必将出现竹林无人经营的情况；二是山林面积较小、单家独干的经营方式使得林农一方面投资林业基础设施建设缺乏积极性，另一方面也缺少林业基础设施建设的资金，竹林的经营水平有待进一步提高；三是分散经营导致各家各户的林产品参差不齐，只能进入集市交易或等客商上门收购，林产品的品牌建设、市场竞争力有待进一步增强。

尚林毛竹股份制合作社的成立，让竹林变成了股份，林农变成了股东，把原来单一经营的竹林通过流转由合作社统一经营，通过园区化、规模化、集约化的经营方式，全面提升了竹林经营水平，提高了竹林富民的能力。它的成立是深化林权改革的一次重要实践，对于加快推进林地流转，积极探索现代化林业经营方式具有十分重要的意义。

2. 案例评析

在该案例中，参与者主要包括了林农、村委会以及安吉县林业局与皈山乡人民政府等政府部门，重要的外生变量是尚书干村的林地经过合理的规划开发适宜于种植毛竹。

1)决策的初始状态

由于资产专用性较弱，林地的需求者对其价值的提升程度有限，作为供给者的林农自身也有能力种植毛竹，然而小规模的生产经营又的确损失了一定的规模经济，达成交易能够为双方带来收益。然而，这种收益十分有限，加之双方还需承担寻找、判断和确定合适交易对象的成本，以及交易过程中的协商成本，较长流转期限中不确定性可能引发的成本等，这都大大降低了供需双方的交易热情，林地流转陷入僵局。

2)村集体作为合作社推动者出现

大部分林农从林地所获收益很少，主要原因是年轻人大多外出打工，从不从事林业生产，每家山林面积较小且林业生产基础设施落后，销售渠道不畅通等。因此对于林农，只要流转后能够获得更高的收益，就愿意流转。村委会相比于单家独干的林农，在上级政府的帮助和指导下掌握了更多的市场信息和销售渠道，知道只有通过园区化、规模化、集约化的毛竹经营方式，才能全面提升竹林经营水平和提高竹林富民的能力。

为了充分利用该村的自然条件，更好地发展毛竹行业，村委会在政府部门的指导和帮助下，主动与各户林农协商促进林地流转，最终使各位林农在实行家庭联产承包责任制、分山到户单独经营 26 年后，又自觉联合起来成立了合作社，将他们的毛竹林集中起来统一经营，取得了很好的效果。与没有林地流转相比，成立林业合作社，各方行动者在该办法下的额外成本和额外收益如表 8-3 所示。

表 8-3 案例三中各方的额外成本和额外收益

项目	额外成本	额外收益
政府	无	税收收益
林农	入社前林地为林农带来的收益	合作社分红
村委会	无	无

由表 8-3 可以看出，只要合作社分红能大于林农入社前从林地获得的收益，成立林业合作社就是有效的。而只要政府或者村委会能够帮助或提供更多的市场信息和销售渠道，这种规模化的经营就能实现各方更高的收益。

与村集体推动的“反租倒包”相比，村集体推动成立林业合作社要求合作社能够在政府的支持下得到更多的市场信息、管理经验和销售渠道，否则村集体只能够将林地流转给其他企业。然而，成立林业合作社对于林农来说拥有诸多好处，因为合作社入社、退社相对自由，而流转给企业一般要签订较长的流转年限。通过承包给企业这种流转方式，许多林农虽然在保证一定收入的情况下能从林地中解放出来，从事第二、三产业，推动了农村劳动力的转移，促进了农民收入的增加，但大量林农在“失地”的情况下对自己的林地也长期“失权”了，他们从林地上得到的一次性补偿或每年的补偿只是一个较低的基数；广大“失地”林农将在一个较长的时间内享受不到政府对林地的优惠政策。

林地的资产专用性较低意味着流转给公司的可能性较小，尚书干村非农就业比例较低，有剩余劳动力可供使用。在这样的背景下，村集体利用自身独特的地位和优势，积极说服和组织分散生产经营的林农将林地集中起来，成立林业合作社，对林地进行统一的规划、整理、修建林道，对林产品的种植和销售进行统一的协调和安排。

村集体推动合作社的建立，以内部交易取代外部交易，节约了当地林农与外部企业的协商成本，同时“入社自愿、退社自由”也减小了长时间流转带来的额外成本。尽管林农没能得到及时补偿，但首先林农对村集体和身边村民更为信任，加之毛竹生产盈亏不确定性较小，具有相对稳定的预期收益，同时林地价值能够被准确地估计和认可，林农得到作为分红依据的相应股份，因此林农总体上愿意加入林业合作社进行合作经营，实现了资源配置效率的提高。

可见，案例三与案例二的林地资产专用性均不高，但案例三中非农就业比例更高，并且盈亏不确定性比案例二更小，因此此时成立林业合作社更为合适。对于自然条件较好的林地，如果村民自身由于劳动力、财力、技术、信息等缺陷不能加以有效利用，而村集体或者政府能够提供更多的市场信息、管理经验和销售渠道确保合作社的收益，村集体采用成立林业合作社的方式进行林地流转更为有效。

(四)案例中林地流转的交易属性特征

从上面三个案例的分析中，我们可以看到资产专用性、盈亏不确定性、流转规模、异质性、需求方的本地化程度、需求方的贴现率、期望的流转时间、供给方的非林就业比例等交易属性特征对各方行动者的互动过程和互动结果有显著影响，我们将三个案例的交易属性特征归纳如表 8-4 所示。

表 8-4 三个案例的交易属性特征

项目	资产专用性	盈亏不确定性	流转规模	异质性	需求方的本地化程度	需求方的贴现率	期望的流转时间	供给方的非林就业比例
案例一	强	大	大	强	低	高	长	—
案例二	中	中	小	弱	低	—	长	高
案例三	弱	小	小	弱	—	—	中	低

四、林地流转模式选择的机理分析

(一)交易属性与治理结构选择的关系

在案例一中，林地流转规模大且异质性强、需求方的本地化程度低且贴现率高，这四个交易属性的特点要求治理结构必须有较高的对内信息的完备性，以保证节约协商互动过程中的交易费用。同时需求方贴现率高还要求治理结构的交易程序简洁性较高。

从案例一到案例三，林地资源的资产专用性逐步降低，当资产专用性高时，交易一方或者双方要求更高的交易状态稳定性，以保证专用性价值得到体现，专用性投资能够得到回报。当然，一般来说，资产专用性越强，供需双方的交易热情也就越大，对治理结构的激励和启动交易的能力要求越小。

在案例二和案例三的对比中，我们发现由于案例三的资产专用性更弱、盈亏不确定性更小，这为实现自主经营管理提供了基础，这也要求案例三的治理结构有一定的吸收当地劳动力的能力、自主管理的可能。

从上面的分析可以看出，正是由于每个治理结构对内信息完备性、交易程序简洁性、交易状态稳定性、激励和启动交易的能力、吸收当地劳动力的能力、自主管理的可能的不同，才使得他们分别适合于不同交易属性的交易，它们可被称做治理结构属性。表 8-5 所示的是交易属性与治理结构属性之间完整的关系，“+”代表某个交易属性变化时，相应的治理结构属性变化方向与之保持一致；“−”代表某个交易属性变化时，相应的治理结构属性变化方向与之相反；“0”则代表两者无明显关联。

表 8-5　交易属性与治理结构选择的关系

项目	对内信息完备性	交易程序简洁性	交易状态稳定性	激励和启动交易的能力	吸收当地劳动力的能力	自主管理的可能
资产专用性	0	0	+	−	0	−
盈亏不确定性	0	0	0	0	0	−
流转规模	+	0	+	0	0	−
异质性	+	0	0	0	0	0
需求方的本地化程度	−	0	0	0	0	0
需求方的贴现率	+	+	0	0	0	0
期望的流转时间	0	0	−	0	0	0
供给方的非农就业比例	0	0	0	0	−	−

其中，大部分关联已经在案例的分析中得到了阐述，而另一些关联能够从理论和实践中比较容易地推断出来。例如，流转规模与自主管理的可能之间的关系，

Ostrom(1990)在公共池塘资源理论中就提到，自主治理往往适用于那些中小规模性的资源，因此我们可以从理论上推断流转规模越大，对自主管理的要求越小。

(二)不同流转模式的治理结构属性

直接交易、协商中间人、“反租倒包”、合作社等实现林地流转的不同治理结构，在上述六个治理结构属性上存在着显著差异，如表 8-6 所示。

表 8-6 不同流转模式的治理结构属性

项目	直接交易	协商中间人	“反租倒包”	合作社
对内信息完备性	低	高	高	高
交易程序简洁性	高	高	低	中
交易状态稳定性	高	高	中	低
激励和启动交易的能力	低	中	高	高
吸收当地劳动力的能力	中	中	中	高
自主管理的可能	低	低	低	高

由于村集体及其核心成员在我国农村地区拥有特殊的影响力和人脉关系，因此有村集体介入的协商中间人、“反租倒包”、合作社等流转模式具有高的对内信息完备性。直接交易和协商中间人模式的流转程序最简洁，而“反租倒包”则比较复杂，完成流转时间跨度较长。在市场经济体制逐步完善的情况下，直接交易和协商中间人两种流转模式采取受法律保护的长期正式契约，交易稳定性高；“反租倒包”模式增加了契约的复杂性，发生纠纷时解决难度更大，因此稳定性一般；合作社一般秉承“入社自愿、退社自由”的原则，更多是依靠一种非正式契约，因此稳定性最差。合作社、“反租倒包”两种模式更能够激励和启动交易，合作社模式在吸收本地劳动力的能力，以及实现公众参与和自主管理的可能上也要比其他三种治理结构强。

(三)交易属性对流转模式选择的影响

上文分别分析了交易属性对治理结构属性的要求以及不同治理结构的属性特点，在治理结构属性这一桥梁的作用下，我们就可以进一步厘清交易属性是如何影响流转模式的选择的，如表 8-7 所示。当某个交易属性变强时，“＋＋”代表十分推荐选择该种流转模式，“0”代表不推荐选择该种流转模式，“＋”代表该种流转模式既不是最好，也不是最差的选择。

表 8-7 交易属性对流转模式选择的影响

项目	直接交易	协商中间人	“反租倒包”	合作社
资产专用性	＋＋	＋＋	＋	0
盈亏不确定性	＋＋	＋＋	＋	0
流转规模	＋	＋＋	＋	0

续表

项目	直接交易	协商中间人	“反租倒包”	合作社
异质性	0	++	++	++
需求方的本地化程度	++	0	0	0
需求方的贴现率	++	++	0	+
期望的流转时间	++	++	+	0
供给方的非农就业比例	++	++	++	0

表 8-7 为我们根据具体交易中某一交易属性的实际情况选择流转模式提供了有力的指导，但试图考虑所有交易属性对流转模式的优劣进行排序仍然是不可能完成的任务，一条可能的解决路径是根据具体案例进行评价。另外，通过本章的三个案例，我们可以得知以上八个交易属性中的某一些对于治理结构的选择影响更大，被称为主导属性。

资产专用性、盈亏不确定性、流转规模对于治理结构选择的重要影响是显而易见的。案例一到案例三，资产专用性和盈亏不确定性逐步由强减弱，流转规模呈现变小的趋势，而在三个成功的案例中，分别选择了协商中间人、“反租倒包”、合作社三种流转模式，这与表 8-7 是完全对应的。其他一些交易属性虽然对治理结构选择也有一定影响，但要么影响范围有限，要么影响程度不如上述三个属性。

五、本章结论

为了回答已有研究忽视的问题，探寻林地流转模式选择的内部规律，本章探索和拓展了交易费用经济学理论的运用方式，构建了交易属性—治理结构属性—治理结构的矩阵，并在此统一的理论框架下对三个具体案例进行了研究。

本章研究发现，不同交易中资产专用性、盈亏不确定性、流转规模等八个因素的不同，要求治理结构具备不同的对内信息完备性、交易程序简洁性、交易状态稳定性、激励和启动交易的能力、吸收当地劳动力的能力和自主管理的可能，从而决定着采取自由协商、协商中间人、“反租倒包”、合作社等不同的流转模式。除此之外，三个案例在只有林地供需双方的决策初始状态下，都无一例外地陷入了流转困境，作为我国农村地区特有的基层自治组织，村集体以不同方式介入流转有效节约了交易费用，是促进林地流转、完善和创新经营体制的重要基础。

因此，促进林地流转的政策建议必须要尊重流转模式选择的内部规律。为了提高当前集体林地流转的效率，改进管理绩效，可以从以下几个方面入手：第一，组织村民民主、及时地选举村委会组成人员，保障组织完整性，使其能够在必要时以协商中间人、转包商、合作社推动者等角色介入林地流转；第二，完善和规范村委会成员的工作补贴方式，加强工作指导和监督，在形成激励的同时维系农村熟人社会的信任关系；第三，加强对村集体和林业合作社的政府资金支持，促进林地抵押贷款，有效激发本地需求和内部流转，防止林农长期失地失权。

第九章

林地流转经营的生态补偿市场机制

林地流转不能忽视森林的生态环境效益。在追求林地流转经济价值的基础上还需要考虑生态环境保护的有效机制，这也是林地流转的治理机制的重要组成部分之一。生态环境保护，本质上是公共物品，需要集体行动，在提供这种公共物品的管理机制上还需要考虑制度的有效性和制度本身的成本收益。

一、不能忽视的环境补偿问题

“全球化的思维，但却是地方性的行为”(think globally but act locally)，可以看做是对“放眼全球，立足本土”(think globally，act locally)的一种讽刺。后者的本意是每个国家、地区或个人都应能从自己做起，从而实现共同的目标和利益。然而，现实中却是前者揭示的困境：每个人变成了“思想的巨人，行动的矮子”。这正是当前环境保护面临的困境的写照。

究其原因，是短期利益或个人利益使然。在环境保护的集体行动上，“各国都忧虑着他国的‘道德风险’、‘搭便车’导致本国利益损失”，“从而固守着将责任尽可能交给别国来承担的策略，而无法找到合作之道”(夏永红和刘芳，2012)。

对于环境保护、污染治理等问题来说，我们需要集体行动。可是，这个集体行动是有成本的，每个人甚至在不付出任何成本的情况下都可以由此受益(Cole，2008)。如何能够让每个人都“公平地”承担成本？很多理论研究的结论是需要一个全球性的强制公约(Wiener，2007)。

然而，对于建立这种全球性的强制公约，困难显而易见。理论和实践一直在争论，谁才应该对这个公约的成本“付费”(如承担公约中的减排义务、支付相关的减排补贴等)？发达国家和发展中国家的责任和义务并不能够清晰界定。一方面发达国家有义务主动承担环境保护的成本，另一方面发展中国家不能因为发达国家曾经的先行排放就要求它们承担当前的所有责任，或者减轻发展中国家当前的责任。环境保护和治理的国际合作，已经复杂到无法准确辨析孰是孰非、谁真正受益谁真正受损的地步。相互推诿、相互指责只能恶化全球性公约难以变为现实的困境。

既然短期内这个全球公约无法实现，如果我们仅仅等待而不付诸任何行动，可能最终只能接受环境的恶化乃至最终的人类灾难。我们能否主动走出这个集体行动的困境？我们是否还有别的选择？

回到林地流转及其规模化经营上来，流转的主要目的是为了实现林地及林木经济价值上的效率，但是显然会带来一定的生态环境上的影响。经济收益一般是个人的，而生态环境保护却是公共的，这实际上也正是面临着与一般的环境保护类似的矛盾。因此，考虑如何对林地的流转及经营造成的生态负效应进行补偿是保障经济社会可持续发展的重要举措。然而，不当的生态补偿机制往往会事与愿违，带来许多新问题。理论上的设计可能会遇到现实中的困境。如何设计出合理的林地流转及规模化经营的生态补偿机制或生态保护政策，是当前林地流转市场机制建构中的重要一环。因此，本章的主要目的就是对林地流转及规模化经营过程中需要考虑的生态环境保护及生态补偿机制进行探讨，为构建可持续的林地流转市场机制奠定基础。

二、生态环境保护传统治理的困境

环境保护治理，是一个典型的公共物品，最明显的特征就是其成果的低排他性。传统的集体行动理论给出了非常悲观的推断，没有任何个体会自愿地增加自己的成本，如改变自己在节能减排上的行动，以满足全人类在环境保护上的共同利益。因此理论认为一个外部的强制干预是唯一的解决方式(Brennan，2009)。因此，这也是为什么大家都在期待一个新的全球性的协议来引导全世界的能源消耗和污染排放——《联合国气候变化框架公约的京都议定书》(简称《京都议定书》)不仅没有达到一个作为全球覆盖式的公约的水平，其本身的标准也受到许多批评家和环保主义者的质疑。

可惜的是，全球层次上，我们不存在一个所谓的强权政府。因此，寄希望于“从上向下”式的集权治理是不现实的。实际中，在强权管理的期待之外，世界范围内出现了一系列以市场机制为导向的自发治理机制。例如，虽然美国最终没有签署《京都议定书》，但是美国已经有 1 026 个城市自发加入了《美国市长会议保护气候协定》(U. S. Conference of Mayors' Climate Protection Agreement)①，这

① U. S. Mayors'Climate Protection Agreement[EB/OL]. http://www.usmayors.org/climateprotection/documents/ mcpAgreement.pdf，2010-08-06.

个市长级会议的目的就是实现在 1990 年排放水平基础上进一步减排 5%。美国很多大学校园也设计了一系列的激励机制，例如，在校园中进行与降低能源消耗和降低排放相关的各式各样的竞赛活动并把优胜者及时地公布于众，这种非经济激励的措施很好地实现了减排降耗的效果。据一项报告显示，这种非经济激励在一些大学中有效降低了 32%的用电量(Petersen et al.，2007)。

在世界其他范围，也有很多地方性的自发尝试。例如，伦敦对城市中心区每天在早上 7 点至晚上 6 点间通行的车辆征收 8 英镑的拥堵费，这个基于经济调节的手段至少在初期确实改善了伦敦的交通状况，如前三年(2003～2006 年)伦敦的二氧化碳排放量降低了 20%。当然，后来规则上的漏洞抵消了经济调节的手段的效果。

另外，各国政府也在探索采用碳汇市场交易的方式来激励环境保护的行为。例如，美国从 2005 年起逐步在美国东北部和中大西洋区的 10 个州实施了"区域温室气体行动计划"(Regional Greenhouse Gas Initiative，RGGI)，该倡议实际上就是一个区域性质的"总量控制和交易"(cap and trade)的减排管制方式。欧盟也实施了"欧盟排放交易计划"(European Union Emissions Trading Scheme，EU-ETS)，该计划实际上是一种"信用授权和交易"(credit and trade)的减排管制方式。联合国建立了清洁发展机制(clean development mechanism，CDM)，世界银行在发展中国家范围内建立了碳汇基金(Prototype Carbon Fund)。这些都是当前世界范围内探索自发减排尝试的典型性措施。

但是，不可否认的是，现有的各种以市场为导向的措施仍然面临诸多问题。最明显的就是污染的转移或溢出效应(leakage effects)。这种溢出效应包含两种情况。第一种是区位上的溢出效应，主要是污染从控制区转向了非控制区，而污染排放的总量没有任何减少。例如，欧盟排放交易计划和美国的区域温室气体倡议实际上导致了将原本在欧洲或者美国的生产排放转移到了亚洲或非洲等发展中国家，因为后者没有所谓的污染排放的控制政策。第二种是市场上的溢出效应，主要是从因为污染控制或补贴导致的目标区域内相关的产品的市场价格的变化，进而影响到非目标区域的相关产品的生产行为。例如，因为在限制区内禁止采伐导致的林木价格的升高，而价格的升高很可能会刺激其他未限制区的林木的过度采伐。可以看出，正是因为这类环保计划不是全覆盖式，其效果就被降低了。

另外，以市场为导向、以经济激励为手段的环保措施还可能导致投机的现象。例如，《京都议定书》认定了几种高全球变暖潜能值(global warming potential，GWP 值)的气体，包括 R22 和 HFC23 等。联合国的 CDM 机制允许那些主动消除高 GWP 值的气体的个体获得相应的减排信用额度，而这种额度可以在 CDM 机制的市场中进行出售而获得补贴。例如，通过 CDM 机制，生产制冷剂的企业通过消除 HFC23 而获得大量的核准的减排量(certified emission reports，

CERs)，这些额度在欧盟等碳交易市场出售，从而给企业带来了“额外”收益。结果，这种补贴机制却诱致了一些企业的投机行为，即企业主动生产 HFC23 并销毁然后通过 CDM 机制获益，实际上这些企业对减少 HFC23 并没有直接的帮助。

这些以市场机制为导向的环保措施出现的缺陷或问题，揭示了环境保护的另一个特征就是不确定性。这种不确定性不仅是其正的或者负的外部性的不确定，还包括人类无法对其进行准确的衡量和认知。这样，人类的机会主义行为就会增加，造成市场机制的失效。

综上所述，这些传统管理措施存在困境的本质原因就是环境保护这种公共物品的低排他性和不确定性，进而造成了个体的机会主义行为。而一旦这种行为过多，必然会损害更多人的合作意愿，结果就是使得环境保护落入了一种“公地悲剧”的结局。即使大家可能都有改变的愿望，但每个人面临的决策却类似于“囚徒的困境”。

三、一般性土地开发补偿现状及比较分析

人类对土地利用类型的变更，会引起土地利用结构的变化，从而影响整个自然生态系统的运行。随着中国经济社会的快速发展，土地利用的广度和深度也在不断增强，由此产生了不少负面效应。我国 2013 年岁末发布的《关于第二次全国土地调查主要数据成果的公报》就指出，全国人均耕地 0.101 公顷，较第一次调查时有所下降，不到世界人均水平的一半①。2011 年公布的《中国荒漠化和沙化状况公报》则显示，截至 2009 年年底，中国荒漠化土地面积为 262.37 万平方千米，沙化土地面积为 173.11 万平方千米②。还有研究表明，仅 2005 年中国北方 10 省区沙漠化造成的经济损失就高达 487.92 亿元；而由土地沙漠化诱发的沙尘暴对下风向地区带来的损失达 50.66 亿元，占沙漠化经济损失总额约 10%(马国霞等，2008)。可以说，由于土地开发导致的耕地减少、土地退化、生物生存环境恶化等始终困扰着城镇化进程中的中国。这些负面效应已经开始导致自然生态系统运行紊乱，进而反作用于作为自然生态系统一员的人类自身，对中国的可持续发展构成威胁。

正是在这种巨大的可持续发展压力下，诸如耕地“占补平衡”等土地开发补偿机制在中国悄然兴起。所谓土地开发补偿，主要有两层含义。第一，用地者在对耕地、林地等具有农业生产功能和生态服务价值的土地资源进行开发利用后，应当补充等值的农用地或生态用地来弥补因土地开发对农业生产或生态环境造成的

---

① http://www.mlr.gov.cn/zwgk/zytz/201312/t20131230_1298865.htm，2013-12-30.

② http://www.forestry.gov.cn/uploadfile/main/2011-1/file/2011-1-5-59315b03587b4d7793d5d9c3aae7ca86.pdf，2011-01-05.

损失。第二，用地者也应当采取措施，对在开发利用土地资源过程中给土地本身及周边环境造成的污染和破坏进行补偿，以减轻负面影响，恢复生态原貌。但是，中国的土地开发补偿机制却在实施过程中产生了一些副作用，凸显了贯穿中国城镇化和工业化全过程的土地开发与保护的矛盾。

例如，黄河流域个别欠缺荒地资源的平原县，为实现耕地的“占补平衡”，把村内林地也纳入了挖潜、复垦的计划，有悖于经济、生态、社会的可持续发展(卢海阳和李明月，2008)。在以土地开发补偿特别是补充耕地为导向的农村土地整理过程中，不尊重农民意愿，侵犯农民利益，激化了社会矛盾，影响社会稳定(王权典，2011)；拆村、迁村、并村行为不利于保护农村传统的村落文化，尤其对村落中历史长久和积累深厚的非物质文化会起到严重的破坏作用，不利于传统文化的传承(王振波等，2012)。上述由土地开发补偿所引发的不良反应如果积少成多，就会同土地开发的负面效应一样，成为困扰中国的社会、生态、文化难题，再度威胁整个社会的可持续发展。换而言之，土地开发补偿并非易事。欠佳的土地开发补偿实践事与愿违，催生了新的问题，让中国陷入了“收之东隅、失之桑榆”的困境。

实际上，采取多样化的补偿措施来减轻或弥补土地开发造成的负面效应和损失早已成为世界许多国家的共识。德国就是其中之一。以土地整理复垦、“生态账户”等为代表的“德国式”土地开发补偿机制较为成熟、完善。它在一定程度上化解了土地开发的负效应，保护了自然景观和生物的多样性，改善了生态环境，提高了当地居民的生活品质。

(一)中国已有的土地类开发补偿

当代中国快速的工业化和城镇化催生了大量的建设用地需求。在这种“以经济建设为中心”的语境下，城市周边的农用地，特别是耕地，被转变为建设用地，似乎成为了一个不可扭转的趋势。《2012 年中国国土资源公报》显示，全年批准建设用地 61.52 万公顷，其中转为建设用地的农用地 42.91 万公顷，耕地 25.94 万公顷，同比分别增长 0.6%、4.5%、2.5%[①]。如此巨大的人口和农地非农化压力，迫使中国从保护耕地和国家粮食安全的角度出发，推行土地开发补偿政策来减轻和弥补建设占用耕地产生的不良影响。其中，耕地“占补平衡”、城乡建设用地“增减挂钩”和“低丘缓坡”开发这三项机制前后相连，勾勒出了中国土地开发补偿的主线。而这些具体的政策实践也揭示了当前中国土地开发补偿的问题与矛盾。

1. 耕地“占补平衡”

耕地“占补平衡”是中国政府为了缓解日益增大的农地非农化压力，保证耕地

---

① http://www.mlr.gov.cn/zwgk/tjxx/201304/t20130420_1205174.htm，2013-04-20.

总量，进而确保国家粮食安全而出台的一项土地管理政策。同时，它也是中国土地开发补偿的核心机制。根据《土地管理法》的有关规定："国家实行占用耕地补偿制度。非农建设经批准占用耕地的，按照'占多少、垦多少'的原则，由占用耕地的单位负责开垦与所占用耕地的数量和质量相当的耕地；没有条件开垦或者开垦的耕地不符合要求的，应当按照省、自治区、直辖市的有关规定缴纳耕地开垦费，专款用于开垦新的耕地。省、自治区、直辖市人民政府应当制定耕地开垦的计划，监督占用耕地单位按计划开垦或者组织开垦耕地，并进行验收。省、自治区、直辖市人民政府应当保证本行政区域内耕地总量不减少；耕地总量减少的，由国务院责令其在规定期限内组织开垦与所减少耕地的数量与质量相当的耕地，并由国务院土地行政主管部门会同农业行政主管部门验收。"①。

耕地"占补平衡"突出了各级地方政府确保本行政区内耕地总量不减少的主体责任。虽然建设占用耕地的单位也负有补充耕地的义务，但在实践中基本上变成了缴纳开垦费的责任。地方政府及其国土资源管理部门则成了补充耕地的主体。它们垄断了项目立项、补充耕地方案的编制、审批、实施、验收以及与占用耕地的建设项目相挂钩等环节。此外，耕地"占补平衡"的资金来源也比较单一，主要依靠中央和地方财政的支持。

2. 城乡建设用地"增减挂钩"

城乡建设用地"增减挂钩"是继耕地"占补平衡"之后，中国土地开发补偿的又一重要机制。在近年来中国政府对占用耕地项目进一步严格限制，而地方经济建设和城市化对占地需求不断扩大的背景下，该机制的主要初衷是在通过复垦等方式减少农村建设用地的前提下，增加新增城镇建设用地的数量。由此可以看出，这也是一种占补平衡的策略，即在实现建设用地在农村和城镇之间的占补平衡(Tan and Beckmann，2010)。

该机制是指依据土地利用总体规划，将若干拟整理、复垦为耕地的农村建设用地和拟用于城镇建设的地块等面积共同组成建新拆旧项目区，通过建新拆旧和土地整理复垦等措施，在保证项目区内各类土地面积平衡的基础上，达到增加耕地有效面积、提高耕地质量的效果。城乡建设用地"增减挂钩"具有鲜明的开发补偿色彩。它以农村存量的土地资源作为土地开发补偿的物质基础，将农村建设用地与城镇建设用地直接挂钩，若农村整理复垦建设用地增加了耕地，城镇可增加相应面积的建设用地。

另外，在异化了的土地开发补偿动机驱使下，不少地方在村庄改造的环节中无视传统建筑风格和历史遗产的保护，破坏了乡土中国的文化根基。许多历史悠久的古老村落面目全非。平房、庭院、畜栏、晒谷场等传统的生产生活空间被压

① http://www.china.com.cn/chinese/law/647616.htm，2004-08-29.

缩甚至不复存在。“被上楼”的农民被迫改变了原先的生活方式和文化特质。这些都严重威胁着中国乡土文化的传承和乡村社会的延续。与城乡建设用地“增减挂钩”相伴而生的社会冲突和乡土文化危机又一次给中国的土地开发补偿敲响了警钟，进而推动了土地开发补偿机制的再度转型。

3.“低丘缓坡”开发

“低丘缓坡”开发是近年来在中国南部低山丘陵地区被较为广泛采用的一种土地开发补偿的新机制。中国南部地区受到多山地、丘陵的自然条件限制，后备土地资源更为匮乏。而且，南部地区又是国家经济发展的重心。随着该地区工业化、城市化的进程加速，产生了更大的建设用地需求。为了进一步缓解建设用地供需矛盾，“低丘缓坡”开发应运而生。

所谓“低丘缓坡”开发就是通过削峰填谷、平衡土石方和调整水系等工程技术措施，将闲置的低丘缓坡资源转变为可供生产、生活的平整土地。如此一来，既可以将这些新生的土地资源作为土地开发补偿的“原材料”；也可以直接将它们用于城市和工业园区建设，减少建设占用耕地的现象，从另一个侧面来满足土地开发补偿的需要。由此可见，“低丘缓坡”开发的实质是一种具有地方特色的土地开发补偿机制。它尝试以“愚公移山”的造地方式来缓和土地开发与保护之间的矛盾。

事实上，“低丘缓坡”开发如果稍有不慎就会导致涉及生态、社会等领域的多重负面影响。一方面，“低丘缓坡”开发涉及项目区的征地拆迁，难免会产生社会矛盾；另一方面，“低丘缓坡”地区生态较为脆弱，生态恢复能力差。在生态脆弱地区进行大规模的工程建设会严重影响生态系统的平衡和稳定，给当地的生态环境带来难以挽回的损失。例如，开发活动会破坏物种的生存环境，威胁生物多样性。有研究表明，生存环境破碎化和丧失是许多物种濒危和绝灭的重要原因。因生活环境丧失和破碎化而受到绝灭威胁的物种比例很高，在哺乳动物和鸟中约占48%和49%，在两栖动物中则高达64%(Wilcove et al.，1998；Laurance et al.，2002)。

4. 中国的土地开发补偿的困境

耕地“占补平衡”虽然保持了耕地数量的平衡，但却是以牺牲土地资源的生态服务价值为代价的。它或许部分弥补和减轻了建设占用耕地的负面效应，但是也造成了新的生态破坏。城乡建设用地“增减挂钩”着眼于提高存量土地的利用效率。这原本是一项创新之举。而执行过程中的纰漏，却导致了新的社会矛盾和文化危机。“低丘缓坡”开发看似是一种“因地制宜”的土地开发补偿机制。但是，它关注的仅仅是土地资源的生产性功能而忽视了其生态、社会等功能。因此，“低丘缓坡”开发在实施过程中也不可避免地引发了一系列生态问题和社会矛盾。可以说，中国的土地开发补偿已经陷入了“收之东隅、失之桑榆”的困境，前途堪忧。不过，放眼全球，土地开发补偿是许多国家的共同选择。借鉴他国的先进经验，或许可以帮助中国摸索出一条土地开发补偿的变革之路。

(二)德国的土地开发补偿机制

德国虽然已经步入了后工业化时期，但从历史和现实来看，因建设需要占用耕地的现象始终存在。保护耕地资源也同样是德国的关切所在。例如，近年来，德国就提出要减少农用地向居住和交通用地的转变，即从2004～2007年的每天114公顷减少到2020年的每天30公顷(Henger and Bizer，2010)。而这一目标的实现当然也离不开土地开发补偿政策的支持。经过长期的实践，德国逐渐探索形成了土地开发补偿的“德国模式”。该模式是一个以法律为保障、以规划为基础，重视公众参与，多种补偿手段相结合的完整体系。

1. 德国模式的现状

早在1976年，德国就明确提出了“补偿原则”。《国家自然保护法》《联邦建设法典》等法律都对落实该原则做出了具体规定，为土地开发补偿提供了法律保障。《国家自然保护法》明确要求对自然的任何影响都要进行补偿。其中，补偿的标准由规划管理者确定。可见，德国的土地开发补偿还是以规划为基础的。在开展具体的补偿活动之前，首先应当进行规划。它包括了土地开发项目的影响评估、权衡各种补偿手段的利弊得失、确定必要的资金支持、制定最终的开发补偿方案等(Kiemstedt et al.，1996)。

进一步来看，德国模式主要由两种补偿机制组成，即恢复性补偿机制和替代性补偿机制(Rundcrantz and Skärbäck，2003)。其中，恢复性的补偿机制具有优先地位。它致力于减轻因建设等开发活动给项目区造成的破坏，恢复生态原貌。土地整理复垦就是该类恢复性补偿机制的典型。不过，当面对土地开发导致的难以恢复的生态损失时，替代性补偿机制就成了不二选择。它致力于另行选址对那些难以减轻或恢复的土地开发负面效应进行补偿。“生态账户”正是一种具有代表性的替代性补偿机制。同时，它也是德国模式的一大特色。

简而言之，“生态账户”的核心是“生态指标”的交易及其增减变化。它由专门的机构负责土地开发补偿的具体事宜。这些机构的补偿项目通过验收后就可以积累一定数量的“生态指标”。而在进行土地开发活动时，则要根据土地开发项目的负面影响大小扣除相应数量的“生态指标”。因此，用地者必须向这些机构购买相应数量的“生态指标”后，才可以进行土地开发。此外，德国还高度重视土地开发补偿的公众参与。以土地整理复垦为例，受到项目影响的每个居民在项目评估、规划和执行等各个阶段都可以独立地或通过参加者联合会等自治组织来表达自己意见(Vitikainen，2004)。

2. 德国模式的成效

德国模式在实践中成效显著。恢复性土地开发补偿机制和替代性土地开发补偿机制因地制宜、相互配合，优化了土地开发补偿的结果。在适宜进行环境修复的地方，采用恢复性的补偿机制，避免毁林开荒、坡地开垦、围湖造田等开发式补偿的负面影响。在不具备环境修复条件的地方，采取替代性补偿，既确保土地开发补偿的效果不打折扣，又防止强行进行生态恢复和各种“人造”景观的副作用。

具体而言，恢复性的补偿机制，如土地整理复垦等，从以单纯的农业复垦为主，转向在确保农用地的数量和质量的同时，重塑当地的生态循环系统和保护生物多样性，协调农用地与生态用地的关系，从而提高了人的生活品质，改善了动物和植物的生存条件。德国矿区实行的生态恢复工程就是此类补偿机制的实例(Schulz and Wiegleb，2000)。而替代性的补偿机制，如“生态账户”等，强调的是生态上的“占补平衡”而非仅仅是耕地“占补平衡”。因此，此种补偿机制在实际运作过程中综合考虑了每个区域内土地的农业生产和生态服务价值。以在全德率先实施“生态账户”机制的 Hessen 州为例，该州目前实施了三个补偿项目，两个涉及动物栖息地的保护，一个涉及农业生产方式的转变(Prokop et al.，2011)。如此，就尽可能避免了用土地开发的方式来弥补原有土地开发的恶果，减少了因开垦新耕地给区域的生态环境造成的种种破坏性后果，促进了区域内土地的生产性功能和生态服务功能的平衡。

综观德国模式，我们不难发现，其出发点不仅是保证耕地的总量平衡，而且还兼顾土地开发补偿的生态和社会效益。基于此，德国不断完善与土地开发补偿有关的法律，以正式规则和外部权威来保障相关政策的绩效。与此同时，德国还搭建公众参与的平台，发挥市场的作用，让政府、土地开发者、公众等利益主体既群策群力又互相监督、制约，以集体行动的方式完成既定的土地开发补偿任务。这些都是德国模式的经验所在。

(三)中德土地开发补偿机制的对比分析

中德土地开发补偿机制上的区别可以由表 9-1 总结出来。具体的我们从政策目标、具体模式和基础性制度三个层面分别来讨论。

表 9-1　中德土地开发补偿机制的比较分析

国家	中国	德国
政策目标	①确保耕地总量平衡 ②保障国家粮食安全	①保护耕地 ②保护生态 ③促进社会可持续发展
具体模式	①以耕地为补偿对象 ②以开发式补偿为主 ③政府承担主要成本 ④补偿过程操作不规范	①各类土地均是补偿对象 ②多种补偿手段相结合 ③污染者付费 ④补偿过程操作规范

续表

国家		中国	德国
基础性制度	土地产权	①农地产权集体所有 ②城市土地国家所有	①多数为私有性质 ②受到法律的严格保护
	规划体系	①以保护耕地为核心 ②指标分配模式 ③信息公开程度低 ④权威性不足	①以人与自然协调为核心 ②空间规划模式 ③信息公开程度高 ④权威性强
	政府角色	①政府主导 ②缺乏市场和公众参与	①引入市场机制 ②注重公众参与

1. 不同的土地开发补偿目标

考察中国的土地开发补偿机制，显而易见的是，保护耕地，确保耕地总量平衡，进而保障国家粮食安全是其最主要甚至是唯一的目标。耕地“占补平衡”直截了当地表达了建设占用耕地需要另行补充耕地以确保耕地总量不减少这一土地开发补偿的目标。城乡建设用地“增减挂钩”把整理复垦农村建设用地获得的新增耕地数量与城镇建设用地指标相挂钩，为地方政府保护耕地和确保耕地总量平衡提供激励。“低丘缓坡”开发则把“闲置”的低山丘陵夷为平地来提供后备耕地资源或直接将其作为建设用地以减少对现有耕地的占用。可见，尽管三种土地开发补偿机制的具体运作模式不尽相同，但它们追求的却是共同的目标。

而德国土地开发补偿的目标则较为多元化和多层次，具有很强的综合性。它除了保证耕地数量，保障农业生产，以满足人的基本生存需求外，还增加了保护生态环境和生物多样性，尽量满足社会需要，提升居民生活品质，追求人与自然的和谐共存等新内涵。例如，土地整理复垦实现了从片面地追求农业复垦、增加耕地面积和改善农业生产条件向力图恢复生态、促进生态系统平衡和改善包括人在内的生物生存环境的重大转变。“生态账户”从一个区域整体平衡和可持续发展出发，更加突出生态的“占补平衡”，力求充分发挥土地资源在农业生产和生态服务等方面的综合作用。

2. 相异的土地开发补偿模式

显然，中德两国的土地开发补偿模式存在着许多差异。从补偿对象上看，中国仅对建设占用耕地的行为提出了补偿要求。德国的补偿对象则不仅限于耕地。一般来说，凡是与土地利用变化有关的行为都要进行生态补偿。就补偿手段而言，中国主要是依靠新一轮的土地开发来弥补原有的土地开发造成的耕地减少等负面效应。耕地“占补平衡”和“低丘缓坡”开发就是此类开发式补偿手段的典型。即使城乡建设用地“增减挂钩”是通过土地整理复垦来补偿耕地，但由于涉及农村居民点的拆旧建新，也不可避免地需要进行土地开发。而德国模式则不然。恢复性的补偿机制是德国模式的首选。只有在生态修复或土地整理复垦效果欠佳的情况下，替代性的补偿机制才会被采用。而且，“生态账户”等替代性补偿机制的具体补偿手段也大多是转变农业生产方式、保护生态和生物多样性等，并非单纯的开垦新耕地。

在中国，土地开发补偿的成本主要由地方政府承担。虽然建设占用耕地的土地开发者应当缴纳耕地开垦费，但地方政府在政绩观的驱动下，推行以地招商引资来发展经济，用地者缴纳的耕地开垦费远远低于造地成本甚至还出现了减免、拖欠耕地开垦费的现象。与中国不同，德国严格遵循“污染者付费”的原则，讲求土地开发的外部成本内部化。土地开发者通过购买“生态指标”，或支付补偿费甚至直接组织实施补偿项目的方式来承担土地开发补偿的成本。另外，从表面上看，中德两国的补偿过程大同小异，均分为项目选址、规划、实施、验收等阶段。然而，在中国，补偿过程中每个阶段的实际操作往往不够规范，一些成文规则未能得到有力的执行。

3. 基础性制度差异的烙印

1)土地产权

在中国，土地开发补偿涉及的农用地、农村集体建设用地和未利用地等多属于农民集体所有；城市土地则属于国家所有，中央政府虽是行使国家土地所有权的代表，但它授权地方政府来具体行使国家土地所有权(Ding，2003；Zhu，2002)。中国共有的土地产权结构必然导致“公地悲剧”，造成土地开发补偿的低效率。

首先，这种产权安排会造成有限任期的地方政府的短视，即只关注短期的经济利益，忽视长期的生态环境价值。表现在土地开发补偿上就是：一方面，地方政府为了以地招商引资，尽量减轻用地者的开发补偿责任，如减免耕地开垦费；另一方面，采用见效快的开垦新耕地的方式来完成补偿任务。其次，它也造成了地方政府对中央政府的道德风险。地方政府有行使国家土地所有权和征收农村集体土地等权力，却缺乏相应的责任，加之上下级信息不对称和监督成本的存在，地方的各种机会主义行为就有了活动空间，自然无法有效实施土地开发补偿。最后，模糊的产权还造成了地方政府间的“恶性竞争”和“搭便车”现象。土地开发补偿所实现的粮食安全和生态安全是一种公共物品。因此，热衷于发展地方经济的地方政府都希望由他人来承担这种公共物品的供给成本，自己尽量少分担一些，从而造成了土地开发补偿的低质量。

在德国，土地产权大多是私有性质的且受到法律的严格保护。清晰界定的产权明确了政府、产权人、用地者的权利和责任，是土地开发及开发补偿的外部效应内部化的前提条件。同时，明晰的产权结构还对自利的个体积极参与和监督土地开发补偿起到了激励作用。从而，避免了“公地悲剧”的出现，为土地开发补偿的有效实施奠定了基础。

2)土地规划体系

中国的土地规划体系偏重于保证耕地的数量，是一种“自上而下”的指标分配模式(Tan and Beckmann，2010)。指标规划只注重指标数量的增减变化，不关注具体的空间区位。在此种规划模式下，土地开发补偿更多地表现为建设用地指标和耕地指标之间的数量变换。这就导致政府只关注土地开发补偿带来的指标数量的变化，忽视了实际的效果，进而引致更多的负面效应。例如，中国边际土地的减少虽然满足了耕地“占补平衡”，但生态遭到了进一步的破坏。再者，规划指标没有与具体的空间区位相对应，加大了中央和地方的信息不对称，给地方政府违规提供了条件和机会。此外，中国的土地规划信息透明度低，公众很少有参与和监督的机会，所以政府和私人的违法违规行为很多。虽然中国的土地规划名义上有法律效力，但因为政府自身的随意修改，导致规划约束力不强，难以对土地开发补偿产生应有的控制效果。

德国的土地规划体系偏重于实现人类社会与自然环境的协调以及整个社会的可持续发展，是一种空间规划模式(Schmidt and Buehler，2007)。空间规划确定了所有地块的用途，也就限定了补偿用地的选址范围。从而防止了盲目牺牲具有生态价值的边际土地来完成补偿任务，保障了土地开发补偿的实际效果。而且，德国的规划信息公开程度高，为公众参与和监督等提供了条件，故而很少存在违法违规现象。另外，德国土地规划体系的权威性强。土地规划一经批准，不论是地方政府还是中央政府都不能随意修改(Tan et al，2009)。这也有利于增强规划对土地开发补偿的约束力。

3)政府与市场、公众的关系

政府与市场、公众的关系影响着土地开发补偿过程的组织模式，造成了不同的交易费用，最终影响到开发补偿的绩效。中国的土地开发补偿是一种政府主导的组织模式。由政府单方面来负责土地开发补偿降低了事前与其他利益主体的协商费用。然而，同私人决策者一样，政府也是有限理性的，也受到信息不完全的现实条件制约。因此，政府主导的模式无法降低信息搜寻成本。再者，土地开发补偿的实施主体——地方政府是一个独立的利益主体，中国特殊的制度环境又为地方政府以欺骗的手段自利提供了可能。这就增加了强制地方政府无偏地执行各种补偿手段的成本。此外，在中国，一般是由上级政府监督下级政府的补偿行为。而下级拥有的信息优势往往会加大上级监督的难度，增加相关成本。

与中国不同，德国模式引入了市场机制，重视公众参与。在德国，土地开发者必须购买“生态指标”以承担开发补偿的成本。而专司补偿活动的机构所获得的“生态指标”数量与其补偿成果的质量相挂钩。它们如果不能提高补偿对象的生态价值，就无法获得“生态指标”，也就无从获取收益。可见，在市场价格机制作用下，既落实了补偿的责任及成本承担，也有利于实现补偿行为实施者的自我监督。从而控制土地开发补偿的质量，降低强制执行和外部监督的成本。虽然公众参与会增加事前的协商费用，但是公众参与有助于集中利用分散的知识，增强全体利益相关者的利益一致性，促进土地开发补偿集体行动的形成。如此一来，既减少了信息搜寻的成本，也节约了事后的执行和监督费用。

(四)中德对比的启示

实际上，上述中德在土地开发补偿机制上的差异，为中国在各种土地开发补偿机制上的设计提供了很好的借鉴。

1. 为什么中国当前的土地补偿机制不理想

制度决定着人利用资源的结果和绩效。因此，从根本上说中国土地开发补偿绩效低的原因就是制度的原因。从政府在长期以来形成的一种理念，即粮食的自给自足以保障国家的政治安全和国际安全，使得保障足够的耕地资源成为土地管理理念的核心之一，也就奠定了开发补偿的基本目标。与此相配套的是，长期以来的计划经济配置方式，使得中国的土地管理有着浓厚的层级制的计划配置，而计划配置的主要方式必然是以指标的方式来进行管理，这也奠定了以指标为控制手段的方式的存续。指标就决定了替代性的补偿方式，因为土地数量在实际形态上是不能叠加的，数量的平衡必然决定着地块区位的变化，这使得土地补偿必然面临着“顾此失彼”的困境，因为土地本身是一种区位异质性的资源，不同地区的土地其背后的经济、社会和生态价值是不同的，仅看重数量必然导致总体价值上的失衡。

如果说这两种制度的背景决定了开发补偿方式的选择和治理，那么还有一些基础性的制度决定着开发补偿的实际过程和结果。

首先，产权的公有制使得土地补偿作为一种公共物品，加剧了“公地悲剧”。既然上级政府的考核目标是数量，即使我们都知道补偿不仅仅是数量的问题，但作为地方政府的官员来说，谁愿意主动承担公共成本，即致力于补偿生态环境，而不是选择成本更小、效果更明显的数量补偿呢？而公有产权和中央政府负责制，进一步造成了地方政府的机会主义行为，当官员的考核指标和生态补偿的本质追求产生矛盾后，地方政府必然会尽可能忽视土地生态补偿的效果。这种公有产权的设置也显化了层级制下上下级政府之间的管理困境，信息的不对称使得中央政府并没有办法有效监督。

其次，地方政府在“代理”中央政府行使土地产权上的权力时，集所有权人、土地补偿法律监督者、土地开发规划者和实施者等各种角色于一身，因此当某一种角色处于次要地位时，将会因为其他角色的需求而受到轻视。这说明了土地补偿的法律地位受到实际轻视的原因。为了更快更多地开发土地以促进GDP的增长，使得法律对土地补偿的要求往往受到地方政府权力的影响。

再次，土地补偿法律地位受到轻视，也造成了土地规划的权威性的降低。而且，土地规划作为更偏向于治理结构的制度(Williamson，2000)，实际上本可以弥补正式制度的一些负面效应，例如，公有产权不必然导致绩效的降低，但是土地规划没有发挥它应有的功能——现在的规划是一种层级制规划，缺乏区位联系，缺少公众参与和公众监督。一方面，不仅土地补偿本身没有规划，另一方面，所有的土地利用和管理都遵循着以指标规划为基础的土地利用总体规划，这使得规则的本身可能出现很多漏洞，加剧了地方政府、开发商的机会主义行为。

而层级制的体制、公有的产权，导致了长期以来政府角色的特征，政府总是偏向于主导土地开发和补偿，背后有着一个经济上的激励就是分享更多的增值收益，增加更多的当期收益。这也是当前在中国颇受关注的土地财政现象，即地方政府通过土地使用权的出让，以及通过在这个过程中对土地市场的操控，尽可能最大化政府的收益以换取更多的地方财政收入。换言之，这必然导致没有考虑更多人和后代人的利益，不属于可持续发展的范畴。但正如上文分析的，在地方考核机制下，在任期内，在公有制下，这种行为又是一种必然。在这个背景下，除了外来投资的企业能够与政府分一杯羹(Tan et al.，2011)，其他的市场主体都很难与政府一起分享收益，更别说农民在这个过程中受到的歧视。而理论上在很多国家存在的不同形式的社会合作，在中国也很难存在。

上述的制度决定了土地开发补偿的绩效，即公有制下的资源利用目标的单一，造成了管理方式的低效，进而造成了开发补偿的绩效降低，包括经济收益的降低、生态成本的升高，还包括管理成本即所谓的交易费用的升高。

2. 以德国为鉴的中国土地类开发补偿的出路

反观德国更好的绩效，可以说起作用的也是一些基本制度。存在的私有制度以及政府在管理土地时所站的地位，使得政府本身的利益不再与土地开发的利益相联系，政府此时才可能站在一种监管者的角度来考虑超出土地经济收益的“社会—生态系统”的整体性。这奠定了土地开发补偿目标、手段和评价上的合理性。

在这种制度的基础上，地方政府不仅不存在与上级政府之间的关系，而且能够积极制定有利于自身发展的空间规划和土地补偿规划，以满足地方发展综合效益的最大化，这是与中国最明显的不同。在规划体系下，土地开发补偿不以数量为导向，而都量化为生态价值的标准，使得综合考虑补偿目标、手段成为可能。当政府的角色发生了改变，治理结构也就发生了很大的变化：政府不一定疲于应付开发商的机会主义行为，也不需要致力于土地补偿的实际工作，公众参与和监督以及社会市场力量的参与，已经能够实现社会总体绩效的最大化，这是一种在政府、开发商和第三方之间的成本共担和利益共享，这是一种更为有效的管理模式。在这个过程中，联邦政府提供了明确的法律基础和保障，这也为维护一种制度的环境提供了良好的条件。

德国的良好绩效实际上给了中国很多启示，相互印证了绩效优劣的原因。如果中国希望改进土地开发补偿的绩效，如中央政府意识到了基于数量补偿带来的副作用，是否可以直接借用德国的制度设计呢？答案显然是否定的。不仅因为制度与外部条件不一定匹配，更本质的原因是改革的本身，尤其是对于“社会—生态系统”管理制度改革的本身，是一种非常复杂的过程（Ostrom，2007，2009；Hagedorn，2008）。这使得制度的变迁只能基于积累性的、渐进性的变革。不然，制度变革的副作用可能更大。而且，制度变迁还要考虑制度成本上的要求，越是基础性的制度，变化频率越慢，成本越高（Williamson，2000）。

因此，对于中国的开发补偿制度改革来说，在一种渐进性的策略下，先从治理结构的改革入手，可能是一种更为有效的出路。具体来说，应从以下几个方面入手来突破中国土地开发补偿的困境。

第一，建立多元化和多层次的目标体系。土地开发补偿的目标不能局限于保护耕地和保障粮食安全的基本层面。它应当延伸至更高层次和更宽领域，即保护生物多样性、维护生态平衡并兼顾补偿行为的社会和文化效应，为后续的补偿活动提供正确的方向指引。虽然这也是国家战略目标上的改变，但也可以直接写入实际的治理结构层次的政策中。问题是如何让这种偏向于意识形态的道德，变成能够有实际约束力的制度（Ostrom，2005）。在现阶段可以通过治理结构的创新来实现。

第二，如果说改变现有的产权设计和政府主导土地利用的管理架构不现实的话，中央政府可以从改变土地利用规划和土地开发补偿规划的角度入手，来完善土地开发补偿的模式设计。探索现有规划向能够“落地”的指标规划转变，即向空间规划转变。这能够有效缓解信息不对称、中央和地方行政管理效率低，以及地方机会主义行为。这种落地的规划也有利于编制土地开发补偿规划，在开发之前就清晰地界定适宜的补偿方式和途径（多样化的补偿手段、对象和途径的权衡结果），这样，即使这个过程中还是由政府来负责开发补偿，但因为责任明确、任务清晰，开发补偿的绩效能够得以保证。而且，这也是改变组织结构的基础，即既然任务清晰了，谁来实施则可以是一种市场协商的结果，政府、个人以及第三方都可以承担或合作。这实际上也是节省成本、提高绩效的现阶段可行的途径。另外，规划的清晰界定也是对外公布的基础，以前的规划不公开还可能的原因是很多未决的设计，未决的设计不足以公布于众，且造成政府的后期的随意修改。而清晰界定后，不仅可以由公众监督，也一定程度上强化了规划的严肃性和法律性，这实际上是一种连锁反应，有利于土地管理制度规范和法律地位的提升。公众监督必然提升公众参与的热情，在后续的规划修编过程中，也能够进一步提升在社会公平上的效果，通过允许相关利益主体的合理诉求和协商一致，使得规划实现经济、社会和生态效益上的最大化的统一。

第三，可以预期，这种治理结构上的改进，有利于制度环境上的变迁。不一定追求公有制的改变，但在产权安排的设计和改进上(如建立一种可交易的发展权)、在集权制的管理方式的改进上等(如下放审批权并考虑事后审核权)真正转变市场在配置资源过程中的决定性作用，有着积累的、渐进性的改进作用。而这些都对中国未来一段时期的经济发展过程中可持续发展理念的建立有着重要的作用，即发展本身目标的改变，如不再以经济为导向，而是以诸如绿色 GDP 为考核方式。这些变化可能可以更为简单地实现，而不需要中央政府短期内强制性地、大张旗鼓地投入大量的成本来实现。

四、林地采伐生态补偿的路径选择

(一)林木采伐限额及其市场化配置体系的建立

1. 排污权交易的理论启示

从 20 世纪 60 年代开始的对污染排放配额交易的讨论，理论上得到了长足的发展。最初受庇古税的影响(Pigou，1932)，大多主张通过直接的排放限额(command and control，CAC)或者统一的税率来进行污染的控制。其中，Baumol 和 Oates(1971)最早给出了统一税率能够实现污染排放边际社会成本与边际私人收益趋同的理论证明。当然，实践中最优的排放限额或者统一的税率如何确定，是一个难题，因为污染的社会成本是不容易测算的。另外，排放限额或统一税率的前提是污染物本身必须是均质的，没有空间和时间上的差异。这是一个很强的理论假设，实践中很多污染都会因为地点、时间的差异而造成污染负面效应的不同(Tietenberg，2008)。

为解决如何确定税率的问题，科斯建议从明晰产权角度来实现(Coase，1960)，这为排污权交易奠定了理论基础。因为不同污染源在减排或净化上的边际成本不同，使得排污权的交易在实践中成为可能，在理论上出现了所谓的"总限额+可交易"(cap and trade，CAT)的模式和"最小净化+可转让余额"(baseline and credits，BAC)的模式(Tietenberg，2006)。前者指设定一个总的限额并分配，允许污染单位之间自行交易；后者指为每个污染源制定一个最少的减排标准，超出该最小减排标准的额外减排可以作为"余额"卖给其他污染源或留作下年使用。

为了解决因为污染物本身的异质性造成统一税率失效的问题，尤其是针对空间异质性(spatial heterogeneity)和时间专用性(temporal specificity)，排污权交易的理论得到了进一步的发展，在理论和实践中发展出的排污权交易主要有三种类型：无差别指标交易模式(undifferentiated tradable quotas，UTQ)(Baumol and Oates，1971)、转换率指标交易模式(trading ratio quotas，TRQ)(Woodward，2001）、区划内指标交易模式（zonal trading quotas，ZTQ）（Tietenberg，2006）。

“无差别指标交易”是指，排污指标对于任何污染源来说在单位上是一致的，进而如果拥有或通过交易获得一单位的指标，就可以排放一单位的污染。这种做法的优点是指标在交易衡量上的简便，节省了很多制度成本，但这种做法的缺点是可能导致污染的过度集聚（hot spot）①。“转换率指标交易”是指，排污指标对于不同污染源来说是不同的，这样在交易时并不能按照 1∶1 的比例进行等额交易，例如，污染后果严重的污染源在购买污染相对轻的污染源的一个单位污染指标时，并不能使自己拥有一个单位的额外排放量，而应该小于一个单位，具体比率根据实际污染差异而定。所以，该模式的优点是保证交易后污染总体水平不恶化（甚至提高），同时也避免了污染的过度集聚问题，但缺点是比率在设定时需要耗费大量的测算成本②。“区划内的指标交易”是针对在空间异质性明显的污染排放所设立的一种只能在特定区域内进行排污交易的模式。该方案的优点是可以解决总体区域内污染过度集聚的问题，当然，该模式的弱势是，初始区划的成本很高，而且如果区域划分过小，也可能带来交易的薄市场（thin market）或政府的过度干预问题。

现有的排污交易理论和实践可以给出两个基本的理论启示。首先，没有任何一种指标交易模式可以解决所有的污染控制问题，要么面临所谓的“过度集聚”，要么面临所谓的“过度控制”问题，这一方面印证了新制度经济学的中心论点：不同的交易需要特定的治理结构来实现治理的效率——控制污染是一种“交易”，不同的指标交易模式是“治理结构”，所以控制污染也需要根据污染自身的特征（如空间差异性、时间专用性等），来选择最合适的指标交易模式。第二，现有的排污权交易的各种模式，为林地流转经营的生态补偿模式设计提供了有价值的参考，同时也揭示了不能幻想通过某种单一的制度设计就解决所有的生态补偿问题。

2. 中国当前林木采伐限额及其市场化配置

对林木采伐进行限制是大多数国家都采用的保护森林资源、体现林地生态价值的主要手段。这种采伐限额实质上就是一种层级制的政府直接管控。很明显，这种控制在保证生态环境总量不被破坏的效果上可能可以达到要求，但在控制的成本或者责任分配上却面临着初始限额分配上的低效率和不公平。

---

① hot spot 是指通过排污权交易，可能造成污染向同一个地方集中，造成污染在空间上的低效或者不公平。

② “转换率指标交易”在实践中又衍生出更多的模式，例如，污染补偿（pollution offset）（Krupnick and Oates，1983）、不退化补偿（non-degradation offset）（McGartland and Oates，1985）和修正后的污染补偿（modified pollution offset）（Atkinson and Tietenberg，1982）。

为此，理论上提出了限额的二次分配，即允许限额进行市场交易。相关利益主体可以在限伐成本和购买更多指标的成本上进行权衡，来实现个人收益最大化。

基于市场的二次分配，政府会制定相应的配套政策来避免市场失灵造成的潜在的生态成本，如污染过度集聚(即资金充裕的人可以通过购买更多的指标来进行林木采伐，进而垄断市场、转嫁成本等)。

这些林木采伐限额及其市场化体系可以用表 9-2 来表示。中国目前的林木采伐更偏向于最右端的层级制的限额方式。即由政府在不同地区进行采伐限额的分配，然后具体林业的采伐必须向地方政府申请林木的采伐许可证。这是一种典型的 CAP(cap and permit)的限额机制。这种方式，有利于政府的管控，但很显然也会带来配置上的低效率问题(因政府本身的信息不对称)和社会不公平(因使用配额的人实际上是差异化的，但却面临着统一的配额标准)。

表 9-2 不同林木采伐限额及市场化制度设计的绩效比较

项目	市场制	混合制	层级制
属性	无差异限额交易	受限的配额交易	政府主导的配额
1 交易属性的变化			
1.1 空间异质性(0 → ++)	++ → 0	+	0→++
1.2 时间影响性(0 → ++)	++ → 0	+	0→++
1.3 生态环境受影响(0 → ++)	++ → 0	+	0→++
1.4 土地开发的频率(0 → ++)	0 → ++	+	++→0
2 激励效果			
2.1 行为人的自我激励效果	++	+	0
2.2 避免过度控制	++	+	0
3 控制效果			
3.1 上下级的利益目标一致性	0	+	++
3.2 避免开发的"热点"现象	0	+	++

注：①"++"表示程度强；"+"表示次强；"0"表示弱；→表示变化的方向。②所列的治理结构也会因各自具体设置的不同而在相应的属性表现上不同，这里只是大致在三个基本的治理结构上进行分类，没有进一步详细分析各种治理结构的不同，在后面的实例研究中会进一步详细分析

而理论上的另一个极端是最左端的市场制的限额方式。政府在设定限额后，就不再干预市场主体自发的交易配额的行为。完全根据主体自身的收益最大化来实现配额的高效率的分配。很明显，这种方式能够解决政府在初始控制之下配额在分配上的效率和公平问题，但也面临着一个潜在的问题，就是因为林木采伐而造成的生态破坏在空间上的分配不"均衡"或不"对称"，也就是会形成理论上所述的"hot spot"问题。

为此，很多处于"中间地位"的混合制被设计出来，能够满足现实中林木采伐

限额效率和公平的诉求，同时也不必然出现市场和政府作为管理手段上的失灵。例如，政府可以规定林木采伐的限额只能在一定的区域内交易，不能跨区交易；或者规定不同区域、不同树种的林木采伐限额在交易时不能以 1∶1 的原则进行交易，只要是跨区交易就涉及一种“汇率”的问题，这个“汇率”是根据不同地区生态环境容量和现状来定的。其本质上的原则是不能允许交易后造成总量和边际上的生态环境容量的恶化。

上述林木采伐限额及市场化制度的设计为当前林地流转及规模化经营的市场机制提供了一个重要的参考，是目前中国正在实施的“森林采伐限额”制度的有效补充。但是，林地资源的环境补偿，并不是采伐补偿这种单一政策就能够充分解决的。实际上，对生态环境保护的治理结构设计，我们还需要站在超越传统的视角。因为采伐限额本身不能解决所有的森林资源被砍伐后出现的生态环境问题，解决生态环境保护背后的集体行动问题还有很长的路要走。

(二)治理结构的创新：超越传统的视角

传统的“集体行动”理论的悲观论调似乎终结了人类在环境保护合作上的一切希望。我们无法从自己挖的陷阱中走出，除非有人从外面帮我们一把。但是，这种传统的理论似乎过于盛行，以至于似乎没有人去关注这个理论本身是否站得住脚。

至少有两个方面的原因使我们值得去思考传统的集体行动的理论是否是适宜的理论。第一，小范围内的环境保护的集体行动并没有出现“一边倒”的困境，总是有很多案例显示小范围的人类确实走出了困境；第二，环境保护的收益并不仅仅是一个“公共物品”，它确实也存在一些“私人物品”的特征，进而可能会引致合作。

首先，传统的集体行动困境缺乏一贯的证据支撑。近期有人专门回顾了与环境保护相关的集体行动的实证证据，在详细审视见诸文献的个案研究、中观研究和宏观研究中(既包括田野调查，也包括实验经济学或者基于计算机技术的多智能体模拟等)，发现即使有很多所谓的“搭便车”现象，但也有大量的案例中出现了令人惊讶的个体之间的合作(Poteete et al., 2010)。所以，这就值得我们思考，如果我们要解决环境保护集体行动的困境，是否真的只能从传统的悲观理论入手?

同时，我们也应该看到，对于诸如温室气体减排的努力不是绝对的“公共物品”，它有可能是某种“私人物品”的副产品。例如，一个家庭在考虑是否买一辆节油的汽车，可能更多的因素是节油的汽车后期能够节省用车成本，但当该家庭购买了节油汽车时他们确实也对减少二氧化碳排放做出了贡献；一个社区为了提高整体的美观和降低生活成本，统一设计并安装了太阳能装置以及污水处理系统，这样不仅他们自己的生活质量得到提高，也对减少温室气体排放做出了贡献；一个城市为了解决交通拥堵，对汽车的行驶进行一定的限制，在缓解了交通拥堵的同时，也对减少汽车尾气排放做出了贡献；一个国家为了适应国际市场竞争而淘汰了大量的高耗能和高污染的产业，在优化了自身产业结构的同时也减少了有害气体排放。

这些例子还有很多，关键就是都给出了传统集体行动困境理论不曾关注的问题：首先，集体中的个体在一定的条件下会出现主动的合作；其次，集体行动不一定是以牺牲个体利益最大化为代价的，也可能出现在满足个体利益的基础上同时实现了集体行动的结构。

这就为我们解决当前环境保护治理上的困境提出了一个新的视角。

我们实际上可以不依赖于外界的强制规则来实现集体行动，我们也可以不等到环境污染对每个人切身利益产生影响的时候(即外部性被内部化或者类似于公共品被私有化)，才来主动改变自己的行为。当我们认识到我们之间有信任和互惠，当我们认识到环境保护的收益是多层次和多方面的，那么我们可以在强权管理和市场内化两者之间找到第三条路。

这第三条路就是公共资源管理中常说的多中心治理(polycentric governance)的模式。多中心治理模式最初是20世纪60年代提出的一种关注特大都市中众多的公共或私人组织在提供公共服务上究竟是一种混乱管理，还是一种潜在的、高效的秩序安排。多中心治理，是指在正式关系上相互独立的多个决策中心组成的，在一定程度因相互之间的竞争性而彼此关注，又会在一定条件下主动寻求合作，当出现冲突时还可以寻求一个共同的上级进行裁定。从一定意义上看，这样的“混乱”实际上可以看做是一种“系统”(Ostrom et al.，1961)。

多中心治理的模式，实际上为我们全球环境保护的治理提供了一条新的途径。我们不再需要一个明确的外部强权，而是通过不同国家、不同区域、不同组织和不同个人在保持独立关系的前提下，在面临着竞争与合作的诉求下，在满足个体利益的基础上，为全球的环境保护做出不断的积累性的贡献——全球的环境保护，此时就不再是一个“一夜之间”就要实现的目标，而是一种逐渐积累的过程。这个逐渐积累，既是指每个人在获得自身利益的同时，对环境保护的正的外部性；同时也指的是每个人在造成环境污染的同时，能够主动减少一些损害。

个人、组织、地区、国家等在不同的层次上承担着多中心中的一个中心的角色。这些中心在特定信息和知识上具有特定的优势，同时也能够自动地去向他人学习，关键是他人也是在进行着不断的试错(trail and error)过程。当越来越多的中心加入了这个治理结构，所谓的集体行动中自私、缺少奉献、独裁、歧视等问题就可能被自动解决。多中心的方式在相互监督、学习和调整上面确实具备着值得肯定的优势。

这种多中心的治理模式，在环境保护治理上至少有两点优势。第一，它避免了陷入传统的集体行动理论而无法自拔——我们可以放弃等待全球统一的规则而开始行动；第二，正如前面所说，当个体(子中心)认识到环保的多层次、多方面的收益，尤其是存在个体利益最大化基础上的集体利益最大化的可能，而且虽是小范围的努力但却可以不断积累和放大，我们就可以大胆地断言：未来在降低排放等环保措施上会有更多的自愿行为的出现。

五、本章结论

本章实际上主要是为了讨论林地流转在经济效益之外的生态环境保护机制的建立问题。本章主要是站在对林木砍伐进行补偿的视角来分析了各种不同的生态补偿及市场化机制的潜在绩效，为当前中国的林木采伐许可制度的绩效改进提供建议。这也是林地流转市场机制的一个重要环节。在对中国和德国一般性土地开发补偿的治理进行比较后，本章着重探讨了林地采伐生态补偿的三种不同的路径选择，分别是层级制、混合制和市场制，并对各种路径的细节设计进行了对比讨论。本章的研究可以得出以下相应的政策建议。

第一，要提高政府补偿效率，发挥政府补偿机制的功能。可以考虑建立全国和区域统一的生态补偿管理机制，协调不同地区之间的生态补偿工作，提高生态补偿的实效，完善政府补偿的监督机制和政府绩效评价机制。根据不同地区林地资源的经济社会和环境特征，中央政府可对不同功能区确定有差别的政绩指标体系，探索相应的分类补偿政策。构建林地生态保护职责和生态补偿对称的评估体系，科学地测试限制采伐区域的生态环境价值，确定好生态补偿标准。限制采伐区域将重在实行生态保护和修复优先的绩效评价，主要评价水质、水土流失、森林覆盖率、生物多样性等生态环保状况等指标，不去考核地区生产总值、投资和工业发展等指标。禁止开发区域则重在构建生态环境补偿基金使用效益评价体系，以提高补偿资金使用效率和效益。

第二，充分发挥市场机制的功能，引导各方参与利益补偿。充分发挥市场机制的功能，引导社会各方参与环境保护和生态建设，培育资源市场，使资源资本化、生态资本化，引导鼓励生态环境保护者和受益者之间通过自愿协商实现合理的生态补偿。补偿主体是指筹集资金、实施补偿的组织机构。只有实行补偿主体多样化，才能构建起完善的区域生态补偿网络。为此，一要坚持以政府部门作为区域土地生态补偿的主导力量；二要动员区域金融事业单位介入区域补偿网络，打破区域金融“肥水不流外人田”的落后观念；三要推动民间组织、环保社团、民间基金会等社会力量加盟区域补偿网络；四要政府部门、事业单位及民间组织加强合作，形成区域生态补偿的联合体。

第三，中国林地流转及经营的现实情况是，空间异质性、时间专用性、生态环境影响不确定性等程度都很明显，这要求在管理林地流转上还需要采用的是一种政府管控的方式。但事实的情况是，中国一直以来已经采用了非常集权化的政府层级管控的方式，那么当面临林地采伐许可证配置效率低下、政府决策出现失误的风险、信息不对称等影响，以及面临相关利益主体的冲突问题时，对当前高度集权的政府层级管控进行改进，寻找所谓的市场和政府之间的有效配合，发挥自组织的能力，让政府“退出”直接干预，转为一种“监管者”。既发挥层级制在管控异质性和专用性等方面的优势，又避免层级制在信息对称、过度干预等方面的劣势。这至少从概念上给出了中国当前林地采伐治理的改进方向。

第四，我们可以从林地采伐的生态补偿上升到一般性的环境保护问题，应该认识到只考虑经济收益和个人收益，而对环境保护不作为是最危险的选择。与其那样，不如我们和其他有着类似认识的国家一起先行动起来——这已经是多中心治理的模式了。

对于中国自身的行动来说，最主要的是在中国内部形成类似的多中心治理的理念和规则。首先，我们要理解中国的环境治理是属于世界环境保护多中心治理中的子中心，我们本身应该与其他国家在环境保护上建立好一个独立、竞争但又合作的关系。我们既不做“冤大头”，也不能做一个自利的国家。我们能做的是，在维护本国利益的基础上，实现世界环境保护的正效应，在各国之间的相互学习过程中树立自己的地位和榜样。其次，在国内我们也应该从中央强制性的集权管理思路中跳出来，理解多中心的治理模式可能效果会更好。这种多中心的模式是发挥地方、企业、个人的主观意愿，在维护各自利益的同时，让大家认识到自身利益与环境保护之间的同向联系，避免个人利益的无限膨胀，同时在相互学习中形成互利互惠和信任关系。最后，对当前的以个人利益和经济利益为导向的非合作行为，政府既可以运用强制性的干预措施，改变行为人的预期，也可以通过一种积累性的非经济利益导向，培养一种合适的环保的价值观。这些包含在了当前政府的环境保护的管制措施和公益宣传中。

可能很多人会质疑上述建议的有效性，但环境保护本身就是一种积累性和渐进性的活动。我们不必要纠结某种具体的措施的效果，只要坚信长期上必然的价值。建立一种多中心的治理机制，实现合作的分权化和市场化，促进信息的交流和信任的产生。单个中心针对自己面临的问题进行有限理性的设计，然后根据实际问题的需要而不断“摩擦”“碰撞”“消耗”“协调”。更高层次的决策者只需要建立一个利于“摩擦—碰撞—消耗—协调”的机制，理论和现实的脱节则可以相对低成本地就地解决了。

第十章

集体林地流转的间接机制和效应

与其他制度设计类似，林地流转模式选择的标准不仅仅是流转过程中交易费用最小化，或者经济生态收益统一最大化，现实社会中还有很多其他的目标。统筹城乡发展、提高农民收入、促进新型城镇化等均是现阶段中国经济社会发展的重要目标。这实际上要求在考虑林地流转模式的内部结构外还需要与上述的外部因素和目标相联系。换句话说，林地流转不仅仅是要考虑林地本身的规模化经营和效率提升，我们还应该考虑是否能够实现林地流转的“副产品”，甚至这种“副产品”的价值可能超过林地规模化经营本身的效益。

既然林地流转本身在资金、融资渠道、林农抗风险能力、林农合作组织建立等方面都面临需求和困境，我们是否能够从农村土地改革的大环境下找到林地流转及其在促进林业增长和林农收入提高上的新思路和新途径？这是集体林地流转模式外延上的思考。

一、土地制度创新：林地流转治理机制的外延

如果跳出林地本身看林地流转制度改革，当前林地流转面临的困境，尤其是林农在融资上、抗风险能力上以及形成林农合作组织上的困境都可能有新的解决思路。这是林地流转治理机制上的外延。

中国的土地用途管制是建立在特殊的产权设置基础上的。总体来看，所有权分为国家所有和农村集体所有。但是对于构成所有权的产权安排，有一些特殊的限制。例如，农民集体虽然拥有农村土地的所有权，但在处置和交易权上受到限制，不能将农用地随意用于非农用途，而农村的集体建设用地只能本集体自己使用或者经营非农产业，不能转让、出租、抵押等。因为国家规定任何企业和个人使用非农用地，只能申请国有土地。这使得集体土地的收益(如实际的转让价格)

受到很大的限制。即使大小相同的一块集体所有的土地与一块国有的土地是相邻的，在市场上价格也大不一样——城市土地会远远高于农村土地，因为城市土地可以从事规划允许的非农产业，而农村土地大多只能局限于农业用途。即使农村土地可以作为集体非农经济用途使用，但使用范围和权能也极为受限(Tan et al.，2009)。

这种土地用途管制下造成的"二元"格局，最终导致了土地有偿使用制度实际上是以牺牲农村来发展城市的局面。因为虽然土地有偿使用制度显化了土地的资产价值，为城市建设和小城镇发展提供了源源不断的资金保障，但这是在土地增值收益分配上牺牲农民和农村利益的结果。根据国土资源部相关资料计算，从正式实行土地有偿使用制度的1987年年底开始至2012年年底，在全国累计收取土地出让金13.99万亿元。而在这13.99万亿元的土地收益分配中，城市大约得到70%，村集体和农民只得到30%，其中农民得到的少于10%(Tan et al.，2011)。

土地用途的管制，使得农民的土地在价值上受到限制，没有办法通过土地的经营来提升农业发展和非农业发展，进而促进收入的提高。在此之前，工农产品的价格"剪刀差"就直接把社会福利分配，从农业转移给了工业和城市居民。据统计，从1953～1985年全国预算内的固定资产投资共7 678亿元，平均每年240亿元左右，大体相当于每年的剪刀差绝对额(严瑞珍等，1990)。可见直接的工农产品价格"剪刀差"明显地促进了城市化和工业化过程中的固定资产投资。

这两种方式，长期以来造成了一个结果，即农民收入远远低于城市居民，而且因为个体农户从集体那承包到农地使用权，造成的农村土地的细碎化，影响了农业规模化的经营。随着中国经济的快速发展，非农就业机会增多，很多农民到大城市打工，能够赚到比传统农业生产更高的收入。这进一步导致一些地区出现了农村土地撂荒的现象，即农民不再耕种或者经营自己的农业或林业土地。但因为一些限制和考虑，也不转租或还给集体。这其实影响甚至威胁到了农业粮食生产和最初保护耕地的初衷。

本质上看，这种威胁来自于一个割裂的网络治理结构所导致的小农户与大市场之间的矛盾。小农户因为无法适应大市场对农业生产效率、农业链的建立等要求，造成农业收入的降低，进而只有选择撂荒的行为。这个背后的网络治理结构涉及：①农户本身的农(林)业生产行为与农(林)产品市场的衔接不畅；②农户本身的非农产业行为有机会与非农就业市场衔接并且收益较高；③小农户个体经营与规模化生产之间的衔接不畅，如没有信息和规则等的促进；④规模化生产与社会资本之间的衔接不畅，因为信息不对称以及政府的限制使得社会资本无法进入该领域等。而这一切都是所谓的政府的规制造成的，社会资本的主动流入和农户寻求社会资本的主动留出都被割断了。而这个网络还进一步与粮食生产、供应、国家其他政策等联系在一起，造成了更大范围的网络的割裂。

近年来，中国在统筹城乡发展上开始了很多尝试，目的就是在中国总体经济位居世界第二位、城市化率达到60%以上的背景下为农村发展和农民收入提高进行新的战略部署。不同的地方政府都在尝试寻找一种治理体系上的创新。在这个过程中，一个基于土地制度改革的所谓的“福建模式”，打破了上述网络治理的割裂，并且让上述割裂的网络被重新续接和激活，以大农业生产为基础的农村发展获得了新的生命力。

那么，“福建模式”的内容是什么？通过土地制度的改革让什么网络被激活了(即实现了不同利益主体、不同资源、不同资本、不同产业发展之间的相互促进)？激活的网络是如何促进农村焕发青春的？这个过程背后的一般性启示是什么，尤其是对于林地流转的治理模式有何种启示？这些都是本章所要回答的主要问题。

本章的结构安排如下，第二部分简单介绍一下现有的割裂网络及其对农业发展的影响；第三部分详细介绍“福建模式”；第四部分分析激活的网络及其带来的农村发展对林地流转外延上的理论含义；第五部分是总结与启示。

二、割裂的农村发展的网络

农民劳作的目的就是通过生产性活动增加收入，提高自己的生活水平。生产性活动包括农业生产和非农业生产。农业生产用于满足城市居民生存的需要和满足国家粮食安全的目标；非农生产，直接的产品可以满足城市非农产品的需要或者直接的劳动投入满足城市非农经济发展对劳动力投入的需要。在这个过程中，农民实际上面临着多种选择，进而受到不同治理结构的制约，基于这些治理结构形成了一系列的子网络治理结构。

(一)农村生产活动治理结构总体情况

不像以前高度集中的农业计划经济时代，中国的农业生产逐渐走向市场化。在生产方面，农业生产的三个基本要素，即土地、资本和劳动力，目前从法律上说，三者应该可以实现市场流动：资本是自由流动，劳动力是准自由流动，土地是在限制条件下流动。

资本是最早放开的要素，无论是农机设备，还是化肥、种子、农药，在1998年基本实现了市场化的配置。无论农民的购买还是生产商的供应，已经是一种完全意义上的市场化行为。劳动力随着法律上对户口的放开，也可以实现自由流动。农民可以选择到别的地方进行农业或者非农业的工作，而不再受到以前户口和地域上的限制。

土地相比较其他两种要素，是最晚放开的。现阶段土地所有权还是国有和集体所有，农民通过承包经营权实现对农地的使用进行农业生产，也就是在理论上和实践中受到关注的家庭承包制。很明显，这种承包制造成农业生产是以农户为单位，进而造成土地要素的细碎化。土地的细碎化造成规模效益的降低，中央十七届三中全会进一步推进农地承包权的流转促进规模生产，这被视为是农业生产土地要素流通市场化的强烈信号。

在农产品销售方面，从1978年开始到21世纪初期，中国的农产品价格体系基本全部放开。到1998年年初，农产品的国家定价(包括国家指导价)已由1978年的94.4%下降到19.5%，市场调节价上升至80.5%，同时国家宣布1999年放开棉花价格。政府完全退出市场的定价和定量，尤其是中国加入WTO后，已经形成了农产品销售渠道和体系，出现了农民、市场、涉农企业和消费者之间的关系网络，农产品的销售已经完全地市场化。同时，政府也从2004年起逐渐取消所有的农业税，农民基本上拥有销售后的全部收益。因此，从销售角度看，完全是由农民自主决策参与市场销售。

然而，上述表面上放开的要素流动，实际上还有很多割裂的地方，这些割裂的地方其实也反映出现阶段中国的农民在应对全球化农产品大市场所带来的挑战上的应对乏力之处。全球化农产品市场带来的挑战有农户参与市场的交易成本高、生产风险的承受能力低、融资困难、技术和信息获取渠道少、采用符合国际质量标准的生产措施的能力差。

为了应对这些挑战，农户可以有三种选择：一是通过专业化、规模化(如转向高价值产品)实现增长；二是寻找另外的非农收入来源，成为兼职农民；三是逐步退出农业生产(包括迁移)。但是，很明显，在这三种应对新挑战的选择中，中国农民面临着割裂的治理网络。

(二)专业化和规模化：割裂的土地、资本和市场

专业化和规模化最重要的两个要素是土地和资本。然而，现阶段中国农业发展尝试专业化(规模化)的时候首要面临着这两个割裂市场。

在维护国有和集体所有的前提下，农业用地的交易，实际上就是农户承包权的流转，通过承包权的流转可以实现农业生产土地投入的规模化。现阶段虽然政府允许和推动农地流转，但面临着一些现实的制约。首先，《土地管理法》依然规定承包权流转只能在全村村民三分之二以上成员同意的情况下，进行承包权主体的调整，或者租赁给外来农民耕种，这为单个农民市场化行为设置了障碍。其次，农民在没有纳入与城市相同的医疗、社会和养老保险之前，土地是他们生存的最后防线，农民一般是风险规避者，当在看不清楚一个项目未来收益的情况下，无论是面对集体还是外来农民的流转需求，他们不愿意把自己的生存的权利随意让渡。更有甚者，在一些相对发达省份，集体是可以分红的，分红的依据就是农地的承包权，所以有些人情愿撂荒也不愿意失去分红的权利。最后，专业化和规模化，往往需要农产品加工、销售等企业的加入，但在现有的法律下，非集体所有的非农经济使用土地不能直接使用农民集体的建设用地，需要用国有土地(一些地区有试点，但不多)，这是规模化进行现代农业生产的最大障碍。所以，从这个角度看，土地要素还面临着割裂的情形。

目前施行的《农村土地承包法》《农村土地承包经营权流转管理办法》中没有对工商企业租地行为进行准入规定，对此的正式提法只有 2001 年《中共中央关于做好农户承包地使用权流转工作通知》指出：“中央不提倡工商企业长时间、大面积租赁和经营农户承包地。”但这一政策表述在实践中形同虚设，因为“不提倡”并不表示“限制”，所以工商企业租赁和经营农地的行为也就畅通无阻。对于农村发展来说，不利于吸引农业企业，农业企业本身也不赚钱；现在大多数的圈地行为，不但不利于农业生产，反而有害于农业生产①。

专业化和规模化，还需要大规模的资本投入，这也是当前农民乃至集体面临的重大制约。除了早期现行的农业工业化地区，如著名的华西村等，大部分的中国农村还处于落后的经济发展阶段，一下子投入大笔资金进行规模化生产不现实，但如果没有足够资本的支撑，规模化的效果又达不到。回过头看，集体资本的缺乏，还是因为集体土地在治理结构上的限制。即集体土地产权安排中的收益权、使用权和处置权都限制在农业部分，这样农地非农化的增值收益只能是政府通过征用实现，农民和集体都无法通过土地的出让、出租等获得资本的积累。更严重的是，集体土地，无论是农用地还是建设用地，没有抵押权，就不能进行银行或者社会融资，这进一步加剧了专业化资本要素的限制。

除了这两个首要的限制外，专业化与规模化形成之后还会面临生产和销售市场的风险。因为当前农业生产，即使形成了村集体的规模化，但还面临小农户与大市场的矛盾，多数的农产品销售还依赖于非正式的中间商和需求商。没有一个完善的销售渠道、信息渠道，使得农民生产专业化后还面临销售市场信息不对称和销售链依赖等专业化的风险等。例如，中国蔬菜行业面临着来自国内外蔬菜市场快速发展的挑战，尤其是在产品质量和保障体系的建立方面存在与世界贸易标准上的差距。

另外，农民经营的规模化面临着治理结构历史选择的问题。实际上，农地家庭承包之前，中国的农业就是一种集体性质的农业生产，以公社为单位，进行计

---

①　一般来说，这些主要有三种目的：第一，从事非农业活动。以投资农业的名义从事非农业生产经营活动，改变土地用途，修建小产权房、别墅、高尔夫球场、旅游度假村等房地产项目牟利。如此，实践中农民已很难再将出租的农地收回，即便收回，也难以恢复耕种。第二，套取国家资金。一些企业凭借提前获知的关于城市土地和建设规划等方面的信息，提前租赁农地，在地上种植苗木或修建农业设施，等待征地之时作为“筹码”套取国家和政府的青苗补偿和地上附着物补偿。第三，企业老板租赁农地做“庄主”。一些工商企业租赁农地并不看重经营农业带来的产值和效益，而是为了建立自己休闲养生的“庄园”。

划经济下的供需。历史的经验告诉我们，规模化经营面临着集体行动困境等问题。即，第一，谁提供规模化的公共服务和相应的责任，如产品的市场供需信息、规模化生产的作物种类决策等；第二，规模化经营需要满足农户预期收益和降低风险，这需要一定数量的公共资金的支撑来承担风险和满足收益，这笔钱从哪来是个问题；第三，如何说服农民信任集体行动，如贡献自己的土地用于规模化经营。

这些因素的存在，都造成现阶段规模化的农业生产比例小、效益低。

(三)兼业化：割裂的劳动力市场

农民的兼业化虽然在一定程度上为农村剩余劳动力提供了实现价值的途径，但是一方面同工不同酬、待遇低的问题严重，另一方面只部分解决了农户的个人(非农)收入，并没有解决农村的发展问题和农业资源的利用效率问题，撂荒和低规模化率仍然没有解决。

正如前面所述，为了应对当前的农村生产活动所面临的问题和局限，农民可以选择的第二个途径是进行兼业化。在农耕的同时，寻找非农收入，如进城打工。据统计，全国有1.4亿农民进城务工。在这个过程中，因为中国特殊的人口登记政策，即户口，使得农民的非农就业，就是一种暂时的劳动力租赁关系，无法获得与城市工人一样标准的工资、社会福利等待遇。这个过程，实际体现出一个割裂的劳动力市场。在所有与户籍相关的利益中，农民工的劳动力价值或多或少受到了相对的剥夺。例如，就业、工资、住房、医疗、教育、保障等诸方面，农民工与市民均处于两个不同的体系中。另外，农民工所面临的超长的劳动时间和被拖欠工资也是农村劳动力受到歧视的表征。

农业生产利润低，有一部分农民开始从事非农生产。利用自己的宅基地进行小规模的非农生产，包括手工加工、纺织、小商品生产等。因为是自我生产，产品的销售一般也是由自己承担，一方面必然面临高强度的竞争，利润不会高；另一方面随着终端销售越来越正规化，一般没有与特定公司达成定销协议的农户非农生产数量很少，因为销售成本高。但即使签订与公司的定销协议，其也必然压制了这些非农产品的利润。当然，在一些特殊的群体——东部沿海地区的部分农民中，出现了很多以家庭为主的民营企业，从事塑料、皮革等加工，基本上该类农户已经完全脱离农业生产，而成为专门的非农就业人群，他们的收入高。但该类型的农户比例很小。农民也可以加入自己所在集体的农业经济组织，如乡镇企业等。虽然在农村工业化的进程中，中国也涌现出一批很好的村庄案例，如华西村、滕头村等，但是大多数的农村集体非农经济受困于缺少资金、缺少项目、缺少市场，造成乡镇企业基本上发展不好。这其实又可以联系上面的割裂的土地市场和资本市场，正是它们使现阶段集体的乡镇企业发展缓慢。

从这个意义上说，现有的割裂的劳动力市场，加上上面的土地和资本市场，使得农民兼业化也不是解决农业生产低效、农民收入低的长久之计和根本措施。

(四)退出农业：后户口时代的社会关系割裂

农民还可以选择的第三个途径就是彻底退出农业，改变农村户口，成为城镇居民，寻求与城市工人一样的生产生活待遇。然而，这种退出农业的选择，面临着割裂的后户口时代的制约。因为，农村劳动力在农业内部或者农业外的职业上的变化，受制于制度、文化、教育、道德、传统和其他方面的限制(蔡卫华，2009)。一般的情况是，农村劳动力多是没受过良好教育的群体，只有一小部分农村劳动力可以适应非农化的就业，更多的农村劳动力的"退出"能力很弱(Zhao，2011)。这种劳动力移动的困难性，其实就是很多研究所论述的即使国家从法律上放松了对户口的限制，但是后户口时代的社会排斥、市场排斥等都还面临着非农转移的限制。当然，因为这个方面的限制对农业生产没有直接的关系，所以不是我们这里讨论的重点。

(五)小结：农民面临的割裂的社会网络

从上文可以看出，农业、林业都面临着新阶段的挑战，农村劳动力主动从事兼业化和非农化工作，农地和林地资源被撂荒。如果要让农民的生产生活、国家战略得到保障，农业专业化和规模化是最重要的途径。显而易见的是，这个途径受到了土地、资本和市场三个方面割裂的网络的影响，如表 10-1 所示。

表 10-1 农村发展过程中所面临的诸多限制

项目	发展过程中的割裂网络
农地流转	集体农地不能自由流转(供需双方都有限制)
农地租赁	小规模农户租赁可以，但大规模租赁没有市场利润，企业不愿参与； 国家也不鼓励，反映出资本市场的断裂
集体建设用地流转	集体非农建设用地不能自由流转、抵押、融资(供需双方都有限制)
资本	集体融资渠道狭窄(小农贷款难、没有合适的抵押物)； 集体土地融资受限(与城市土地比较)
市场	小农户大市场的矛盾(完善的信息渠道、供销渠道)； 市场准入条件与农户能力的矛盾

三、"福建模式"：土地政策"连接"割裂的网络

在城乡差距逐渐扩大，"三农"问题的解决面临资本上的局限，城市建设用地供需矛盾日益突出而农村土地资源市场价值却被弱化的情况下，福建省通过一系列的土地政策设计，较好地实现了社会资本从城市向农村转移、从沿海地区向内陆山区转移，促进了农村生产生活条件的改善，同时为农村积累了一定的发展资

本，推动了农民之间合作化程度的提高。这个模式就是福建省近年来依托"旧村复垦""耕地占补平衡"和"造福工程"等各种政策或项目，在改善农村住房条件和盘活集体建设用地上探索出的一种政府职能重塑后的管理方式创新。

简单地讲，就是指省级政府不再"主观地"对农村的耕地资源保护进行财政的直接投入，而是由用地需求方(地方政府之间)进行市场化的定价。通过将地方政府的耕地占补平衡指标与经营性用地供应的准入联系在一起，即地方政府的年度经营性用地指标投入市场要具备一个前提，必须通过辖区内的旧村复垦而获得一定的占补平衡指标或者在省级平台购买相应数量的旧村复垦的占补平衡指标才能进行辖区内的经营性用地的供应。这实际上既保障了对耕地占补平衡投入的市场化定价(即由占地者根据需求来定价而不是根据政府补偿成本来定价)得到有效实施，又转变了省级政府与地方政府在耕地保护积极性上的分异，有效地实现了耕地保护目标的同时，也促进了一系列的资本的转移和农村发展的潜在机会——尤其是对于林农自发合作的规模化经营的机会。

(一)"福建模式"：一系列的土地政策改革

福建全省"八山一水一分田"，很多偏远的山区农民经常受到自然灾害的影响，居住环境堪忧。为此，政府在全省范围内开展了"造福工程"，即在群众自愿的基础上，政府通过规划引导和适当资金补助，对偏远山区和受地质灾害威胁的农村群众实施有计划地搬迁，即旧村复垦，从而改善其生产、生活条件，提高收入水平。为有序推进旧村复垦，完成耕地占补平衡任务，福建省经过多年探索以多项土地政策为工具，组合成了一套富有特色的、政府与市场共同作用的耕地占补平衡指标交易平台(本章以下称之为"福建模式")，为耕地保护的责任主体、资金来源等提供了制度基础。耕地占补平衡指标的交易，实际上为地方政府对农村生产生活的改善提供了新的资金来源渠道。在占补平衡上的各种政策创新，可以看做是城市反哺农村的一种机制创新。同时，也有效地促进了农民在农业、林业经营等方面的合作。

1."福建模式"的背景

随着城镇化快速发展和大规模的人口转移进城，农村人口减少，但农村建设用地并没有相应减少，形成大量闲置房屋和用地。为了更好地实现城乡统筹发展，有必要对闲置和危旧的村庄用房和用地进行处理，对灾毁村庄、偏僻自然村、地质灾害隐患村庄进行搬迁和重建。但是，政府在实施过程中的成本压力逐渐显现。

第一，普遍性的村庄超标和闲置用地较多。根据 2008 年土地变更调查汇总成果显示，全省农村人口 2 485.36 万人、村民数 653.92 万户，村庄建设用地面积 380.89 万亩，户均面积 0.58 亩，即 388.3 平方米。2009 年，福建省国土资源厅组织的对 73 个县的 7 021 个自然村的调查结果显示，平均每户占用村庄建设用地 0.59 亩。而同年国家统计局福建调查总队对 33 个村庄的调研结果指出每户平均占有村庄建设用地 0.6 亩。这三组调研数据都表明福建省农村户均占有村庄用地接近 400 平方米，即 0.6 亩的水平。

根据《福建省农村村民住房建设用地管理办法》的规定，农村村民一户只能拥有一块宅基地，占用面积限额为 80～120 平方米，加上一定的公共配套面积，户均面积建议不超过 180 平方米。如此，现状户均接近 400 平方米的占地面积远远超过标准，超标甚至违法使用村庄用地的情况十分普遍。与此同时，随着城镇化不断推进，村民进城务工和安家现象十分普遍，大量老宅空置在农村，长期无人居住，形成了大量空心房甚至空心村。村庄用地的超标使用和闲置造成了大量浪费，在我国土地资源十分稀缺以及城镇建设用地日趋紧张的情况下，应当对原有村庄用地进行拆除和再利用。

第二，灾区重建任务较重。2010 年，福建省多次遭受洪水和台风袭击，特别是 6 月中下旬发生的暴雨洪涝灾害，给人民生命财产造成重大损失，灾后重建任务繁重，初步估计将达到 32 000 户。2010 年以后，福建又多次受到台风、洪水、泥石流、地震等灾害侵袭，大量村庄被毁，重建任务严峻。为了做好农村住房灾后重建工作，促进农村经济社会稳定发展，福建省于 2010 年 7 月颁布实施了《福建省农村住房灾后重建实施方案》，要求尽快完成繁重的灾区重建任务，实现原村庄的搬迁和重建。

第三，“造福工程”搬迁量较大。“八山一水一分田”是福建省地形的真实写照，长期分散居住在偏远山村的群众，生产生活条件相对恶劣，为帮助这部分群众脱贫致富，从 1994 年开始，福建省组织试行了较大规模的搬迁移民计划，称之为“造福工程”。随着这项工作的开展，“造福工程”内涵更加丰富，除旧村复垦、灾后重建外，还包括了偏僻自然村搬迁、危房改造、地质灾害隐患区域搬迁等。2008 年，福建省颁布实施《福建省加快实施造福工程的若干意见》，要求 2008～2012 年的 5 年内完成搬迁 38 万人，2008～2010 年每年搬迁 6 万人，2011～2012 年每年搬迁 18 万人。2011 年 8 月，福建省进一步出台《关于加快推进“十二五”时期“造福工程”的指导意见》，扩大了受益人群范围，村庄搬迁和重建任务量加大。

第四，财政拨款单一渠道下的资金短缺和举步维艰。目前，对偏僻自然村搬迁，每个搬迁人口补助 3 000 元，每个困难计生户追加补助 2 500 元，对少数民族搬迁对象每人额外补助 600 元；对灾后重建和地质灾害隐患区域搬迁，除按照一般户每户补助 1 万元和特困户每户 1.5 万元进行补助，集中重建户除享受偏僻自然村搬迁补偿以外，还可以得到每户 0.5 万元的补助。然而，这些财政补助在村庄“搬、拆、建”工程较大的资金支出面前可能是杯水车薪。就拿得到补助最多的灾后重建来说，每户拿到的财政拨款最多不会超过 4 万元，而每户搬迁和重建的成本都在15万元左右，资金缺口巨大。可以说，在财政拨款单一渠道下，这项工作面临着资金短缺、举步维艰的现状。

2.“福建模式”：实现耕地的占补平衡与“造福工程”的融资

我国的《土地管理法》规定国家实行占用耕地补偿制度，非农建设经批准占用耕地要按照“占多少，补多少”的原则补充数量和质量相当的耕地，土地复垦与土地整理和土地开发共同构成了补充耕地的来源。土地复垦，包括了村庄用地的复垦和工矿用地的复垦等。在完成方案制定、项目实施、上级验收之后，新增耕地将作为耕地占补平衡指标进入补充耕地储备库，而土地收储机构在转用、征用农用地时，只要占用了耕地，必须从补充耕地储备库中获取耕地占补平衡指标，以确保耕地数量不减少，同时实现“先补后占”的要求。

福建省颁布实施的旧村复垦及其指标交易政策本质上是实现耕地占补平衡的一种新机制，是耕地占补平衡框架下的政策创新。它通过建立一个村庄复垦产生的占补平衡指标的省级交易平台，将村庄用地复垦增加耕地与经营性用地占用耕地这两个事件联系起来。即，传统的年度城市经营性用地指标落地，必须购买同样数量的从旧村复垦而来的耕地占补平衡指标——需要使用多少年度新增建设用地指标用于经营性用地开发建设，就需要先复垦或购买相应数量的通过旧村庄复垦而得的耕地占补平衡指标。

对于地方政府而言，经营性房地产用地的土地出让收入已经成为地方政府财政收入的重要来源，也是地方经济的重要组成部分。如果地方政府不推进旧村复垦工作或者以其他方式获得挂钩指标，则无法实现已有的新增建设用地指标的落地，用于经营性用途。因此，要求新增经营性用地占用耕地必须使用旧村复垦产生的占补平衡指标成为激励地方政府开展旧村复垦工作的政策抓手。

需要提及的是，省级政府对这种占补平衡指标交易价格进行规定。根据城市土地等别，最高等别的城市不低于20万元/亩，最低等别的城市不低于10万元/亩，这是为了确保占补平衡指标使用费足够覆盖拆旧、复垦和补偿成本，并且能够有一定节余用于新村和小城镇基础设施和公共设施建设，实现城市反哺农村、沿海反哺山区，特别是要防止指标自用时交易价格过低造成旧村复垦难以推动情形的出现。与此同时，福建省还对交易价格进行了最高价的限制，要求不得高于每亩30万元，这是为了避免旧村复垦的补偿价格过高，从而使得其他土地征收项目，特别是大型公益性重点工程征地工作难以进展。

3.“福建模式”：不同于耕地占补平衡和建设用地增减挂钩

村庄复垦及其指标交易政策的出现不仅是一般的占补平衡，也不仅仅是形成了占补平衡指标的准市场交易机制，而关键的是通过将经营性用地出让收益转移到村庄“搬、拆、建”工程，实现了一种新的财富转移的渠道，是城市反哺农村和“山海协作”的迫切需要和必然要求。更重要的是，它不同于一般的城乡建设用地增减挂钩，“福建模式”没有因为旧村复垦新增了耕地占用指标而多扩张城市，它实际上是在城镇规模不扩大基础上的耕地总量净增加。

地方政府必须获得旧村复垦挂钩指标才能收储经营性用地，挂钩指标的获得依赖于村民从占有的村庄用地上腾退出来，而腾退的前提是得到合理的补偿，这无疑加大了地方政府收储经营性用地的成本，使本来由地方政府独享的土地出让收益中的一部分转移到农村使用。

这一政策不仅能促进本地城市资金反哺农村，还能为沿海资金转入内地山区提供平台。福建省是一个典型的沿海发达、山区落后的省份，为了实现均衡发展，福建省一直大力推动山海对口帮扶和利益共享，并于2012年10月出台了《关于深化山海协作的八条意见》。然而，山海协作一直缺乏具有操作性的体制机制。旧村复垦相关政策出台以后，由于沿海旧村复垦成本较高且经营性用地需求量大，山区旧村复垦成本较低且经营性用地需求量较小，因此出现了沿海地区向山区购买旧村复垦挂钩指标的旺盛需求，为实现山海协作提供了重要渠道。

截止到2013年8月，福建省全省已经实施旧村复垦规模6.6万亩，可新增耕地5.8万亩，核定增减挂钩指标4.7万亩，指标交易4.4万亩；已经用于农转用审批3.19万亩，已经完成复垦新增耕地1.6万亩。

以永安市为例，指标的对外交易价格在2011年就已经从最初的19万元/亩上升到30万元/亩，而对内交易价格则一直维持在福建省规定的永安市挂钩指标有偿使用费最低标准，即14万元/亩。对内交易实现了本地区内城市反哺农村的财富转移，而对外交易更是实现了从沿海到山区的财富转移。

(二)“福建模式”具体案例：永春县文峰村项目

福建省泉州市永春县东平镇的文峰村，海拔500多米，距镇区13.5千米，现有241户、1001人。村民原居住的多为20世纪70年代前建造的土木结构房屋，房前屋后边坡高度超过60度。生产、生活条件较差，汛期时常发生滑坡、崩塌等地质灾害，是一个典型的高边远、地质灾害易发的山村。

1. 项目简介

为了改善文峰村群众的生产、生活条件，当地政府决定对文峰村进行整体搬迁安置。2007年以来，按照节约集约用地和新农村建设的要求，结合造福工程建设，探索性地采用村集体土地权属调换，在镇区霞林村利用废弃厂房和部分荒废果园地共20多亩规划了文峰村新农村建设项目。

文峰村原址纳入了2011年度第一批旧村复垦项目，经省国土资源厅核定面积54.01亩，交易面积48亩，共拆除房屋67座，项目涉及户数217户、850人，其中有182户、713人已在霞林村樟树角落安置。有效新增耕地面积达48.68亩，在2012年年底通过县、市、省三级验收。复垦后的耕地，采取“集体出资出苗、村民种植管理、协议分成收入”的模式，积极发展黄花菜、花生、玉米等农作物种植，目前已经累计创造毛收益 20 多万元。

2. 成本收益情况

文峰村旧村复垦项目的总成本为 356 万元。包括：①拆除复垦成本(旧房拆除补偿标准 5.1 万元/亩)；②拆除、复垦人工费(2 万元/亩)；③种植成本(苗木成本 1 500 元/亩，种植人工费 700 元/亩)。因此，平均成本计 7.32 万元/亩，该项目新增耕地 48.68 亩，总拆除复垦成本为 356 万元。另外，因采用的是整村搬迁安置，安置区原地类是未利用地共 12 亩，顾征地成本较低，为 500 元/亩，合计 0.6 万元。后期管护费(对旧村复垦后耕地的管护和新居住地的日常公共服务开支)大约为 10 万元/年。

文峰村旧村复垦项目的收益主要是旧村复垦所产生的耕地占补平衡指标交易的收益。指标按照 18 万元/亩的价格在省级平台售出，获益 840.24 万元。复垦后的耕地用于黄花菜等经济作物，预期收益为 1 200 元/亩。

在文峰村安置区的建设中，政府专门聘请泉州规划设计院进行美丽乡村专项规划设计，并投入资金 685 万元，完成安置小区 66 幢、2.5 万平方米房屋立面装修、完善小区道路硬化、绿化和生活配套设施建设以及低保、五保安居房和老人活动场所等公共投入。这些投资除了从整个旧村复垦项目的收益中支付，政府还积极向上对接项目争取资金，把危房改造资金(3 000 元/人)、地灾搬迁资金(5 000元/户)、“造福工程”资金(3 500 元/人)一并注入项目建设。整体来看，项目的收益能够覆盖成本，在资金上不存在问题。

(三)“福建模式”的潜在困境

1. 潜在的资金困境考验政策可持续性

首先，“福建模式”中旧村复垦成本逐步升高，难度加大。地方政府在实施旧村复垦项目时，一般都本着先易后难的原则，各地方政府大多选择空心房、空心村，特别是群众基础好、受偿要求低的村庄开展旧村复垦工作。然而，这项工作实施几年之后，尽管剩余潜力仍然十分巨大，但是补偿成本却在逐步提升，工作难度逐渐加大，资金面临着较大困境。

其次，占补平衡指标交易市场化程度仍显不足，不利于市场价格的“释放”。一方面，当地政府自己新增经营性用地时，尽管指标也需要进入交易平台，但交易价格基本不能反映市场的供需关系，“对内交易”往往以全省规定的最低指导价成交。由于最低指导价远低于市场价格，大多地方政府将全部交易收入转为旧村复垦项目经费，在没有其他支持的情况下难以覆盖旧村复垦成本。另一方面，当对内交易价格较低，可能无法覆盖成本时，作为指标供给方的地方政府就希望对外交易价格能足够高，用其盈余补足对内交易的资金缺口，然而福建省又限定了指标交易的最高价不高于 30 万元/亩。尽管地方政府在私下交易时，可能通过补充合同适当提高交易价格，使其突破最高限价，但由于省政府的统一规定，这种价格的提高仍是十分有限的，一般不会超过 40 万元/亩。因此交易价格也不能体现真正的市场价格，未来可能影响旧村复垦工作的顺利开展。

2. 指标先行入库交易的风险

空转指标和指标入库交易目前是先行核定指标，可能造成旧村复垦完成量与指标交易量之间的缺口的风险。在政策实施初期，为了尽快推动旧村复垦项目开展，福建省国土厅赋予 21 个综合改革建设试点镇每个镇 200 亩，6 个土地整治试点县每个县 600 亩的空转指标，允许其在布局内实施方案和项目运转的情况下进入平台交易，以获取启动资金。而先行核定指标指的是在旧村复垦项目尚未正式开展和产生耕地之前，仅根据项目的实施方案认定该项目已经产生了一部分新增耕地，国土资源厅按照新增耕地数量的一定比例，先行核定挂钩指标。这意味着只要制定项目实施方案，在没有付出其他成本的情况下，地方政府就可以预支一部分挂钩指标，要么自用要么对外交易获取资金。

现实的情况是，旧村复垦及指标交易政策自 2010 年实施以来，已经通过交易平台交易 4.4 万亩，完成了涉及经营性用地占用耕地的农转用审批 3.19 万亩，然而实际已经通过验收的旧村复垦项目新增耕地仅为 1.6 万亩，远远小于已经交易的指标量，两者之差高达 2.8 万亩。这一情况在各县市也十分普遍，如泉州市德化县截至目前已经通过指标交易平台，共与晋江、莆田等地交易挂钩指标 2 938亩，但实际完成的复垦项目产生的指标仅 1 871 亩；三明永安市截至目前已经通过整治村庄用地新增耕地 839 亩，但却已经完成挂钩指标交易 1 516 亩。以上所述都表明，在福建旧村复垦及其指标交易的政策实践中，出现了旧村复垦完成量远小于挂钩指标交易量的情况。

实际的缺口证明了指标先行入库交易的风险确实可能存在。因为由于地方政府已经从中赚取了收益，它对于该项目的具体实施和完成进度的关注度可能会下降。如此一来，就会造成项目进度滞后的风险。

(四)“福建模式”的简要评论

“福建模式”是在传统的旧村复垦、增减挂钩和占补平衡政策基础上的“一揽子”工程，同时在占补平衡指标交易和城市经营性用地准入上进行了政策创新。它最大的特征就是以旧村复垦为途径，以占补平衡指标交易为约束条件，在不增加新增建设用地的基础上实现了耕地总量的增加，同时实现了城市向农村的转移支付，而且这种转移支付的资金来源最终落脚为经营性用地者向农民的转移支付。

“福建模式”在实现了保护耕地目标的同时，将市场交易的方式引入耕地保护补偿机制的定价中，即不同地方政府通过指标交易平台的协商进行定价，这在一定程度上符合市场配置资源的原则。

省政府要求地方政府在进行经营性用地供应前必须持有相同数量的旧村复垦

占补平衡指标，这种“持票准入”的制度至少有三重功效。第一，巧妙地将地方政府在保护耕地上的目标与省级政府保持一致，因为地方政府为了能够获得更多的经营性用地出让收入必须进行旧村复垦，这是一种使耕地数量净增加的政策设计；第二，地方政府在经营性用地出让时，完全可以将旧村复垦的成本转嫁到经营性用地购买者身上，这实际上完成了城乡之间的财富转移；第三，经营性用地市场价格实际上为旧村复垦增加耕地的补偿收益提供了足够的空间，当前是因为政府的额外的“限价”，如果未来旧村复垦成本过高，通过对“限价”的放松，可以为弥补资金问题提供一定的解决方案。

从目前的实施来看，整个项目还未出现太多的问题，因为它本身并不比其他地方的宅基地退出、城乡建设用地增减挂钩等项目复杂，甚至因为福建的自然条件和全省上下达成共识的“造福工程”等社会条件而使该政策的具体实施相对顺利。

当然，整个项目的实施也存在一些潜在的风险，诸如政策可持续性、指标先行入库交易的风险等。这些问题都与政府本身的行为风险紧密联系。而本质原因就是目前的项目设计和实施，仍然是以政府完全主导、政府购买占补平衡指标、政府支付农民补偿的方式进行。虽然目前存在地方政府间的指标交易平台以及经营性用地的准入条件等设计，有一些市场化的意味，但市场的作用总体上看仍然很弱。虽然整个工程是“造福工程”，大多数情况下不存在农民“被上楼”等社会问题，但充分的公众参与、村集体和农民的自组织仍然不存在。这些都是潜在的政策改进的方向，我们应该高兴地看到“福建模式”在这些方向上迈出了步子。

四、激活的网络与林业发展的机会

在理论上，网络治理(network governance)是一种治理结构，但该治理结构既不是市场，也不是层级，也不是混合，因为这三者是一种正式的、客观的规则，而网络治理是一种夹杂着社会机制、人文情感在内的非正式、有主观意愿的规则。网络治理涉及一群有选择的、长期的、结构化的自主公司(或非营利部门)基于非明晰的、开放式契约来生产产品或提供服务，同时根据环境的变化而适时调整以促进协调和保障交易安全(Jones et al.，1997)。

(一)从网络治理的视角看激活的网络

网络治理的理论解释很多，也不容易跟现实中一一对应。这里使用网络治理的理论来看待“福建模式”的内容，主要是希望有一种视角能够理解在这种模式中究竟有什么重要环节的网络关系(双边和多边)被建立起来并解决了一系列的问题。

最直观地看“福建模式”，就是基于政府行政命令、地方政府间的竞争与合作、城市用地者的合作、农村村民的合作等形成的一种复杂的管理模式。这个模式的最终效果，即实现了旧村的复垦、耕地的保护、林地的保护、建设用地的节约集约等，相互之间不是割裂的；相反，它们一定是在网络关系的合作下才能同时实现。所以，这是一种网络治理的模式，比传统的完全由政府主导的行政命令所要求的单一的旧村复垦、耕地保护、林地保护、建设用地节约集约等，有着明显的绩效。简而言之就是，当初相互竞争性的工作变成了现在相辅相成的工作，从多局面的“两难”转变为“双赢”。

很关键的是，这个网络治理模式形成过程中，政府的角色的变化和相关政策的创新起到了很大的作用。政府强制要求地方的经营性用地的供应指标的多少必须与地方自己复垦面积或购买的旧村复垦指标相一致，这使得网络上出现了两种变化：其一是地方政府在旧村复垦和城市土地开发经营上的目标由之前的分离转变为统一；其二是旧村复垦指标的配置引入了市场机制，即可以由市场定价，且参与竞争的资金由政府的财政预算变为了城市土地开发商投资的一部分。

在上述两种变化的基础上，紧接着又产生了变化，也就是连锁的变化之三是农村和农民获得了更多的土地增值收益，可以通过这种增值收益来对现有的居住和耕作的条件进行改善。这种资金上的变化使得整村搬迁成为可能，即农民之间的合作成为可能，这是变化之四。农民在目标一致的前提下自愿参与旧村的搬迁合作，使得这种集体行动成为可能。

农民的集体参与最终促成了土地利用上的变化，即连锁变化的第五个方面是旧村得到了复垦，宜农则农、宜林则林；农村本身的建设用地得到了节约集约利用；而农民在获得城市资金转移的同时并不是以牺牲农村土地(被城市化占用)为代价的。这实际上一方面保护了林地等边际用地，另一方面也为林地的规模经营提供了基础条件，如林地在自然条件上的连片化、林农的或集体的资金有了一定的保障、林农之间合作的意愿也增强了，为林农的合作组织的建立奠定了基础。

(二)激活的土地的价值

随着城镇化的快速发展和大规模的人口转移进城，农村人口减少，但农村建设用地并没有相应减少，形成大量闲置房屋和用地。通过旧村整治，使这部分土地复垦为耕地，促进农村建设用地的节约集约，促进农民增收。例如，永春县东平镇文峰村的旧村整治累计创造收益 20 多万元。旧村复垦及其指标交易政策实施后，福建全省平均每年可实施旧村复垦项目 1.5 万亩，这对于减少农村土地闲置，消除“空心房”和“空心村”现象，促进农村建设用地集约利用，复垦出大量的耕地，提高土地利用效率具有重要意义。

(三)激活的城乡间的资本转移

党的十八大报告提出，“提高被征地农民在土地增值收益中的分配比例”。福建旧村复垦的这种模式，很好地实现了中央的要求，促进发达和沿海地区资金反哺落后地区和山区农村。

按照要求，挂钩指标交易收入用于拆旧、复垦和依法补偿，剩余资金可用于新村和小城镇基础设施、公共设施建设。平均而言，复垦成本维持在 2 万元/亩，乡镇工作经费在 1 万元/亩，其余资金可用作补偿村民和安置区建设。这不仅大大缓解了财政直接转移支付的压力，也为村民自筹部分资金建设安置房或者购买城镇商品房提供了经济基础和有利条件。

实地调研的仙游市旧村复垦涉及农户 3 126 户，农民人数 12 816 人，分别占全县农户总数和全县农民总人数的 1.8%和 1.4%。；永安市涉及农户 2 100 户，农民人数 10 231 人，分别占全市农户总数和农民总人数的 5.04%和 6.44%；永春县涉及农户 3 494 户，农民总人数 28 486 人，分别占全县农户总数及农民总人数的 3%和 6.9%。德化县 15%的农民通过旧村复垦工程受惠。截至 2013 年 8 月，永春县共交易增减挂钩指标 2 439 亩，交易金额达 6.13 亿元，相当于 2011 年全县一般预算收入 8.10 亿元的 76%；德化县通过平台交易挂钩指标 2 937.74 亩，实现收益 4.7 亿元，相当于 2009 年县级财政收入 4.30 亿元的 109%；永安市交易了 1 516 亩，交易金额 2.8 亿元，大约相当于 2009 年县级财政收入 5.68 亿元的 50%。永春县将指标交易收益的 80%左右用于指标产生的村。其余由乡镇统一安排，用于基础设施建设。

(四)激活的林业的规模化发展

土地整理和开发补充耕地成本较低，特别是远低于村庄用地复垦的成本，因此地方政府大多选择前两种方式补充耕地。近年来，土地整理潜力逐步减少，林地等其他农村土地和未利用地被大量开发为耕地以完成补充耕地任务量，如泉州市永春县，在旧村复垦及其指标交易政策出台之前，2008 年以来所有的耕地补充均来源于林地和未利用土地开发。

大量开发林地和未利用土地，短期来看可能为政府节约经济成本，但长期来看却造成大量社会成本。旧村复垦及其指标交易政策将新增经营性用地与村庄用地复垦绑定，实质上起到了强制性让地方政府从“低政府成本、高社会成本”的耕地补充方式向“高政府成本、净社会收益”的耕地补充方式转变。例如，福建全省 2012 年补充耕地任务量为 12 万亩，旧村复垦规模大约为 1.5 万亩，占到了补充耕地总量的 1/8，减少了林地和未利用土地的开发，既保障了耕地的数量、缓解了生态环境风险，还保障了林地规模化流转的资源禀赋。

总的来看，旧村复垦的“福建模式”的意义可以概括为：

第一，土地政策充当了城乡资源资金转移的载体，实现了政府目标，促进了城乡均衡发展。城镇化是土地利用和人地关系优化调整的过程，土地管理制度是优化人地关系、提高城镇化质量的核心制度。在福建的旧村复垦中，土地政策在促进经济社会协调、稳定、持续和健康发展方面，发挥了重要作用。近年来，旧村复垦、灾区重建、“造福工程”的资金的绝大部分来源于土地。李克强总理在2013年两会上指出，“城镇化是现代化的必然趋势，也是广大农民的普遍愿望，它不仅可以带动巨大的消费和投资需求，创造更多的就业机会，其直接作用还是富裕农民、造福人民”。福建的做法，将城市资源、发达地区的资金转移到农村和落后地区，增加了农村基础设施投资和公共服务投资。在农民未失去土地的前提下，住进了配套完善的新居，让农民获得了实实在在的利益，促进了城乡共同发展。近年来，没有任何制度设计或政策，能够推动如此大的投资投入到农村用于农村新居的建设。

第二，为城乡建设用地增减挂钩政策的完善提供了参考。城乡建设用地要求建新区与拆旧区作为一个项目区，两者必须挂钩。这种项目区锁定的做法，往往在项目开始运作后，由于建新区的不确定，需要不断地调整项目区，增加了项目管理成本。福建的旧村复垦形成的耕地占补平衡指标不与特定项目对应，在交易平台上全省交易，实现了拆建分离，减少了项目运作过程中的成本。福建旧村复垦新增耕地指标不与建设用地指标挂钩，其目的不是为了增加年度新增建设用地指标，因而避免了大规模拆除旧村的冲动。另外，地方政府不会为追求更多的建设用地指标而促使产生政府大规模圈地和强制农民“上楼”的局面。

第三，推动耕地占补平衡由占用林地、开发林地等转向旧村复垦，有利于保障林地的资源禀赋。长期以来，耕地占补平衡政策一直受到诟病。最多的批评不外乎新开垦的耕地位置偏远、不便耕种、质量低。在种粮效益低，大量现有耕地撂荒的同时，还开垦位置偏远、质量低下的宜林地、荒地等用地，必然造成新的撂荒。福建省通过要求经营性用地的占补平衡必须要由旧村复垦产生的指标实现，以强制的方式推进旧村复垦，赋予了耕地占补平衡指标市场价值，鼓励农地整理资源丰富，但建设用地指标需求不大的县市推动农地整理工作，通过交易实现整治带来的价值。促进了耕地占补平衡由单纯的重开发向旧村复垦等闲置的农村建设用地转变。实际上，这也是在保护林地资源。

第四，“福建模式”在实现农村土地资源保护的同时，将市场定价机制引入耕地的占补平衡中，为林地生态补偿机制提供了借鉴。“福建模式”在一定程度上实现了耕地保护的补偿机制的建立，也体现了政府在耕地保护管理方式上的创新——在耕地保护的补偿定价上引入了市场的力量。虽然这种市场还是一种政府干预的“准市场”，如政府对最低价和最高价都进行了限制，但从激励效果来说，这种“准市场”已经产生很强的激励，促使地方政府去主动购买旧村复垦的占补平衡指标。更何况，这种占补平衡指标是与经营性用地指标的落地相挂钩，从价格转移机制上等于是把耕地占补平衡指标交易中的成本再转嫁给经营性用地者，在更广的范围内实现了耕地保护成本的共担。

五、本章结论

本章主要是对集体林地流转模式的间接性政策进行了讨论，目的就是跳出林地流转本身的治理模式来探索能够促进流转的其他配套的管理政策。如果考虑林地投资本身之外的资金来源和林地规模化经营本身的合作模式，现有的农村治理结构并不能提供更大的机会。这是因为从土地到劳动力再到资本上面都面临着割裂的网络的限制。以“福建模式”为代表的各类地方性的政策创新，在基于土地价值释放的基础上，激活了上述割裂的网络。

农村土地政策改革在土地利用效率提升的基础上，还进一步显现了有利于新型城镇化目标实现的效果，同时也有利于割裂的网络的接续。林地流转及规模化经营的目标的实现，一个重要的前提条件是让农村和林农能够实现林业经营资本的初始积累，因为它是市场化大背景下农村和林农自发发展的物质基础。当前的农村土地政策改革，确实起到了很好的“释放”土地资产价值，进而促进农村资本积累的效果。

福建的旧村复垦指标在省级平台上的跨地区交易所实现的每亩 10 万～30 万元的交易价格(实际跨区交易的价格都超过了 30 万元/亩)，都使农村和林农增加了财富收入。虽然林农付出了旧村宅基地本身的成本，但相比较没有这些指标补偿机制的情况看，这确实是一种财富的提高。

简单地说，“福建模式”具有两个层次的城乡之间的财富分配效果，这为林地流转及规模化经营提供了必要的资金基础。第一层次的分配很明显就是政府(或者市场)的转移支付，实现了城市反哺农村。无论是成都的耕地补偿基金，还是福建的旧村复垦指标作为占补平衡指标在省域内交易，其背后是“城乡统筹”“山海合作”等城乡一体化和区域协调发展战略目标下的财富转移。而在农村内部，旧村复垦指标交易的转移支付也是按照复垦的宅基地面积发放，这实际上保证了参与旧村复垦集体行动的林农在分配资金上的公平性。

(一)研究的核心结论

第一，现阶段需要政府来建立林地流转的治理机制，这是由公共物品的本质决定的，但是政府供给的方式面临地方利益和全国整体利益之间的矛盾，现实中地方政府多是被动履行职责，主动创新机制的案例较少。林地流转机制作为一种制度的供给，是一种公共物品的供给。公共物品的本质属性造成个体缺乏主动的激励来考虑非市场价值，因此只能由政府来建立补偿机制。但是因为中央政府和地方政府之间的目标多重化的特征，导致地方政府不必然将林地流转机制的建立视为必然的需求。这种论断是当前林地流转机制现状的体现，因为现实缺少更多的政策创新实践。即使本章着重介绍的福建案例，仍然是为数不多的个案。

第二，解决地方政府与中央政府目标的一致化，是解决地方政府主动提供林地流转机制的途径，在“福建模式”中实现了不同级别政府目标的一致化。集体行动的理论认为，只有形成一种目标趋同的机制，才能解决或者缓解集体行动的困境。福建的案例给出的结论显示，如果没有地质灾害造成农村住房损毁的频发、“造福工程”和“山海合作”的大背景，福建省不会形成独具特色的旧村复垦、耕地占补平衡的指标交易的“福建模式”。“福建模式”的出现同样是地方政府若干目标作用的结果。因此，“福建模式”本质上是个体目标和集体目标趋同的结果。

第三，“福建模式”供给的成本因供给主体和供给方式的不同而不同。“福建模式”是政府与市场结合的方式，因此“福建模式”在制度成本消耗上，绩效令人满意。“福建模式”实际上将政府的完全主导转变为上下级政府之间的分权，同时引入了市场机制来辅助，有效地节省了政府在实施一系列管理目标上的成本。这能够从福建省级政府对成本问题和指标交易的可持续性的乐观态度看出。从现阶段中国的现实环境看，政府主导中引入更多的市场机制参与管理，是建立林地流转机制的有效手段。

(二)林地流转模式创新的政策启示

第一，形成地方政府在林地流转政策上的多目标激励，是当前集体林地流转机制创新的可行选择。地方政府的目标激励是促进机制创新的主要动力，多目标有利于形成关联博弈的效果，推动地方政府主动实现政策创新。福建的案例已经很好地证明了这种思路的有效性。在具体政策设计上，福建将旧村复垦的耕地补充与“造福工程”“山海合作”的城乡统筹和区域共同发展等目标结合在一起，形成了有效的激励机制，促使了“福建模式”的创新和实施。

第二，政府提供的对林地流转的政策支持，不一定局限于政府的直接补贴，也可以遵循林地流转机制外部性成本内化的思路，通过市场机制来实现。“福建模式”中通过经营性用地指标落地必须持有旧村复垦占补平衡指标的准入条件，实际上就是一种很好的准市场方式。不仅耕地复垦的成本可以由市场主体来承担，补偿机制本身也形成了一种市场竞争价格。与此同时，对当前的政府强干预的思路进行一定的改进，包括尽可能提高补贴资金筹集的级别、减少补贴的用途设定等政府干预的强度，提高农民所得到的激励效果和后续在农业和林业等方面的合作效果。

第三，农村土地(包括农地、林地和建设用地)的价值不一定建立在“建设用地增减挂钩”上才能实现经济价值，政策的合适设置同样具有相仿的效果，同时还能带来更为明显的生态环境效益。福建在旧村复垦中，旧村复垦产生的新增耕地指标不与新增建设用地指标挂钩，不仅新增建设用地总量不变，而且地方政府也不会为追求更多的建设用地指标而促使产生政府大规模圈地和强制农民“上楼”的局面。另外，对耕地占补平衡指标的市场定价，也有利于改变以往耕地占补平衡重开发、轻复垦的习惯，因为重开发、轻复垦虽然是成本节约上的考虑，实际却带来了更多的生态环境成本。福建省通过要求经营性用地的占补平衡必须要由旧村复垦产生的指标实现，以强制的方式推进旧村复垦，赋予了耕地占补平衡指标市场价值，鼓励农地整理资源丰富，但建设用地指标需求不大的县市推动农地整理工作，通过交易实现整治带来的价值。促进了耕地占补平衡由单纯的重开发向旧村复垦等闲置的农村建设用地转变。这些都为后续的林地流转奠定了良好的基础，是一系列间接性的政策绩效。

第四，建立林地流转管理模式的绩效评价体系和监管体系，确保各种政策投入的后续资源利用实效。林地流转模式的成本由政府或者市场投入后，如果不能保障林地流转及规模化经营的初衷，则失去了公共物品供给的本意。建立一定的林地流转模式的绩效评价体系，有利于上级政府根据实际效果及时调整政策的内容，发挥政府职能转变和管理方式创新上的作用。监管体系的建立，也有利于降低不同级别政府之间，或个体农民与集体、政府与他人之间的责权利不清的问题，形成集体行动的合力，杜绝个体的“搭便车”或侵害公共利益的行为。

第十一章

全书结论和政策建议

市场不仅是一只“看不见的手”，而且还是一只“隐形的眼睛”。“看不见的手”指引着人们做正确的事情，“隐形的眼睛”监督人们把事情做好，建立良好的声誉。正是这只“看不见的手”和这只“隐形的眼睛”，使得远隔千里、素不相识的陌生人之间可以进行分工合作，相互提供服务，从而改善人们的生活，推动人类的进步(张维迎，2010)。

一、本书研究内容的总结

全书对推进当前集体林地流转及经营规模的市场机制的建立进行了系统的分析。这个市场机制实际上不仅仅是实现林地流转交易的制度，还包含能够促进交易双方在节省各种类型交易费用上的一系列制度。既包括基础性的交易制度，也包括保障性的政策，还包括为弥补林地流转市场本身可能出现的欠缺而设计的政策。

建立林地流转的市场机制，是有其“起点”的。并不是说只有市场机制才是林地及其流转的最佳的管理模式，只不过对于当前的林地资源现状来说，促进均分的、细碎化的集体林地权属，转变为“能者多得”的规模化经营，是实现林地资源本身价值的不二途径。在“政府”这只“看得见的手”已经对林权进行初次分配的基础上，当前更能够让社会和公众接受的推进流转的途径就是建立“看不见的手”，即市场机制了。更何况，如果仅从经济价值看，在理论上和在实践中，市场的作用也已经被很多研究和实践所证明。

从无到有的制度的建立，是一个复杂的系统。这个系统不仅包含事情本身内部结构的复杂性，还关系到与系统外部相联系的其他因素的关联性。例如，林地流转本身要考虑“商品”的价格该如何定，如何促进规模化的交易等，还需要考虑商品交易以外的问题，如如何稳定交易的预期，如何保障交易不对其他人产生额外的影响(这种影响包括生态系统和社会系统之间的相互联系)。

既然问题这么复杂，在解决问题之前势必需要厘清一种分析的逻辑。因此，本书在第一章就介绍了一种被称为“IoS”的分析框架，这个框架是为了分析与自然资源可持续利用相关的制度设计和评价问题。在这个框架中，林地流转相关的四个要素，即林地流转的“交易”及其属性、林地流转的行为人及其属性、林地流转的正式制度的“起点”、林地流转的治理结构的“起点”被系统地联系在一起。也就是，我们在考虑林地流转的时候，这四个要素是同时变化或同时产生作用的。这为我们解释现象和进行制度创新提供了理论基础。这个IoS分析框架除了内部的四个要素，还有若干个不同的维度，如从宏观到中观再到微观的维度，或者是时间的维度等。这实际上给了一种更为系统的视角来考察林地流转的治理结构的问题。在这个IoS分析框架下，本书主要做了四个方面内容的研究。

(一)林地流转的公共物品视角

林地本身可以是私人资源(如私人的林地承包经营权)，但是为了促进林地流转，相关的制度和治理结构却是公共物品，这是因为私人没有能力或者不愿意提供这种高竞争性但低排他性的物品。

林地流转在中国属于公共领域的管理事务。私人领域的决策往往考虑金钱上的成本和收益，大多数情况下不会对别人产生影响，无论决策正确与否对社会没有影响。相反，公共领域的决策往往直接或间接地影响着其他人，如果决策者不考虑这种自己之外的利益影响，可能造成社会整体的利益下降。例如，常见的“搭便车”问题，即在一些集体行动中的成本本该分摊给所有的受益者，但是因为私人成本和社会成本不必然吻合，造成有的人可以不付成本而坐享他人之利。“搭便车”的现象多了后，大多数的人也不愿意为他人承担成本，这样诸如公共资源利用的维护成本投入的规模就偏小，造成了公共物品供给不足或者公共资源的过度利用，即“公地悲剧”产生了。虽然每个人都知道“公地悲剧”的危害，但是当大家都觉得别人可能会“搭便车”，这样没有人主动应对“公地悲剧”，这实际上就是所谓的“囚徒困境”——中国林地流转的市场机制不会自发地产生。

然而，政府也不一定最适合提供这种市场机制。因为无论是自发还是政府主导，都是要耗费成本的。对于现阶段中国的林地流转来说，有很多制度或者机制需要重新建立，如林地的流转价格的确定、林农在资金上的融资、林农的抗风险体制等。正如在第二章中分析的那样，政府主导的公共物品供给面临信息不对称、强制的效率与公平，以及强制本身的正确与否等成本。为此，林地流转中公共物品的供给实际上需要在不同的供给模式中进行权衡，包括林农自发的流转、林农及与其他主体之间的合作、政府或集体强制等。不同的提供途径，背后的交易费用是不同的。这实际上就给出了分析林地流转市场机制建立和完善的理论视角。

(二)林地流转治理结构的现状

现阶段中国集体林权改革和林地流转的实践在向有利于森林可持续经营的方向发展的同时，一些现实的需求逐渐显现。例如，当前的流转仍然缺乏规范的林地流转制度、流转合同制度、林地资产评估制度、中介组织、流转金的使用和管理制度等，这些都造成林地流转行为不规范，流转合同的内容随意性大，流转缺乏公平性和透明度、流转的价格普遍偏低、流转金的使用和管理不规范等现象的产生。这些现实问题，进一步加剧了一些隐含的问题的显现，如森林资源质量下降，一些地方权利寻租等问题严重导致流转价格偏低，出现了非市场化的山林归大户现象。

如果与德国的治理结构进行对比的话，从政府在森林管理中的角色、市场机制(包括定价机制、信息流通机制、公众参与机制等)的作用、司法体制等方面看，德国比中国的情况要有优势。而且，德国林主的在产权上的地位也使得其相应的治理结构比中国的情景有更好的绩效。

这些都给改进林地流转治理结构提供了现实基础。

(三)林地流转市场机制的要素及其组合

林地的定价、林业的融资、林农的抗风险以及林地流转治理结构具体形式等，构成了林地流转市场机制的整体内容。

定价的本质不是为了给出林地的价格，而是让具体林地能够进入最合适的利用者的手中来实现其价值上的最大化。这实际上就是要解决供需双方信息的不对称问题，即保证林地流转过程满足两个条件：第一，愿意出最高价的那个潜在的购买者(或者愿意定最低价的那个潜在的供应者)能够出现在供需双方的群体中，换句话说就是要让物品供应或需求的市场参与者足够多；第二，出价或要价的人能够将自己的出价信息让大家都知道，即有一个简单、低成本的信息交流平台或者渠道。满足了这两个条件，物品的价值就会由购买者中出价最高者或者供给者中要价最低者自动地确定了。很明显，如果这么理解定价的内涵的话，理论上林农自发、集体合作和政府提供等都可以实现定价的目的，关键问题就是相应交易费用上的差异。

融资问题的考虑，主要是因为林地流转和规模经营需要相应规模资金的投入。虽然一般性的融资和经营更偏向于市场行为和私人事务，但从目前中国林地流转和经营的现状看，在林农缺乏资金和抗风险能力弱的情况下，在促进资金流动、提高资金使用效率、降低林地流转市场门槛、预防林地流转融资风险等方面却有着公共物品的色彩。现实中出现了私营部门、林农以及政府等不同主体作为抵押担保提供者形成了“林农＋专业担保公司＋金融机构”“林农＋专业合作社＋金融机构”“林农＋政府担保平台”三种主要的担保模式，我们可以通过交易费用经济学的理论对三种不同担保模式的典型案例进行分析，找出担保模式多样性的原因以及挖掘模式选择的普适性规律，并据此得出推进林权抵押贷款、完善林权制度改革的政策建议。

风险是任何经营活动无法避免的。但是，为了促进林地流转和保障林农生计，寻找合适的风险防控体制和提升林农抗风险能力是当前林地流转及经营中不可或缺的环节。政府直接提供这种风险防控机制，面临着财政本身的约束，也面临着对社会其他主体的不公平，因此在以市场化为手段的前提下，寻找林农与企业、与政府、与其他社会主体之间的合作是规避风险的适宜途径。从市场角度来看，建立全国范围内切实有效可行的气象灾害风险交易市场具有巨大的潜力，可减少气象灾害所造成的经济波动对包括林业、林农在内的社会生活的冲击，也可以促进社会经济的可持续协调发展。

在上述流转机制的基础上，如何具体组织林地流转也是市场机制的重要内容。也就是选择一种合适的流转模式，既实现林地流转的目标，又能降低整个过程中的交易费用，这是市场机制的本质要求。挖掘集体林地流转模式多样性的普适性规律，可以为促进林地流转和完善林业经营体制提供必要借鉴。而为了实现这种研究目标，探索和拓展交易费用经济学在农地流转研究中的运用方式，建立了交易属性—治理结构属性—治理结构的矩阵，通过治理结构属性这一桥梁去探寻和揭示交易属性对流转模式选择的影响机理，为定性分析提供了一个统一的理论框架。

(四)林地流转市场机制的配套政策

林地流转市场机制不能忽略林地资源的非市场价值，如生态环境价值和目前中国存在的城乡收入差距问题。为此，我们还需要考虑市场机制的相关配套政策，即如何建立林地流转的生态补偿机制，如何在流转过程中更好地实现城乡统筹发展等。

在生态补偿部分，本书仍然从公共物品视角来审视生态补偿机制的建立和完善。当前中国已经存在了一系列的“单一”的土地开发补偿政策，但是很明显的是这些单一政策都造成了意料之外的副作用，虽然对土地资源尤其是数量上进行了维护，但是造成了其他方面尤其是生态环境的恶化。这实际上是对建立“系统的”、有效的林地流转生态补偿机制的警示，而且要理解制度本身并不能够自发实施，所以调动利益主体对生态环境保护的重视和自觉，是林地流转生态补偿机制的重要目标。

在城乡统筹发展部分，主要是跳出林地流转经营本身，从林地流转溢出效应和其他促进林地流转的政策角度来考察。林地流转的溢出效应是指实现林地流转的“副产品”——促进了林农生产生活水平的提高，进而促进了城乡之间的统筹发展。而促进林地流转的其他政策是指跳出林地融资和抗风险等直接政策的设计，转而以一种通盘考虑的方式看是否能够在实现其他经济社会目标的同时也推动林地流转的活动。这种溢出效应和通盘政策，大多存在于一些地方性的政策创新中，基于旧村复垦、耕地占补平衡、“山海协作”和城乡间资本转移的“福建模式”，为这个方向的研究提供了一个很好的案例。

二、本书研究的理论结论

(一)集体林地流转是公共物品

林地承包权初始分配的公共性、林地生态环境价值的公共性、林地经济价值的外部性等，使得当前中国集体林地流转属于公共物品的范畴。加上林地流转过程中存在的定价机制缺失、林农资金缺乏、林业发展面临潜在的风险、林地流转渠道不符合现实需求等，为了促进林地流转的制度设计也是一种公共物品。因此，集体林地流转的市场机制则也属于公共物品。

(二)集体林地流转的成本

即使所有的利益相关者都认同通过实施流转项目可以增加所有人的利益，但是该项目也不一定能够得以实施。这是集体林地流转面临的第一个阻力——个人利益与共同利益不总是一致的。个体可能希望在共同利益分配中分得更多的比例，而个体的这种“自利”倾向可能损害其他人的利益，进而造成大家都不愿意采取行动——项目只能停滞甚至流产。个体还可能就是一种“不合作”的人，会因为个人情感等因素，不愿意放弃原来的林地，这样就造成项目无法实施。有时候，个体与个体之间对价值的判断标准不一样，同样的项目可能会在成本分担和收益分配上无法达成一致，这也阻碍了项目的实施。为了让潜在的“有价值”的项目得以实施，就需要说服所有人参与这个项目的集体行动——这个过程很明显需要耗费很大的成本，是林地流转市场机制的第一个成本。

假设所有的利益主体都被成功说服了，项目得以启动。紧接着面临着流转的第二种成本，即流转项目的规划设计成本。究竟这个项目的规模多大，位置选择在哪，种植何种林木才能实现市场价值等，都需要根据实际情况来确定。可是现实的情况是，这些信息是不对称的信息，项目的设计者可能需要耗费很大的成本来获得，甚至仍然无法获得准确的信息。而项目的规划设计还可能面临决策人的失误或错误，如过多、过早、有偏地设计了项目，将造成项目的收益并没有实现“最优”。如果再进行事后的调整，则会付出更多的成本。

第三种成本就是流转项目的实施成本。项目的实施过程耗时长，同时也是整个项目中最不稳定的阶段，很可能会面临各种意想不到的问题。例如，林地本身的自然状况可能影响到流转的难度，地籍的信息问题影响到谈判的顺利与否，林地产权问题影响到责权利分配等。而流转双方的个人特征也会对项目的顺利与否造成影响。一个值得信赖的人和一个有欺骗和投机倾向的人，对项目实施影响上的差异显而易见。这样，项目的实施还需要监管，但监管者也面临信息不对称、监管对象复杂化和监管力度取舍等难题。

第四种成本就是流转项目实施的后期分配和调整成本。项目的实施结果，最终需要体现在流转价值的分配上。如何分配，大多数的初始规则设计都可能面临未能考虑具体情况而出现制度缺陷，这可能会出现项目后期利益主体之间的矛盾和冲突。如果进行政策调整，相当于还要重新进入谈判、协商和决策的过程，这些过程中的成本又要再次追加投入。即使项目的规则最终调整完毕，但还可能面临项目的内部问题与项目外部的其他制度、经济社会发展变化、生态环境系统等不相适应的问题，例如，林地经营影响到了生态环境的变化，而这些变化并没有被项目本身所考虑，但是对整个社会造成了负面的影响。这些项目实施的事后问题，也应该计入项目成本。

(三)管理方式创新与成本的“匹配”

不同的管理方式对缓解上述成本有着不同的效果。一般说来，政府主导或者强制实施，有利于增加管理过程和结果的可控性，避免因为不确定性造成的事后成本过高；市场主导或者市场力量介入，有利于增加管理过程中利益主体的积极性，因为市场的本质是建立在自愿、协商和互利的基础上，这有利于缓解信息不对称、上级决策者的判断失误等。当然，两者的优点就是对方的缺点。因此，在现实中更多的是政府和市场两种方式的结合，以期实现更好的管理效果。

例如，在项目立项之初因需要说服相应的利益主体参与集体的行动，个体之间的自我协商是一种方式，政府强制是一种方式，在政府支持下集体的共同行动又是一种方式。很明显，如果这个项目涉及的主体多，项目涉及的地块复杂，那么个体之间的自我协商基本上不可能实现，不仅仅是“钉子户”的问题，即使大家都有意愿进行共同行动，但因为个体间的意见协商和表达耗时耗力、成本巨大，也会造成项目无法启动。而此时，政府在一定的规则下，通过强制推进，可以相对容易地实现集体行动。因此，此时偏向政府主导的方式，将比偏向市场的方式更有利于项目的开始。

但是，政府的强制推行也面临困境。越集权的管理方式，越面临信息不对称的困扰，决策者很多情况下缺乏对地方信息的全面把握，这可能造成项目的立项、规划和设计都出现决策上的偏误，如规模过大、开发的时间提前等。而且，政府的政策一般都有统一的标准，这必然也造成与利益主体多异化的利益诉求或价值观上的矛盾，而这种矛盾最容易引起项目实施过程和结果上的纠纷。这实际上揭示了政府的政策在效率和公平上可能都无法满足实际需要。而为了应对这些问题，提升个体的能动性和积极性，可以是缓解之道，但这实际上又回到了市场化的管理方式。

既然市场自发和政府强制两种模式都面临困境和成本，在理论上还有第三种方案可供选择。即，在政府和市场之间，寻找一种利益相关者自组织型的集体行动的方式，既缓解了“钉子户”和个体之间相互抵制的问题，也避免了政府补偿标准单一、低效和不公的问题。然而，表面上看这种“折中”的方式避免了完全政府和完全市场的劣势，一定程度上综合了两者的优势，但实际上它也不是万能的模式，它本身就面临集体行动的所有困境。例如，如果这种集体行动的人数过多，自组织将面临很高的协商成本(即使存在集体的协商渠道)；倘若集体中个体的价值观、利益诉求等分异性过大，即使人数不多，协商的可能性也比较小；更为重要的是，如果集体内部不存在一种有效的管理机制，没有让个体信服、遵从和愿意奉献的集体利益，没有顺畅的沟通、监管和惩戒机制，自组织也很难形成。

因此，管理方式的创新不是设计出一套“最优”的政策，而是在面对实际的管理对象和环境时选择相对合适的政策。

(四)林地流转宏观层面的制度基础

实践经验揭示了为了促进当前的林地流转规模，需要制定和完善林权流转的法律法规和政策、积极组建林地交易市场、建立民间林业服务协会、加快林业产业化建设、精简行政审批事项、下放审批权限等。然而，当前对中国林权改革和林地流转的研究还停留在产权设定和市场体制建立的理论上，缺少对实际问题的探讨。尤其是，针对林权改革和林地流转过的几个重要的公共物品提供问题，现有的实践对策和理论研究还很缺乏，不利于现阶段林地承包权市场运行机制的建立。

在对中国和德国的林地治理的法律制度和治理结构进行系统对比的基础上，可以得出在推进集体林地流转市场机制的建立过程中，政府在森林管理中的角色、市场机制(包括定价机制、信息流通机制、公众参与机制等)的作用、司法体制等方面的制度供给尤为重要。中国国有林区森林资源资产的所有权、经营权、收益权不明确，导致林区没有或缺乏产权清晰、责权利明确、经营独立的市场经济主体。由于产权不清，市场经济的绩效无法体现。集体林地所有权的模糊，既可能导致集体产权遭受侵害，如无法有效反对政府的随意征收或者争取更高的补偿；也可能导致林地承包经营者的短期行为，如不按照国家林业规划和限额进行砍伐利用，造成林地在流转和规模经营上的障碍。更严重的是，集体林主不具有向独立的司法体系诉诸权利的渠道。

中德在林业治理上的对比可以为双方都提供一些有用的经验。因为目前中国政府仍然在国有森工改革和集体林业改革的困境中挣扎，德国在林地产权、林业规制和林地流转市场上的政策等可以作为中国改革的重要参考。当然，改变中国现实中的治理结构是一个非常复杂的问题，需要在实际操作和上层制度两个层次上都进行相应的调整。如果德国想在集权和分权上寻找一种更适宜的平衡，中国的做法也许可以作为其一种参考。制度的对比分析可以出现一种相互印证的效果。另外，关于公私合作模式上的比较，对于两个国家来说也是值得相互借鉴的。

(五)林地的定价机制

私下定价模式下的定价双方一般为熟人朋友，甚至是亲戚关系，这种关系是建立于人际网络的基础上的，双方定价的信任基础在于友情、亲情等人与人之间的社会关系。发现定价对象的途径一般也是一方有需求后经由熟人或者组织介绍合适的定价者这类的社会关系渠道，所以往往私下定价的定价对象范围较窄，定价双方彼此都对对方的情况有一定程度的了解。在产权度量和界定方面，私下定价的市场主体在定价前难以有效准确地掌握对方的产权信息，权利的让渡一般只是定价双方之间达成书面或者口头协议，也有请第三者公证人见证的形式。

私下协商的定价价格一般是经过定价双方多次交涉，反复博弈达成的最终的合同价格，对于林地市场价值的变化反应灵敏，能够体现价格变化的即时性。私下达成的协议价格也多符合定价双方的心理预期，但价格公信力较低，如果要进行再次流转，之前的定价价格存在着变动的可能性。

私下定价模式达成的合同多属于不完全合同，对于定价双方的责权利规定往往宽泛粗略，合同文本形式随意性也相对较大。在某些法定必须进行权利变更登记的或者期货定价产权无法显示在协议合同中的情况下，私下协商的合同不具有权属变动的公信力，容易引发权属纠纷、产权争议的风险。

还有，一般私人合同无法形成规范明确的责权利条例，发生利益纠纷的可能性就比较大。一旦发生利益纠纷或者失信行为，合同的约束力比较薄弱，对失信行为难以强制实施惩罚，容易诱发机会主义。

有形市场定价模式下，定价者需要到特定的场合进行买卖，面对的定价对象来源广泛、数量较多，发现合适的定价对象的概率较大。定价者需要提供产权证明、个人信息等基本情况说明，市场主体的资格和定价行为一般受到政府部门的监管。一旦形成产权转让，需要达成统一范制的合同文本，并在有关部门进行登记证明。在这种模式下定价双方的信任是基于制度条例的算计性信任。

政府参与下的有形市场定价模式能够提供专业的第三方评估机构进行定价品的价值评估，政府进行价格监管。这样达成的协议价格更具公信力，便于定价物的二次流转。但是受制度环境影响大，在稀缺资源定价的特殊情况下，易发生政府行政干涉定价从而损害某方或多方定价主体利益的风险。

有形市场模式会通过审核权属、登记等手段，明确定价双方的产权关系，为权利互换行为提供政府权威的第三方认证，能够为权利变更提供强有力的法律凭据。合同文本有统一的范式，内容较为详尽，对于违约行为具有强制惩罚的监管力，并且在法律和政策上提供了强有力的支持，违约风险相对较小。但是在申请产权变动登记审批时，有时会手续繁复、成本很高，不仅需要一定的相关费用支出，还需要较长的审批时间。

(六)林地融资合作化

林权抵押贷款交易中存在高额交易费用，林农很难通过林权抵押获得足够的贷款，由此需要创新林权抵押贷款交易的治理结构。通过对案例的分析可以发现，案例中的贷款交易具有其特定的交易属性，包括资产专用性、不确定性、交易频率等。而适合这种交易的治理结构应该具备特定的属性，包括信息完备性、稳定交易能力、激励和启动交易的能力等。

由于无法满足银行对于贷款者的要求，低收入的林农很难仅靠林权证就获得贷款。一般来说，政府担保平台致力于扶贫，所以对于低收入林农来说该种担保模式是一个很好的选择。在经济较发达的农村地区，林农可以通过组建合作社，以互助合作的资金以及合作社的组织信誉向银行担保，从而获得贷款。林业公司和大户林农由于林业生产规模大，一般需要的资金规模相对较大，在市场机制下，商业担保公司能更好地满足这些生产者的贷款需求。

总的来说，对于担保模式的选择需要因地制宜。在尽量减少交易费用的前提下，为了满足不同林业生产主体的贷款需求，我们需要全面考虑林农和林业资源的状况。

(七)林地风险防控市场化

对未来全球气候变化的预估显示，气候变化引发的极端天气事件将会增多增强，极端灾害造成的损失、影响的范围和人口也将随之上升，气候变化造成的灾害损失在整个社会经济中的比重会越来越大。政府、企业和林农对气象灾害风险交易市场以及创新性的气象灾害风险交易工具的需求将会在未来大大增加。

国内目前尚未建立完善的应对气候变化影响的各种气象灾害风险交易市场和交易产品，更别说针对林业发展的自然灾害风险防控市场体系了。可以预见，研究和发展适合中国国情的气象灾害风险交易市场，开发和设计适合中国林业市场和林业气象灾情的气候风险交易产品，为政府、企业和林农提供相关的气象灾害风险管理咨询服务，其市场潜力是巨大的。

(八)林地流转模式选择

不同交易中资产专用性、盈亏不确定性、流转规模等八个因素的不同，要求治理结构具备不同的对内信息完备性、交易程序简洁性、交易状态稳定性、激励和启动交易的能力、吸收当地劳动力的能力和自主管理的可能，从而决定着采取自由协商、协商中间人、“反租倒包”、成立合作社等不同的流转模式。除此之外，三个案例在只有林地供需双方的决策初始状态下，都无一例外地陷入了流转困境。作为我国农村地区特有的基层自治组织，村集体以不同方式介入流转，有效节约了交易费用，是促进林地流转、完善和创新经营体制的重要基础。

因此，促进农地流转的政策建议必须要尊重流转模式选择的内部规律。为了提高当前集体林地流转的效率，改进管理绩效，可以从以下几个方面入手：第一，组织村民民主、及时地选举村委会组成人员，保障组织完整性，使其能够在必要时以协商中间人、转包商、合作社推动者等角色介入林地流转；第二，完善和规范村委会成员的工作补贴方式，加强工作指导和监督，在形成激励的同时维系农村熟人社会的信任关系；第三，加强对村集体和林业合作社的政府资金支持，促进林地抵押贷款，有效激发本地需求和内部流转，防止林农长期失地失权。

（九）林地生态补偿市场化

中国林地流转及经营的现实情况是，空间异质性、时间专用性、生态环境影响不确定性等程度都很明显，这要求在管理林地流转上采用政府管控的方式。但事实的情况是，中国一直以来已经采用了非常集权化的政府层级管控的方式，那么当面临林地采伐许可证配置效率低下、政府决策出现失误的风险、信息不对称等影响，以及面临相关利益主体的冲突问题时，对当前高度集权的政府层级管控进行改进，寻找所谓的市场和政府之间的有效配合，发挥自组织的能力，让政府“退出”直接干预，转为一种“监管者”。既发挥层级制在管控异质性和专用性等方面的优势，又避免层级制在信息对称、过度干预等方面的劣势。这至少从概念上给出了中国当前林地采伐治理的改进方向。我们可以从林地采伐的生态补偿上升到一般性的环境保护问题，应该认识到只考虑经济收益和个人收益，而对环境保护不作为是最危险的选择。

（十）林地流转外溢效应模式的影响因素

林地流转机制作为一种制度的供给，是一种公共物品的供给。公共物品的本质属性造成个体缺乏主动的激励来考虑非市场价值，因此只能由政府来建立补偿机制。但是因为中央政府和地方政府之间的目标多重化的特征，导致地方政府不必然将林地流转机制的建立视为必然的需求。

解决地方政府与中央政府目标的一致化，是解决地方政府主动提供林地流转机制的途径，在“福建模式”中实现了不同级别政府目标的一致化。集体行动的理论认为，只有形成一种目标趋同的机制，才能解决或者缓解集体行动的困境。福建的案例给出的结论显示，如果没有地质灾害造成农村住房损毁的频发、“造福工程”和“山海合作”的大背景，福建省不会形成独具特色的旧村复垦、耕地占补平衡的指标交易的“福建模式”。“福建模式”的出现同样是地方政府若干目标作用的结果。因此，“福建模式”本质上是个体目标和集体目标趋同的结果。

生态补偿机制供给的成本因供给主体和供给方式的不同而不同。“福建模式”

是政府与市场结合的方式，因此“福建模式”在制度成本消耗上，绩效令人满意。“福建模式”实际上将政府的完全主导转变为上下级政府之间的分权，同时引入了市场机制的辅助，有效地节省了政府实现一系列管理目标的成本。这能够从福建省级政府对成本问题的乐观态度和对指标交易可持续性的“放心”看出。从现阶段中国的现实环境看，政府主导中引入更多的市场机制参与管理，是建立林地流转机制的有效手段。

三、集体林地流转市场机制的政策建议

（一）稳定林权夯实流转市场机制的基础

造成目前林农对自己手中拥有的森林资源估价过低的一个非常重要的原因是频繁的农村林权改革使他们对于承包经营权缺乏安全感。因此，为了鼓励林农合理利用森林，推动林权流转，合理使用林地，就需要保持产权的长期稳定性，使得林农对自己拥有的资产有稳定的预期，因而才能做出较长期的投资与利用安排，最大限度地实现森林资源的价值。

土地产权本身就是一个逐步界定的过程。在维持现有林地所有权不变的情况下，遵循现代土地产权制度发展的规律和趋势，重点在他物权上有突破，即适应经济社会变化，细化土地各种用益物权的权能。现有土地产权安排中很多没有界定的细分产权，将逐步得以界定和明确产权的主体。

未来若干年是集体林地权益清晰的过程。近期的林权改革，土地权益是重点。这不仅是因为“三农”问题是近期要重点解决的问题，更是因为林地的市场价值越来越重要，如若不清晰界定，不仅不利于林农收益的提高，还将造成更多的社会成本损耗。

不过，虽然说产权是逐步清晰的过程，但公有产权还是中国主要的产权架构。因此，无论是政府还是农村集体，作为林地产权的代表者，仍然有一个艰巨的挑战需要面对。即，公有产权的排他性较弱，尤其是当产权代表也是一个群体的时候，那么公有产权的秩序需要明确。应当努力用最小的成本来维持公有产权秩序，实现土地利用最大的收益。

未来在林地流转管理过程中，需要进一步考虑如何对政府和集体进行有效的制约。这包括，政府对个人林权的过度支配(如过度管制)；信息不对称下地方政府约束用地者或者个体官员的寻租行为；等等。对集体的制约是指防止集体领导为了少部分村民的利益而损害集体大多数村民的利益；对个人的制约是指防止单个农民或者单个用地者对集体产权的不当侵害。

（二）理解林地流转价值实现的关键因素

在政府林业规划和计划管制的框架下，林地价值的释放本质上就是通过市场

方式让林地得到更高效率的配置和实现规模化的经营。政策的具体设计决定了林地流转价值的大小。政府可以根据林业发展不同阶段的战略需求，调整相应的林地政策来决定林地价值在经济和非经济方面的分配，以合理激励林农经营积极性且保障林业的生态安全。虽然区位等土地本身的条件决定了其潜在的价值，但真正决定林地价值大小的还是政府在流转规则上的设计。不同的流转模式、流转主体和对林地经营权利的约束，都影响着林地的实际价值。表面上看，政府允许林地在各项用益物权上的权利越大，如允许林地抵押、“招拍挂”、集体之外的企业承包、经营集体林地等，都将改变林地在实际市场中的价值。当然，这种权利上的给予或让渡，本质上反映了政府在林地收益分配上的战略目标。在当前“城市反哺农村”的战略背景下，让林农参与并分享更多林地流转收益，是现阶段林地流转市场化政策改革的目标。因此，虽然说林地属于农民集体和林农，但是究竟其能否实现流转上的价值，仍然由政府的政策设计来决定。

(三)控制林地流转及其市场机制的成本

集体林地流转的成本是客观存在的，但成本的大小受不同因素的影响。政府可以也应该根据具体的影响因素来选择合适的政策实施模式以降低政策成本。影响政策成本的因素包括政策管理对象的规模、复杂程度和信息对称度；还包括政策实施主体的特征、合作程度；也包括政策实施地区的社会基础、已经存在的其他制度的相互间的匹配程度等。例如，流转规模越大，则政策实施成本越高；管理对象复杂程度越高，则政策实施成本越高；管理过程中的信息不对称越明显，则政策实施成本越高；政策实施主体的利益上的一致性越低，则政策实施成本越高；实施主体的合作程度越低，则政策实施成本越高；政策实施当地有较好的民风民俗，则政策实施成本就低；政策改革有着类似的经验，则政策实施成本越低；政策改革与现有政策的目标越一致，则政策实施成本越低；等等。因此，政府在制定政策时，应该充分考虑这些政策成本的影响因素的实际情况，有针对性地选择或设计相应的流转政策。

虽然政府需要选择合适的政策来提高绩效和降低成本，但政策本身没有绝对优劣，在不同场合其绩效不同。因此政策设计需要能够体现灵活性，及时适应内外部条件的变化。管理对象规模越大、复杂程度越高、信息对称性越差，则越应该采用政府主导的方式进行管理，因为这种方式更好的控制性可以避免政策实施结果的不确定的影响。管理实施主体利益和目标越一致，越应该实施自主管理。实施主体间的合作程度越高，越应该实施自主管理。政策实施当地有较好的民风民俗，则允许自主管理和市场力量参与能够体现更高的绩效。因为现实中这些因素是不断变化的，因此没有一成不变的“最优”的制度选择。

另外，还需要建立林地流转管理模式的绩效评价体系和监管体系，确保各种政策投入的后续资源利用实效。这是政策实施后的保障环节。林地流转模式的成本由政府或者市场投入后，如果不能保障林地流转及规模化经营的初衷，则失去了公共物品供给的本意。建立一定的林地流转模式的绩效评价体系，有利于上级政府根据实际效果及时调整政策的内容，发挥政府职能转变和管理方式创新上的作用。监管体系的建立，也有利于降低不同级别政府之间，或个体农民与集体、政府与他人之间的责权利不清的问题，形成集体行动的合力，杜绝个体的"搭便车"或侵害公共利益的行为。

(四)创新林地流转的市场化模式和机制

首先，需要引导创建新型的林业合作经济组织。在林农确定林权交易价格的过程中，信息成本是一个至关重要的影响因素，这主要由于林农多处于信息闭塞、信息不对称的劣势地位。因此，提高基层农户的集中水平，在明晰产权、林农自愿参与、明确利益分配的基础上，通过林业合作经济组织帮助农户获取林地流转、林权市场交易价格信息，实现林农之间的信息共享。社员之间通过协商、达成共识可以提高单次流转的规模，进而通过"林业专业合作社＋林权交易中心"的方式来确定林权交易价格，由林业专业合作社向林农宣传林权交易中心的运作流程、服务类型等信息，鼓励林农通过林权交易中心确定林权交易价格，并帮助林农完成前期的申请、表格提交等环节的任务。同时也可以将林业专业合作社与林权交易中心实现信息联网，每天公布最新的林权交易信息，使林农及时了解市场信息、获取价格动态，以此来帮助林农通过提高自身的集中程度，了解市场价格走势，在价格确定的过程中掌握更多主动权。

其次，推动林权交易中心改革。明确林权交易中心的地位与性质，提高中心的影响力。基于当前林权流转的现状，应该明确林权交易中心事业单位的性质，以提高中心的权威性，强化林农对其的信任度；也可以通过政府拨款保障其经费来源，有助于减少收费、降低交易费用。同时，通过扩大在基层农户中的宣传，提高林权交易中心的影响力和人们的认同感，鼓励林农在交易过程中选择交易中心。

分类管理以提高交易效率，降低中心收费标准。建议林权交易中心按照交易量的大小对交易业务进行分类，即分为针对林农的小规模交易和针对集体林、国有林的大规模交易。针对以小农户为主的小规模交易，往往更倾向于交易的便利性和快捷性，应该简化交易的程序，降低中心代收费用的项目和收费标准。尤其是林权交易中心的乡镇级分中心，他们多以小农户为服务对象，更应该简化流程，追求服务的高效和便利。

提高交易中心员工的专业素质，以完善核心业务。应该对现有的员工进行相关的业务培训，尤其是资源评估、招投标知识的教育，或者通过引进专门的人才予以解决。林权交易中心应结合自身的优势，今后应将重点放在产权交易组织、林权抵押贷款服务、森林资源资产评估和林权交易之后的跟踪管理服务等方面的工作。

再次，创新林权抵押贷款模式。不可能仅依靠某一种担保模式解决林权抵押贷款的所有问题。为满足不同主体的需求，我们需要实现担保体系的层次性和多样性。由于无法满足银行对于贷款者的要求，低收入的林农很难仅靠林权证就获得贷款。一般来说，政府担保平台致力于扶贫，所以对于低收入林农来说该种担保模式是一个很好的选择。在经济较发达的农村地区，林农可以通过组建合作社，以互助合作的资金以及合作社的组织信誉向银行担保，从而获得贷款。林业公司和大户林农由于林业生产规模大，一般需要的资金规模相对较大，在市场机制下，商业担保公司能更好地满足这些生产者的贷款需求。总的来说，对于担保模式的选择需要因地制宜。在尽量减少交易费用的前提下，为了满足不同林业生产主体的贷款需求，需要全面考虑林农和林业资源的状况。

最后，逐步建立林业各类经营风险交易市场。对于自然灾害的风险来说，在中国建立多层次的气象灾害风险交易市场的条件已经成熟，应尽早开展气象灾害风险交易产品开发，设立市场交易的试点并加大力度支持该领域的科学研究。中国林业自然灾害风险交易市场的研究、产品设计和市场开发工作可以从几个方面进行：第一，在受气象灾害影响较严重的省份，在建立气象指数保险产品的基础上，对政府机构和企业进行问卷调查，了解市场需求；第二，选择一些遭受自然灾害损失严重的省份进行产品试点，设计适合当地林业发展情况的气象指数产品及交易合同，在适合的中心城市进行气象指数交易的试点；第三，结合试点经验，设立专门的研究机构，加强市场模型和定价研究，进行从业人员的专业培训；第四，建议将国家的救灾计划和风险管理措施和气象灾害风险交易市场的发展有机地结合起来，气象部门与相关证券交易机构合作探索天气衍生品和气象巨灾证券上市，以及相关的政策保障问题，将政府对灾后的重建的责任推向市场。

(五)完善林地流转生态补偿模式和机制

林地流转市场机制改革应重视生态环境保护的要求。传统的林地开发和林业经营容易导致利用粗放的问题。应同时看到林地流转不仅需要经济上的价值和收益，生态环境保护等非市场价值也应该在土地政策改革中得以体现。

第一，要提高政府对林业开发的生态补偿效率，发挥政府补偿机制的功能。可以考虑建立全国和区域统一的生态补偿管理机制，协调不同地区之间的生态补偿工作，提高生态补偿的实效，完善政府补偿的监督机制和政府绩效评价机制。根据不同地区林地资源的经济、社会和环境特征，中央政府可对不同功能区确定有差别的政绩指标体系，探索相应的分类补偿政策。构建林地生态保护职责和生态补偿对称的评估体系，科学地测试限制采伐区域的生态环境价值，确定生态补偿标准。限制采伐区域将重在实行生态保护和修复优先的绩效评价，主要评价水质、水土流失、森林覆盖率、生物多样性等生态环保状况等指标，不去考核地区生产总值、投资和工业发展等指标。禁止开发区域则重在构建生态环境补偿基金使用效益评价体系，提高补偿资金的使用效率和效益。

第二，充分发挥市场机制的功能，引导各方参与利益补偿。充分发挥市场机制的功能，引导社会各方参与环境保护和生态建设，培育资源市场，使资源资本化、生态资本化，引导鼓励生态环境保护者和受益者之间通过自愿协商实现合理的生态补偿。补偿主体是指筹集资金、实施补偿的组织机构。只有实行补偿主体多样化，才能构建起完善的区域生态补偿网络。为此，一要坚持以政府部门作为区域土地生态补偿的主导力量；二要动员区域金融事业单位介入区域补偿网络；三要推动民间组织、环保社团、民间基金会等社会力量加盟区域补偿网络；四要推动政府部门、事业单位及民间组织加强合作，形成区域生态补偿的联合体。

第三，在管理林地流转上还需要采用政府管控的方式。当面临林地采伐许可证配置效率低下、政府决策出现失误的风险、信息不对称等影响，以及相关利益主体的冲突问题时，对当前高度集权的政府层级管控进行改进，寻找市场和政府之间的有效配合，发挥自组织的能力，让政府“退出”直接干预，转为一种“监管者”。既发挥层级制在管控异质性和专用性等方面的优势，又避免层级制在信息对称、过度干预等方面的劣势。这至少从概念上给出了中国当前林地采伐治理的改进方向。

（六）统筹林地流转多目标化和模式选择

林地流转政策改革可以成为促进现阶段城乡统筹发展的一种手段，尤其体现在促进农村的财富积累和有利于缩小城乡差距上。而流转政策和模式所体现出来的财富上的分配效应，进一步揭示了林地流转政策改革可以继续作为政府在统筹城乡发展中的宏观调控工具。更重要的是，林地流转有“一举三得”的效果：第一个效果就是林地在配置上的优化；第二个效果就是林农的收入提高和农村的发展；第三个效果就是让农村和林农有机会通过合作的方式主导自己的发展。这些效果在“福建模式”的案例中得到了很好的证明。为此，林地流转可以在多目标化的基础上进一步得到绩效上的深化。

第一，要在发展目标和政绩考核等方面形成地方政府在林地流转上的多目标激励。地方政府的目标激励是促进机制创新的主要动力，多目标有利于形成关联博弈的效果，推动地方政府主动实现政策创新。福建的案例已经很好地证明了这种思路的有效性，形成了有效的激励机制，促使了“福建模式”的创新和实施。

第二，政府提供的对林地流转的政策支持，不一定局限于政府的直接补贴，也可以遵循林地流转机制外部性成本内化的思路，通过市场机制来实现。“福建模式”中通过经营性用地指标落地必须持有旧村复垦占补平衡指标的准入条件，实际上就是一种很好的市场准入方式。

第三，合适的政策设计，可以兼顾林地的经济价值和生态环境效益。例如，“福建模式”中要求经营性用地的占补平衡必须通过旧村复垦产生的指标实现，不仅赋予了耕地占补平衡指标市场价值，还鼓励了通过交易实现土地空间配置上的价值，促进了由单纯的边际用地开发向旧村复垦等闲置用地盘活上的转变。这些都因林农资金的提高、合作习惯的形成等为当地的林地规模化流转奠定了良好的基础，是一系列间接性的政策绩效。

参考文献

蔡卫华．2009. 农村：当前土地登记工作的重点[J]. 中国土地，(10)：25～28.

曹兰芳，罗攀柱，任伟琳．2006. 林地流转中林地使用权问题及对策[A]//中国林业技术经济理论与实践会议论文集[C]. 北京：中国林业出版社：125～128.

陈建新．2008. 三种农户信贷技术的绩效比较研究[J]. 金融研究，(6)：144～157.

陈玲芳，金德凌．2005. 信息不对称与林业信贷融资问题[J]. 林业经济问题，25(6)：352～354.

陈玲芳，谢八妹．2010. 交易成本视角下的林权抵押贷款惜贷现象分析[J]. 中国林业经济，(5)：29～31.

陈锡文．2006. 坚持集体林权制度改革推进新农村建设[J]. 林业经济，6：7～8.

程云行．2004. 南方集体林区林地产权制度研究[M]. 北京：北京林业大学出版社．

程竹．2010. 信息不对称与中小企业信贷约束[J]. 经济研究导刊，(23)：151～152.

范德林．2009. 集体林权制度改革与林业投融资创新途径[J]. 东北林业大学学报，37(8)：90～94.

房风文，楼栋，毛飞，等．2011. 林业股份合作社：发展环境、运行机制与政府支持[J]. 林业经济，(3)：21～29.

傅美红，翁慧芬，叶卫红，等．2011. 遂昌县林权抵押贷款实践与发展对策[J]. 现代农业科技，(4)：239～241.

高鑫，许宇鹏，石道金．2011. 影响农户林权抵押贷款需求因素的实证分析——基于浙江省遂昌县农户调查[J]. 北京林业大学学报(社会科学版)，10(4)：65～71.

国家林业局森林资源管理司．2005. 全国森林资源统计(1999～2003)[Z]. 北京：国家林业局森林资源管理司．

韩立达，王静，李华．2009. 中国林权抵押贷款制度中的问题及对策[J]. 林业经济问题，29(3)：196～205.

何安华，孔祥智．2009. 林业专业合作社发展与林权抵押贷款担保——以浙江丽水市创新竹木专业合作社为例[J]. 林业经济问题，29(4)：331～335.

贺东航．2008. 我国集体林权改革的问题研究[J]. 理论前沿，(8)：19～22.

胡栗源，冯祈善，邬江．2006. 信息不对称导致的信贷风险分析与对策[J]. 统计与决策，(16)：130～131.

胡玉浪，许文兴．2005. 林地抵押若干问题探讨[J]. 林业经济问题，(2)：41～44.

华文礼．2009. 江西遂川县、福建永安市和沙县林权定价的探讨与建议[J]. 华东森林经理，23(4)：1～4.

黄建兴，毛小荣，李扬．2009. 浙江省林权抵押贷款案例研究[J]. 林业经济，(4)：10～14.

黄健生，温荣洪，朱再昱．2011. 集体林权改革后林权流转价格演变机理与政策设计研究[J]. 价格月刊，(6)：8～11.

黄丽媛，陈钦，陈仪全．2009. 福建省林权抵押贷款融资研究[J]. 中国农学通报，25(18)：170～173.

黄庆安．2008. 林权抵押贷款及其风险防范[J]. 山东财政学院学报，(5)：76～79.

季利民 . 2005. 林地流转问题的研究与探讨[C]. 第二届浙江中西部科技论坛 .
柯水发，英犁，赵铁珍，等 . 2012. 集体林区林地使用权流转分析——政策演进、流转形式及机制[J]. 林业经济，(3)：12～16.
柯武刚，史漫飞 . 2003. 制度经济学：社会秩序与公共政策[M]. 北京：商务印书馆 .
孔祥智，何安华，史冰清，等 . 2009. 关于集体林权制度改革和林业合作经济组织建设——基于三明市、南平市、丽水市的调研[J]. 林业经济，(5)：17～23.
孔祖根，施茜，潘丽青 . 2009. 关于农村信用体系建设思考——以丽水市为例[J]. 浙江金融，(12)：12～13.
李孔岳 . 2009. 农地专用性资产与交易的不确定性对农地流转交易费用的影响[J]. 管理世界，(3)：92～98.
李浪 . 2005. 非公有制林业主体融资问题的思考[J]. 浙江林业科技，(2)：69～78.
李莉，黄和亮，吴秀娟 . 2008. 林权抵押贷款借贷双方的行为分析——以福建省永安市为例[J]. 林业经济问题，(1)：81～85.
李智 . 2011. 集体林权制度改革中的农户林地流转意愿调查——以浙江丽水市 180 户农户为例[J]. 安徽农业科学，(30)：18940 ～ 18942.
李周 . 2008. 林权改革的评价与思考[J]. 林业经济，(9)：3～8.
林丽琼 . 2010. 小额信贷扶贫的屏南模式及对农村信贷扶贫发展的启示[J]. 福建论坛(人文社会科学版)，(11)：151～153.
林毅夫 . 2002. 自生能力、经济转型与新古典经济学的反思[J]. 经济研究，12：15～24.
刘端 . 2001. 信息不对称对信贷市场结构的影响[J]. 当代经济科学，23(3)：75～79.
刘克春，苏为华 . 2006. 农户资源禀赋、交易费用与农户农地使用权流转行为——基于江西省农户调查[J]. 统计研究，(5)：73～77.
刘乐 . 2010. 福建屏南试行林权反担保贷款分析[J]. 银行家，(3) ：109～111.
刘士磊，潘焕学 . 2011. 林农个体特征对信贷约束的影响分析[J]. 林业经济，(7)：64～67.
刘振江 . 2009. 林地使用权流转的法律探究——以集体林权制度改革为视角[C]. 生态文明与环境资源法——2009 年全国环境资源法学研讨会(年会).
卢海阳，李明月 . 2008. 再议我国耕地占补平衡制度[J]. 广东土地科学，7(4)：14～17.
陆建云 . 2011. 林权抵押反担保贷款——基于小额信贷促进会的屏南模式[J]. 中国物价，(6)：67～70.
罗必良，李尚蒲 . 2010. 农地流转的交易费用：威廉姆森的分析范式及广东的证据[J]. 农业经济问题，(12)：30～40.
罗攀柱，李际平，陈元红 . 2009. 集体林区林地使用权流转模式、动机与路径选择研究——基于 H 省 L 县的实证[C]. 第二届中国林业学术大会——集体林权制度改革与科技支撑 .
马国霞，石敏俊，赵学涛，等 . 2008. 中国北方地区沙漠化造成经济损失的货币评价[J]. 中国沙漠，28(4)：627～633.
马九杰，李歆，陈丹梅，等 . 2008. 林业投融资改革与金融创新[M]. 北京：中国人民大学出版社 .
聂影 . 2009. 林权流转的效率及其制约因素分析[J]. 生态经济，(6)：91.

聂影．2010. 林权流动的多维动因分析与激励路径选择[J]. 中南林业科技大学学报(社会科学版)，(4)：6.
乔瑞庆，任大廷．2012.“反租倒包”中的交易类型及其契约治理[J]. 经济与管理，26(1)：33～38.
乔永平．2008. 森林资源产权市场建设研究．南京林业大学博士学位论文．
邱道持．2009. 论农村土地流转：统筹城乡综合配套改革试验报告[M]. 重庆：西南师范大学出版社．
任月婷．2010. 从信贷配给角度看国有商业银行对中小企业融资问题[J]. 现代经济信息，(16)：59～60.
沈杰，张智光，何勤．2002. 面向中小企业信贷配给的经济分析[J]. 中国软科学，(10)：43～46.
石山．2002. 促进林地流转制度改革实现林业经营方式突破[J]. 林业经济，(6) ：26～27.
宋涛，蔡建明，刘彦随，等．2012. 农地流转模式与机制创新研究[J]. 农村经济，(8)：23～26.
孙婷，孔祥智．2010. 基于林业特质的林农信贷约束影响因素分析[J]. 林业经济，(4)：21～26.
谭荣，曲福田．2014. 土地非农化治理效率：资源环境管理的制度分析[M]. 北京：科学出版社．
谭智心，孔祥智．2006. 集体林权制度改革后林业合作社发展的思考——福建省永安市林业合作社调查报告[J]. 北京林业大学学报(社会科学版)，9(3)：75～80.
陶宝山，石道金．2007. 林业信贷融资困难的原因及解决途径探讨[J]. 浙江林学院学报，24(4)：478～481.
田治威，秦涛．2009. 基于抵押品扩展与替代机制的林业金融创新[J]. 北京林业大学学报(社会科学版)，8(4)：124～128.
王成军，何秀英，徐秀英，等．2010. 林地规模效率与农户间林地流转：来自浙江省的实证[J]. 农业技术经济，(10)：60.
王飞．2005. 国有林地流转研究[D]. 东北林业大学硕士学位论文．
王磊，蒲玥成，苏婷．2011. 农户林权抵押贷款潜在需求及其影响因素研究——基于四川 3 个试点县的实证分析[J]. 林业经济问题，31(5)：464～470.
王权典．2011. 土地“新政”导向下农村建设用地整理之法治考量[J]. 南京农业大学学报(社会科学版)，11(2)：96～103.
王淅勤．2006. 从交易费用理论看我国中小企业担保融资[J]. 商业时代，(15)：67～68.
王颜齐，郭翔宇．2010.“反租倒包”农地流转中农户博弈行为特征分析[J]. 农业经济问题，(5)：34～44.
王振波，方创琳，王婧．2012. 城乡建设用地增减挂钩政策观察与思考[J]. 中国人口资源与环境，(1)：96～102.
魏远竹，谢帮生，陈建敏．2011. 福建省林权交易主要方式比较分析——基于典型县市的调查[J]．林业经济问题，31(4)：305.
吴德胜．2008. 农业产业化中的契约演进——从分包制到反租倒包[J]. 农业经济问题，(2)：28～34.
吴洪涛．2003. 信息不对称理论与银行信贷[J]. 南方金融，(2)：33～36.
伍士林，陶宝山，陈秀娟．2005. 浙江省林地市场的现状分析[J]. 浙江林学院学报，22(3)：319～320.

伍振军，张云华，孔祥智．2011. 交易费用、政府行为和模式比较：中国土地承包经营权流转实证研究[J]. 中国软科学，(4)：175～183.

夏永红，刘芳．2012. 全球环境治理何以成为问题？[J]. 绿叶，8：1.

谢屹，温亚利．2009. 农户林地林木转出行为影响因素的实证分析[J]. 北京林业大学学报(社会科学版)，(4)：48～54.

邢红．2006. 中国国有林区管理制度研究[D]. 北京林业大学博士学位论文．

徐朝国，朱再昱，曹端荣．2010. 集体林权改革后林权流转评估问题研究[J]. 商业时代，(11)：89～90.

徐江龙，韩久同．2005. 浅谈林地流转的必要性与对策[J]. 乡镇经济，(11)：53～54.

徐秀英．2005. 南方集体林区森林可持续经营的林权制度研究[M]. 北京：中国林业出版社．

徐秀英，沈月琴．2002. 林地流转市场的政府干预行为研究[J]. 林业经济问题，(4)：199～202.

徐秀英，沈月琴，万刚，等．2000. 林地流转的难点、问题与对策[J]. 浙江林业科技，20(6)：54～58.

严瑞珍，龚道广，周志祥，等．1990. 中国工农业产品价格剪刀差的现状．发展趋势及对策[J]. 经济研究，(2)：64～70.

杨萍．2008. 论集体林权流转主体资格——以福建省集体林权制度改革为例[J]. 南京林业大学学报(人文社会科学版)，6(2)：38～40.

杨云．2008. 林权抵押贷款的几种模式及可持续性问题探讨——福建省案例研究[J]. 林业经济，(2)：44～48.

姚星期，温亚利，秦涛．2007. 基于交易成本理论的林权交易分析[J]. 西北林学院学报，4(3)：46～48.

于德仲．2008. 赋权与规制：集体林权制度改革研究[D]. 北京林业大学博士学位论文．

于金富，王保海．2012. 农地流转模式创新的基本方向与主要对策[J]. 中州学刊，(5)：57～59.

曾维忠．2011. 农户林权抵押贷款意愿及其影响因素分析——基于林业生产性融资需求的视角[J]. 林业经济，(1)：50～55.

翟建松．2002. 集体土地市场化流转问题研究[D]. 西南农业大学博士学位论文．

张涵冰，岳书铭．2012. 集体林权抵押贷款探讨：问题与对策[J]. 山东社会科学，(9)：140～142.

张明林，付春．2006. 集体选择、智猪博弈与农业组织的合作机制研究——一个林业合作社的例子[J]. 商业研究，338(6)：202～205.

张维迎．2010. 市场的逻辑[M]. 上海：上海人民出版社．

张文勤．2005. 南方集体林区林权抵押贷款初探[J]. 福建林业科技，32(4)：202～204.

张笑寒．2009. 农村土地股份合作社：运行特征、现实困境和出路选择——以苏南上林村为个案[J]. 中国土地科学，23(2)：38～42.

张亚琼，2011. 林权流转过程中的若干问题研究[D]. 福建农林大学硕士学位论文．

赵金龙，王丽萍，葛文光．2012. 农地流转模式简析[J]. 农学学报，2(5)：75～78.

郑风田，阮荣平，孔祥智．2009. 南方集体林区林权制度改革回顾与分析[J]. 中国人口·资源与环境，19(1)：25～31.

周伯煌，蔡斌 . 2010. 林地使用权抵押法律问题研究[J]. 社会科学家，(2)：80～83.
周其仁 . 2010. 还权赋能——成都土地制度改革探索的调查研究[J]. 国际经济评论，2：54～92.
周训芳 . 2007. 物权法与森林法知识读本[M]. 北京：中国林业出版社 .
Akerlof G A. 1970. The market for "lemons"：quality uncertainty and the market mechanism[J]. The Quarterly Journal of Economics，84(3)：488～500.
Allianz Group and WWF. 2005. Climate change and the financial sector[R].
Atkinson S E，Tietenberg T H. 1982. The empirical properties of two classes of designs for transferable discharge permit markets[J]. Journal of Environmental Economics and Management，9：101～121.
Barzel Y. 1989. Economic Analysis of Property Rights[M]. Cambridge：Cambridge University Press.
Baumol W J，Oates W E. 1971. The use of standards and prices for protection of the environment[J]. Swedish Journal of Economics，73：42～54.
Bester H. 1987. The role of collateral in credit markets with imperfect information [J]. European Economic Review，(31)：887～899.
BMELV. 2007. Farming and forestries in germany：facts and figures，2008 edition[R].
BMELV. 2008. German forests：nature and economic factor[R].
BML. 2000. National forest programme for Germany[R].
Brennan G. 2009. Climate change：a rational choice politics view[J]. The Australian Journal of Agricultural and Resource Economics，53：309～326.
Bromley D W. 1989. Economic Interests and Institutions：the Conceptual Foundations of Public Policy[M]. Oxford：Basil Blackwell.
Bromley D W. 1991. Environment and Economy：Property Rights and Public Policy[M]. Cambridge：Blackwell.
Bromley D W. 1997. Property regimes in environmental economics[A]//Folmer H，Tietenberg T. The International Yearbook of Environmental and Resource Economics：A Survey of Current Issues[M]. Lyme：Edward Elgar.
Campbell B，Mandondo A，Nemarundwe N，et al. 2001. Challenges to proponents of common property resource systems：despairing voices from the social forests of Zimbabwe[J]. World Development，29：589～600.
Cao M，Li A，Wei J. 2003. Weather derivatives：a new class of financial instruments[R]. Working Paper，Schulich School of Business，York University，Canada.
Chinese Statistics Bureau. 2004. Statistical Almanac of China [M]. Beijing：Chinese Statistics Press.
Coase R H. 1960. The problem of social cost[J]. Journal of Law and Economics，3，1～44.
Cole D H. 2008. Climate change and collective action[J]. Current Legal Problems，61，229～264.
Commons J R. 1932. The problems of correlating law：economics and ethics[J]. Wisconsin Law Review，8：3～26.

Demsetz H. 1996. The core disagreement between Pigou, the profession, and Coase in the analyses of the externality question[J]. European Journal of Political Economy, 12: 565～579.

Ding C. 2003. Land policy reform in China: assessment and prospects[J]. Land Use Policy, 20: 109～120.

Dollery B E, Leong W H. 1998. Measuring the transaction sector in the Australian economy (1911～1991)[J]. Australian Economic History Review, 38: 207～231.

Forestry Bureau of China. 2005a. The sixth national forest resources inventory and the status of forest resources[R].

Forestry Bureau of China. 2005b. Forest resource report of China[R].

Furobotn E G, Richter R. 2005. Institutional and Economic Theory: the Contribution of the New Institutional Economics(2nd ed.)[M]. Ann Arbor: University of Michigan Press.

Garcia-López M À. 2012. Urban spatial structure, suburbanization and transportation in Barcelona[J]. Journal of Urban Economics, 72: 176～190.

Gatzweiler F, Hagedorn K. 2003. Institutional change in Central and Eastern European agriculture and environment[R]. CEESA/FAO Series, Vols 1～3.

Gordon H S. 1954. The economic theory of a common-property resource: the fishery[J]. The Journal of Political Economy, 62: 124～142.

Hagedorn K. 2008. Particular requirements for institutional analysis in nature-related sectors [J]. European Review of Agricultural Economics, 35: 357～384.

Hagedorn K, Arzt K, Peters U. 2002. Institutional arrangements for environmental cooperatives: a conceptual framework[A]//Hagedorn K. Environmental Cooperation and Institutional Change[C]. Cheltenham: Edward Elgar.

Hartebrodt C, Fillbrandt T, Brandl H. 2005. Community forests in Baden-Württemberg: a case study for successful public-public-partnership[J]. Small-scale Forest Economics, Management and Policy, 4: 229～250.

Hayek F A. 1945. The use of knowledge in society[J]. American Economic Review, 35: 519～530.

Henger R, Bizer K. 2010. Tradable planning permits for land-use control in Germany[J]. Land Use Policy, 27: 843～852.

Ho P. 2005. Institutions in Transition: Land Ownership, Property Rights, and Social Conflict in China[M]. New York: Oxford University Press.

Holmstorm B, Tirole J. 1997. Financial intermediation, loanable funds, and the real sector quarterly[J]. Journal of Economics, 112(3): 663～691.

Ibarra H, Skees J. 2007. Innovation in risk transfer for natural hazards impacting agriculture [J]. Environmental Hazards, 7(1): 62～69.

Jaffee D M, Russell T. 1976. Imperfect information, uncertainty and credit rationing[J]. The Quarterly Journal of Economics, 90(40): 651～666.

Jones C, Hesterly W, Borgatti S P. 1997. A general theory of network governance: exchange conditions and social mechanisms[J]. Academy of Management Review, 22 (4): 911～945.

Karl T R, Trenberth K E. 2003. Modern global climate change[J]. Science, 302(5651): 1719～1723.

Kiemstedt H, Mönnecke M, Ott S. 1996. Methodik der Eingriffsregelung. Vorschläge zur bundeseinheitlichen Anwendung von § 8 BNatSchG[J]. Naturschutz und Landschaftsplanung, 28: 261～271.

Kissling-Näf I, Bisang K. 2001. Rethinking recent changes of forest regimes in Europe through property-rights theory and policy analysis[J]. Forest Policy and Economics, 3: 99～111.

Krupnick A J, Oates W E. 1983. On marketable air-pollution permits: the case for a system of pollution offsets[J]. Journal of Environmental Economics and Mangement, 10: 233～247.

Laurance W F, Lovejoy T E, Vasconcelos H L, et al. 2002. Ecosystem decay of Amazonian forest fragments: a 22-year investigation[J]. Conservation Biology, 16: 605～618.

Loehmann E T, Kilgour D M. 1998. Designing Institutions for Environmental and Resource Management[M]. Northampton: Edward Elgar.

Loo B P Y, Chow A S Y. 2011. Spatial restructuring to facilitate shorter commuting: an example of the relocation of Hong Kong international airport[J]. Urban Studies, 48: 1681～1694.

Macher J T, Richman B D. 2006. TCE, an assessment of empirical research in the social sciences [R]. Duke Law School Working Paper Series, No. 62.

Masten S E, Saussier S. 2000. Econometrics of contracts: an assessment of developments in the empirical literature on contraction[J]. Revue D'économie Industrielle, 92: 215～236.

McCann L, Colby B, Easter K W. 2005. Transaction cost measurement for evaluating environmental policies[J]. Ecological Economics, 52: 527～542.

McGartland A M, Oates W E. 1985. Marketable permits for the prevention of environmental deterioration[J]. Journal of Environmental Economics and Management, 12: 207～228.

Musshoff O, Odening M, Xu W. 2011. Management of climate risks in agriculture will weather derivatives permeate [J]. Applied Economics, 43(9): 1067～1077.

Musterd S, Ostendorf W. 1998. Urban Segregation and the Welfare State: Inequality and Exclusion in Western Cities[M]. Oxon: Routledge.

North D C. 1990. Institutions, Institutional Change and Economic Performance[M]. Cambridge: Cambridge University Press.

Olson M. 1965. The Logic of Collective Action: Public Goods and the Theory of Groups [M]. Cambridge: Harvard University Press.

Ostrom E. 1990. Governing the Commons: The Evolution of Institutions for Collective Action [M]. Cambridge: Cambridge University Press.

Ostrom E. 2005. Understanding Institutional Diversity[M]. Princeton: Princeton University Press.

Ostrom E. 2007. A diagnostic approach for going beyond panaceas[J]. Proceedings of the National Academy of Sciences, 104: 15181～15187.

Ostrom E. 2009. A general framework for analyzing sustainability of social ecological systems [J]. Science, 325: 419～422.

Ostrom E, Schroeder L, Wynne S. 1993. Analyzing the performance of alternative institutional arrangements for sustaining rural infrastructure in developing countries[J]. Journal of Public Administration Research and Theory, 3: 11～45.

Ostrom V, Tiebout C M, Warren R. 1961. The organization of government in metropolitan areas: a theoretical inquiry[J]. American Political Science Review, 55: 831～842.

Penov I, Theesfeld I, Gatzweiler F. 2003. Irrigation and water regulation systems in transition: the case of Bulgaria in comparison with Latvia, East Germany and Romania[A]//Gatzweiler F, Hagedorn K. Institutional Change in Central and Eastern European Agriculture and Environment, Vol. 3[C]. Rome: FAO.

Petersen J E, Shunturov V, Janda K, et al. 2007. Dormitory residents reduce electricity consumption when exposed to real-time visual feedback and incentives[J]. International Journal of Sustainability in Higher Education, 8: 16～33.

Pigou A C. 1932. The Economics of Welfare[M]. London: Macmillan Co.

Poteete A R, Janssen M A, Ostrom E. 2010. Working Together: Collective Action, the Commons, and Multiple Methods in Practice[M]. Princeton: Princeton University Press.

Prager K. 2010. Applying the institutions of sustainability framework to the case of agricultural soil conservation[J]. Environmental Policy and Governance, 20: 223～238.

Prager K, Schuler J, Helming K, et al. 2011. Soil degradation, farming practices, institutions and policy responses: an analytical framework[J]. Land Degradation and Development, 22: 32～46.

Prokop G, Jobstmann H, Schönbauer A. 2011. Overview on best practices for limiting soil sealing and mitigating its effects in EU-27[R]. European Commission, DG Environment: 24～29.

RK. 1997. Forstlicher rahmenplan nordhessen[R].

Roth M. 2007. Critical success factors for weather risk transfer solutions in the agricultural sector [C]. The 101st EAAE Seminar "Management of Climate Risks in Agriculture", Berlin, Germany, July 5～6, 2007.

Rundcrantz K, Skärbäck E. 2003. Environmental compensation in planning: a review of five different countries with major emphasis on the German system[J]. European Environment, 13: 204～226.

Schleyer C. 2004. Economic and ecological transformation processes in East German water management regimes: the role of property rights and governance structures[J]. Environmental Management, 34: 281～290.

Schmidt S, Buehler R. 2007. The planning process in the US and Germany: a comparative analysis[J]. International Planning Studies, 12: 55～75.

Schulz F, Wiegleb G. 2000. Developmental options of natural habitats in a post-mining landscape [J]. Land Degradation and Development, 11: 99～110.

Schulzke R, Stoll S. 2008. Forests and forestry in Hesse, Germany: meeting the challenge of multipurpose forestry[A]//Carreiro M M, Song Y C, Wu J. Ecology, Planning, and Man-

agement of Urban Forests: International Perspectives[C]. Heidelberg: Springer.
Shelanski H A, Klein P G. 1995. Empirical research in transaction cost economics, a review and assessment[J]. Journal of Law, Economics, and Organization, 11: 335～361.
Sikor T. 2001. The allocation of forestry land in Vietnam: did it cause the expansion of forests in the northwest? [J]. Forest Policy and Economics, 2: 1～11.
Sikor T. 2004. The commons in transition: agrarian and environmental change in Central and Eastern Europe[J]. Environmental Management, 34: 270～280.
Simon H A. 1957. Models of Man: Social and Rational[M]. New York: John Wiley.
Simon H A. 1983. Reasons in Human Affairs[M]. Stanford: Stanford University Press.
Simon H A. 1985. Human nature in politics: the dialogue of psychology with political science [J]. The American Political Science Review, 79: 293～304.
Statistisches Bundesamt. 2007. Gebiet und bevökerung-fläche und bevökerung derbundesrepublik deutschland[EB/OL]. http://www. statistik-portal. de, 2013-12-10.
Stiglitz J, Weiss R. 1981. Credit rationing in markets with imperfect information[J]. American Economic Review, 71(3): 392～410.
Sugden A, Smith J, Pennisi E. 2008. The future of forests[J]. Science, 320: 1435.
Sulejewicz A, Graca P. 2005. Measuring the transaction sector in the polish economy, 1996～2002[R]. The 9th Annual Conference of International Society for New Institutional Economics, Barcelona, 22～25 September.
Tan R, Beckmann V. 2010. Diversity of practical quota systems for farmland preservation: a multicountry comparison and analysis[J]. Environment and Planning C: Government and Policy, 28: 211～224.
Tan R, Beckmann V, van den Berg L, et al. 2009. Governing farmland conversion: comparing China with the Netherlands and Germany[J]. Land Use Policy, 26: 961～974.
Tan R, Qu F, Heerink N, et al. 2011. Rural to urban land conversion in China: how large is the over-conversion and what are its welfare implications? [J]. China Economic Review, 22: 474～484.
Tassone V C, Wesseler J, Nesci F S. 2002. Diverging incentives for afforestation from carbon sequestration: an economic analysis of the EU afforestation program in the south of Italy [J]. Forest Policy and Economics, 6: 567～578.
Theesfeld I. 2005. A Common-Pool Resource in Transition. Determinants of Institutional Change for Bulgaria's Postsocialist Irrigation Sector[M]. Shaker: Aachen.
Tietenberg T. 2006. Emissions Trading: Principles and Practice[M]. Washington DC: REF Press.
Tietenberg T. 2008. The evolution of emissions trading[R]. Paper presented at the American Economic Association Annual Meeting.
Tischew S, Baasch A, Conard M K, et al. 2010. Evaluating restoration success of frequently implemented compensation measures: results and demands for control procedures[J]. Restoration Ecol-

ogy，18：467～480.

van Kooten G C，Binkley C S，Delcourt G. 1995. Effect of carbon taxes and subsidies on optimal forest rotation age and supply of carbon services[J]. American Journal of Agricultural Economics，77：365～374.

Vitikainen A. 2004. An overview of land consolidation in Europe[J]. Nordic Journal of Surveying and Real Estate Research，1：25～44.

Wallis J J，North D C. 1988. Measuring the transaction sector in the American economy[A]//Engerman S L，Gallman R E. Long-term Factors in American Economic Growth[C]. Chicago and London：University of Chicago Press.

Wang G，Innes J L，Lei J，et al. 2007. China's forestry reform[J]. Science，318：1556～1557.

Wiener J B. 2007. Think globally，act globally：the limits of local climate policies[J]. University of Pennsylvania Law Review，155：1961～1979.

Wilcove D S，Dubow J，Philips A，et al. 1998. Quantifying threats to imperilled species in the United States[J]. BioScience，48：607～615.

Williamson O E. 1985. The Economic Institutions of Capitalism[M]. New York：The Free Press.

Williamson O E. 1996. The Mechanisms of Governance[M]. New York：Oxford University Press.

Williamson O E. 1998. Transaction cost economics：how it works，where it is headed[J]. De Economist，146：23～58.

Williamson O E. 1999. Public and private bureaucracies：a transaction cost economics perspective [J]. Journal of Law，Economics，and Organization，15：306～342.

Williamson O E. 2000. The new institutional economics：taking stock，looking ahead[J]. Journal of Economic Literature，38：595～613.

Woodward R T. 2001. The environmentally optimal trading ratio[R]. The Annual Meeting of the American Agricultural Economics Association，August 5～8，Chicago，Illinois.

World Bank. 2007. China：innovations in agricultural insurance：promoting access to agricultural insurance for small farmers [R].

Xu W，Odening M，Musshoff O. 2008. Indifference pricing of weather derivatives[J]. American Journal of Agricultural Economics，90 (4)：979～993.

Yvrande-Billon A，Saussier S. 2004. Do organization choices matter? Assessing the importance of governance through performance comparisons[A]//Harvey J. New Ideas in Contraction and Organizational Economics Research[C]. Norwell：Kluwer Academic Publishers.

Zhang P，Shao G，Zhao G，et al. 2000. China's forest policy for the 21st century[J]. Science，288：2135～2136.

Zhao P. 2011. Managing urban growth in a transforming China：evidence from Beijing[J]. Land Use Policy，28：96～109.

Zhu J. 2002. Urban development under ambiguous property rights：a case of China transition economy[J]. International Journal of Urban and Regional Research，26：41～57.

后　　记

本书是在教育部人文社会科学规划项目(林地承包权流转的市场运行机制研究——基于浙江、江西、福建三省的经验，09YJC630195)的资助下完成的，浙江大学土地管理学科在出版经费上的资助对最终的付梓也提供了不可或缺的帮助。

本书的研究关注的是集体林地承包经营权流转的市场机制问题，所用的方法是公共管理和制度分析的方法。说实话，我并不擅长林业经济与管理领域的研究，对森林和林地资源的了解只是源于我以前在国内和国外学习资源经济学时的课堂知识和近年来为了完成该项目而进行的一些调研。作为一个林业问题的“门外汉”，我一直在“挣扎”着进行这个项目的研究，因为我发现如果要把林地流转这个对象说清楚非常复杂——它是一个典型的“生态-社会系统”的交互过程。倘若连研究对象的特点都没有理解和把握，如何能够对其管理的机制进行研究?

我实际上采取了一种投机取巧的方式。贯穿全书的是一种公共管理的制度分析方法，我“以不变应万变”地用这种方法回答了如何构建林地流转的市场机制。我曾经或正在用这种方法回答很多与自然资源和环境相关的制度分析问题。在本书的写作过程中，我经常“安慰”自己，能够将这种方法在林地流转的市场机制分析中进行应用，就已经让这本书不至于浪费别人的阅读时间和买书的费用。我希望这个愿望能够成真。

本书内容主要基于教育部项目的研究报告。由我设计全书的框架并写作。我的研究生俞琳楠、张舟、徐慧芬、杨洁参与了项目的研究，他们的研究成果体现在书中的相应章节，因此他们理应是本书的当然作者。我以前在德国柏林洪堡大学的同事(亦师亦友)、现任法国再保险集团瑞士苏黎世分公司经理的徐卫先生为本书的风险防控部分提供了非常必要的意见和建议。德国 Greifswald 大学的 Volker Beckmann 教授也为中德森林治理比较方面的研究内容提供了非常有价值的帮助。还需要感谢科学出版社马跃先生和李楠女士在出版过程中的帮助，感谢他们的细心与耐心。

正如前面所说，对于这样一本“门外汉”写的书，其中有不足之处在所难免，恳请各位专家、读者不吝赐教。

谭荣

2014 年 3 月于杭州

后　记

本书是在教育部人文社会科学规划项目（林地承包权流转的市场运行机制研究——基于浙江、江西、福建三省的经验，09YJC630195）的资助下完成的，浙江大学土地管理学科在出版经费上的资助对最终的付梓也提供了不可或缺的帮助。

本书的研究关注的是集体林地承包经营权流转的市场机制问题，所用的方法是公共管理和制度分析的方法。说实话，我并不擅长林业经济与管理领域的研究，对森林和林地资源的了解只是源于我以前在国内和国外学习资源经济学时的课堂知识和近年来为了完成该项目而进行的一些调研。作为一个林业问题的“门外汉”，我一直在“挣扎”着进行这个项目的研究，因为我发现如果要把林地流转这个对象说清楚非常复杂——它是一个典型的“生态-社会系统”的交互过程。倘若连研究对象的特点都没有理解和把握，如何能够对其管理的机制进行研究？

我实际上采取了一种投机取巧的方式。贯穿全书的是一种公共管理的制度分析方法，我“以不变应万变”地用这种方法回答了如何构建林地流转的市场机制。我曾经或正在用这种方法回答很多与自然资源和环境相关的制度分析问题。在本书的写作过程中，我经常“安慰”自己，能够将这种方法在林地流转的市场机制分析中进行应用，就已经让这本书不至于浪费别人的阅读时间和买书的费用。我希望这个愿望能够成真。

本书内容主要基于教育部项目的研究报告。由我设计全书的框架并写作。我的研究生俞琳楠、张舟、徐慧芬、杨洁参与了项目的研究，他们的研究成果体现在书中的相应章节，因此他们理应是本书的当然作者。我以前在德国柏林洪堡大学的同事（亦师亦友）、现任法国再保险集团瑞士苏黎世分公司经理的徐卫先生为本书的风险防控部分提供了非常必要的意见和建议。德国 Greifswald 大学的 Volker Beckmann 教授也为中德森林治理比较方面的研究内容提供了非常有价值的帮助。还需要感谢科学出版社马跃先生和李楠女士在出版过程中的帮助，感谢他们的细心与耐心。

正如前面所说，对于这样一本“门外汉”写的书，其中有不足之处在所难免，恳请各位专家、读者不吝赐教。

谭荣

2014 年 3 月于杭州